„Wenn ich auf mein bisheriges zurückblicke, dann muß ich leider sagen.“

Jurek Becker 1937-1997

Dokumente zu Leben und Werk
aus dem Jurek-Becker-Archiv

Zusammengestellt und herausgegeben
von Karin Kiwus

AKADEMIE DER KÜNSTE

Vorwort

Jurek Beckers künstlerischer Nachlaß kam Anfang des Jahres 2000 in die Stiftung Archiv der Akademie der Künste. Der Name des Autors, der seit 1990 Akademiemitglied war, steht für den Zusammenhang der beiden deutschen Nachkriegsliteraturen und für die Eröffnung einer neuen literarischen Perspektive auf den Holocaust. In der aus den Akademiearchiven Ost und West zusammengeführten Archivstiftung, die auch die umfangreichsten Bestände überhaupt zur Künstleremigration während des Nationalsozialismus und zur künstlerischen Auseinandersetzung mit dem Holocaust betreut, ist das Jurek-Becker-Archiv am rechten Ort. Seit November 2001 geben ein detailliertes Findbuch auf 350 Seiten und die entsprechende Datenbank genaue Auskunft über die insgesamt 18.000 Blatt des Bestands.

Das Jurek-Becker-Archiv umfaßt Manuskripte von Romanen, Erzählungen, Drehbüchern, Filmszenarien und -exposés sowie publizistischen Arbeiten; außerdem enthält es Korrespondenz, biografische Unterlagen und vielfältiges dokumentarisches Material. Aus der Zeit in der DDR sind vor allem Prosaskizzen und Manuskripte zum Kabarett erhalten, aber auch Dokumente, Korrespondenzen und Kopien der Akten des Ministeriums für Staatssicherheit, die seine Auseinandersetzung mit Zensur und staatlichen Behörden belegen. Materialien und Vorarbeiten seiner publizierten Werke und größere Teile der persönlichen Korrespondenz aus diesen Jahren hat Becker vernichtet. Zum einen hatten aus seiner damaligen Sicht nach Erscheinen des Werks die Vorarbeiten keine Daseinsberechtigung mehr, zum anderen vollzog er mit der Übersiedlung nach West-Berlin 1977 auch einen persönlichen Schnitt. Aus der späteren Zeit bewahrte Jurek Becker zahlreiche Notizbücher sowie umfangreiche Entwürfe, Fassungen und Arbeitsunterlagen der Romane „Bronsteins Kinder“ und „Amanda herzlos“, der Frankfurter Poetik-Vorlesungen „Warnung vor dem Schriftsteller“, aber auch der populären Fernsehserien „Liebling Kreuzberg“ und „Wir sind auch nur ein Volk“ auf. Am ausführlichsten gewähren Materialien, Plots, Dialogentwürfe und der Briefwechsel mit dem beratenden Juristen zu „Liebling Kreuzberg“ Einblick in Entstehungsprozesse. Beiträge für Anthologien, Zeitungen und Zeitschriften, die Videosammlung von Mitschnitten der Fernsehauftritte sowie die Belegbibliothek seiner Werke inklusive aller Übersetzungen dokumentieren sein breites Wirken in der Öffentlichkeit.

Wie viel unbekanntes bzw. unveröffentlichtes Material der Nachlaß enthielt, macht der vorliegende Band deutlich, mit dem die Abteilung Literatur der Akademie der Künste ihr Mitglied würdigt.

Wolfgang Trautwein
Direktor der Stiftung Archiv

Anfänge von Leben und Werk

DER AELTESTE DER JUD[illegible]
in Litzmannstadt-Getto

Anmeldung.

Familienname: Beker
Vornamen: Jerz-
Vornamen der Eltern: Mordchaj Chana
Stand: ledig Geburtsort: Lodsch
Geburtsdatum: 30.IX 1937 Religion: Jude
Beruf: Kind
Der Obengenannte bezog am 7.III 1940 mit
5 Personen 1 Zimmer — Küche
in der Wohn. Nr. 45 an der Hausenglerstr.
Nr. 27 Reg Nr. B 49
Frühere Adresse: Śródmiejska 20.
Personalausweis: Geburtsschein 2236/37.

Anmerkungen:

Litzmannstadt-Getto, d. 1.VI 1940.

J. Beker — Eigenhändige Unterschrift des Angemeldeten.

Lista — Eigenhändige Unterschrift des verantwortlichen Hausverwalters

Jurek Becker

Die unsichtbare Stadt

Als ich zwei Jahre alt war, kam ich in dieses Ghetto, mit fünf verließ ich es wieder in Richtung Lager. Ich kann mich an nichts erinnern. So hat man es mir erzählt, so steht es in meinen Papieren, so war folglich meine Kindheit. Manchmal denke ich: Schade, daß dort nicht etwas anderes steht. Jedenfalls kenne ich das Ghetto nur vom dürftigen Hörensagen.

Ein paarmal hat mein Vater mit mir darüber gesprochen, widerwillig und selten. Solange er lebte, war ich nicht neugierig genug, ihn mit geschickten Fragen zu überlisten, und dann war es zu spät. Dennoch habe ich Geschichten über Ghettos geschrieben, als wäre ich ein Fachmann. Vielleicht habe ich gedacht, wenn ich nur lange genug schreibe, werden die Erinnerungen schon kommen. Vielleicht habe ich irgendwann auch angefangen, manche meiner Erfindungen für Erinnerung zu halten. Ohne Erinnerungen an die Kindheit zu sein, das ist, als wärst du verurteilt, ständig eine Kiste mit dir herumzuschleppen, deren Inhalt du nicht kennst. Und je älter du wirst, um so schwerer kommt sie dir vor, und um so ungeduldiger wirst du, das Ding endlich zu öffnen.

Jetzt ist der Fußboden meines Zimmers übersät mit den Fotos dieser Ausstellung. Wenn ich Erinnerungen hätte, müßten sie dort zu Hause sein, in jenen Straßen, hinter jenen Mauern, unter diesen Leuten. Am meisten interessieren mich die Frauen auf den Bildern: Ich weiß nicht, wie meine Mutter ausgesehen hat. Es existiert kein Foto von ihr, sie ist im Lager gestorben. Ich könnte mir eine der Frauen aussuchen, mein Vater hat gesagt, sie sei auffallend hübsch gewesen, natürlich.

Die meisten der Bilder sind von einer Stille, nach der man sich sehnt, sie strahlen Friedlichkeit aus. In meinen Augen haben sie etwas von der *guten alten Zeit.* Der Fotograf scheint um den Nachweis bemüht gewesen zu sein, daß das Ghetto kein grauenhafter Ort war, wie Feindpropaganda es manchem eingeflüstert haben mag, sondern daß es dort wie unter Menschen zuging. Wenn auch diese Menschen ein wenig seltsam waren, ein wenig anders, aber das wußte man vorher. Wer genau hinschaut, könnte das Ghetto sogar für einen Ort der Besinnung halten.

Der junge jüdische Polizist, der die Papiere eines verdächtig aussehenden Passanten kontrolliert, wie es nun mal Polizistenpflicht auf der ganzen Welt ist. Der Friseur, der seine Mütze vor dem Fotografen abgenommen hat, auf Kundschaft wartend vor seinem Holzhaus, in dem es bestimmt gemütlich zugeht. Der bärtige Mann, der einen gummibereiften Holzwagen übers Kopfsteinpflaster zieht, ein Arbeitsmensch, der sich nicht eben zerreißt. Selbst die vier Juden, die einen Toten an einer Mauer entlangtragen, muß man kaum mehr als flüchtig bedauern: zu viert wird man schließlich

eine Leiche tragen können, und gestorben wird überall. Mit dem deutschen Posten neben dem Schilderhäuschen kann man schon eher Mitleid haben, wie er so dasteht, fern der Heimat und verloren; es ist verdammt einsam am Ghettoeingang, denn keiner will hinein und keiner hinaus. Die Bilder suggerieren, daß alles hier behutsam geregelt ist, auf eine den Dingen und den Menschen tief innewohnende Weise.

Mit einem Wort, ich denke mir Theorien über die Absichten des Fotografen zusammen, ich durchschaue seine Intentionen, der Kerl kann mir nichts vormachen. Doch auf einmal geschieht etwas, das mir ganz und gar nicht recht ist: Einzelne Bilder saugen meine Blicke auf, ich falle in sie hinein, fern der Absicht, einen Text zu schreiben. Ich sehe zwei Bilder mit Kindern, das einemal auf Essenzuteilung wartend, Töpfe und Eimerchen und Löffel in Händen, das anderemal mit roten Mützen und auf den Fotografen starrend. Beim Spielen unterbrochen und trotzdem regungslos. Nein, ein so Kleiner, wie ich damals gewesen sein muß, ist nicht dabei. Doch wahrscheinlich sind solche auf den Bildern, die mich kannten, die mir etwas weggenommen oder mich verprügelt oder mir ihre Befehle gegeben haben. Vielleicht steht einer dort, der heute mein bester Freund wäre, wenn die ganze Sache einen etwas günstigeren Verlauf genommen hätte.

Ich hasse Sentimentalitäten. Diese Verstandestrübungen, ich würde gern alle Löcher zustopfen, aus denen sie kriechen könnten, jedesmal wenn meinen Vater die Rührung überkam, bin ich aus dem Zimmer gegangen, bis er sich wieder im Griff hatte. Plötzlich spielt das keine Rolle mehr, die

Bilder erfüllen mich selbst mit Rührung, ausgerechnet mich, und ich muß mir die dümmsten Tränen aus den Augen wischen. Keine Mädchen auf den Fotos, nur Jungen, Jungs über Jungs, wie kommt das? Ist das etwa der Grund, warum Mädchen für mich, seit ich zurückdenken kann, immer besondere Wesen gewesen sind?

Auf einem der Bilder fährt die jüdische Feuerwehr durchs Ghetto. Was war nur mit dieser Feuerwehr, irgendwas hat mir mein Vater erzählt, daß es sie gab, oder daß er einen dort kannte, oder daß sie immer zu spät gekommen ist, oder daß es andauernd gebrannt hat, selbst das habe ich vergessen. Unentwegt das Gefühl, mich beim Erinnern nur etwas mehr anstrengen zu müssen, anstatt so träge zu sein und faul aufs Erinnern zu warten. Dabei strenge ich mich an zum Verrücktwerden, es kommt nichts; nur die Bilder liegen im Zimmer, so unbegreiflich nah.

Als ich sie bekam, als ich das Päckchen öffnete und sie auszubreiten anfing, hatte ich bald das Empfinden, sie in eine andere Reihenfolge bringen zu müssen. Doch in was für eine Reihenfolge? Was paßte wozu, und was sollte getrennt sein? Gehören Kinder zu Kindern und Bärtige zu Bärtigen und Händler zu Händlern? Und Polizisten zu Polizisten und die Blonden zu den Blonden? Jedenfalls stimmt die Reihenfolge nicht, sie ist wie ein Sprung auf einer Platte, der die schönste Aufnahme verdirbt. Ich ordne die Bilder immer wieder neu, ich will unbedingt das Rätsel lösen. Ich lege den Bahnhof nach außen, den Friedhof nach außen, die Straßen in die Mitte, Holzhäuser

zusammen, Steinhäuser zusammen, die Werkhallen dazwischen, die Grenze an die Grenze. Immer wieder ist alles falsch, das Lämpchen der Erinnerung leuchtet nicht auf.

Ich starre auf die Bilder und suche mir die Augen wund nach dem alles entscheidenden Stück meines Lebens. Aber nur die verlöschenden Leben der anderen sind zu erkennen, wozu soll ich von Empörung oder Mitleid reden, ich möchte zu ihnen hinabsteigen und finde den Weg nicht.

Text und Fotos aus: „Unser einziger Weg ist Arbeit“. Das Getto in Lodz 1940 – 1944. Eine Ausstellung des Jüdischen Museums Frankfurt am Main; in Zusammenarbeit mit Yad Vashem. Wien 1990.

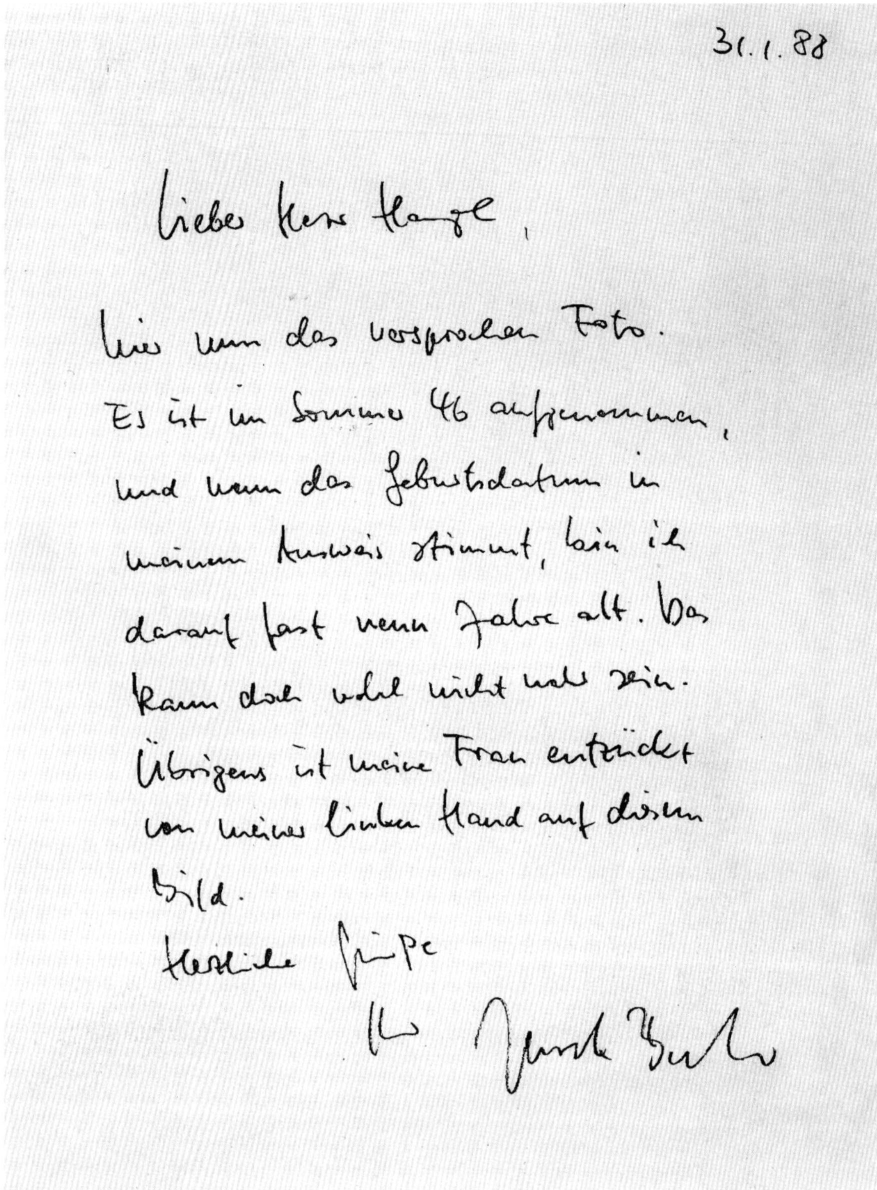

31.1.88

Lieber Herr Hage,

hier nun das versprochene Foto.
Es ist im Sommer 46 aufgenommen,
und wenn das Geburtsdatum in
meinem Ausweis stimmt, bin ich
darauf fast neun Jahre alt. Das
kann doch wohl nicht wahr sein.
Übrigens ist meine Frau entzückt
von meiner linken Hand auf diesem
Bild.

Herzliche Grüße
Ihr Jurek Becker

Handschriftlicher Brief von Jurek Becker an den Literaturkritiker Volker Hage.
(Im Besitz des Empfängers.)

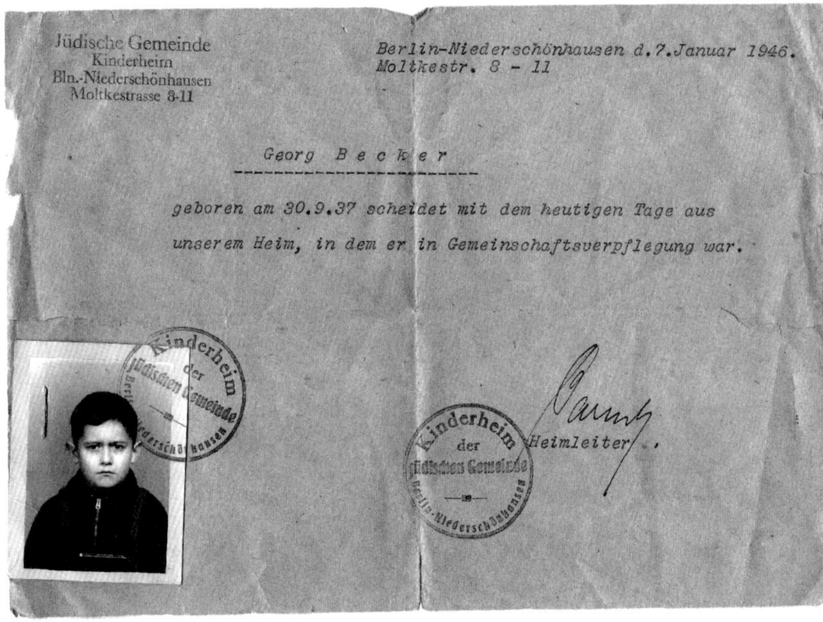

Jüdische Gemeinde
Kinderheim
Bln.-Niederschönhausen
Moltkestrasse 8-11

Berlin-Niederschönhausen d.7.Januar 1946.
Moltkestr. 8 - 11

Georg B e c k e r

geboren am 30.9.37 scheidet mit dem heutigen Tage aus unserem Heim, in dem er in Gemeinschaftsverpflegung war.

Kinderheim der Jüdischen Gemeinde Berlin-Niederschönhausen

Heimleiter.

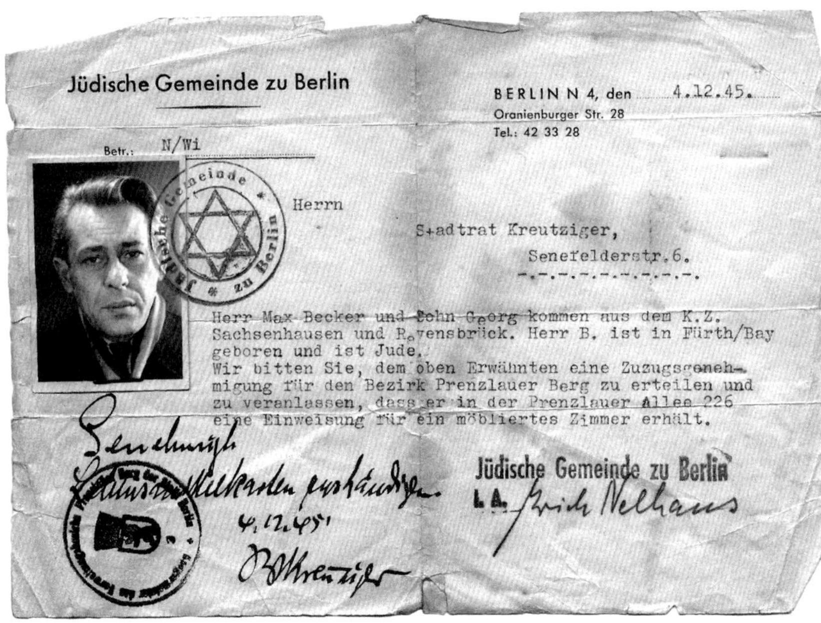

Jüdische Gemeinde zu Berlin

BERLIN N 4, den 4.12.45.
Oranienburger Str. 28
Tel.: 42 33 28

Betr.: N/Wi

Jüdische Gemeinde zu Berlin

Herrn

Stadtrat Kreutziger,

Senefelderstr.6.

Herr Max Becker und Sohn Georg kommen aus dem K.Z. Sachsenhausen und Ravensbrück. Herr B. ist in Fürth/Bay geboren und ist Jude.
Wir bitten Sie, dem oben Erwähnten eine Zuzugsgenehmigung für den Bezirk Prenzlauer Berg zu erteilen und zu veranlassen, dass er in der Prenzlauer Allee 226 eine Einweisung für ein möbliertes Zimmer erhält.

Genehmigt

4.12.45

Jüdische Gemeinde zu Berlin
i.A.

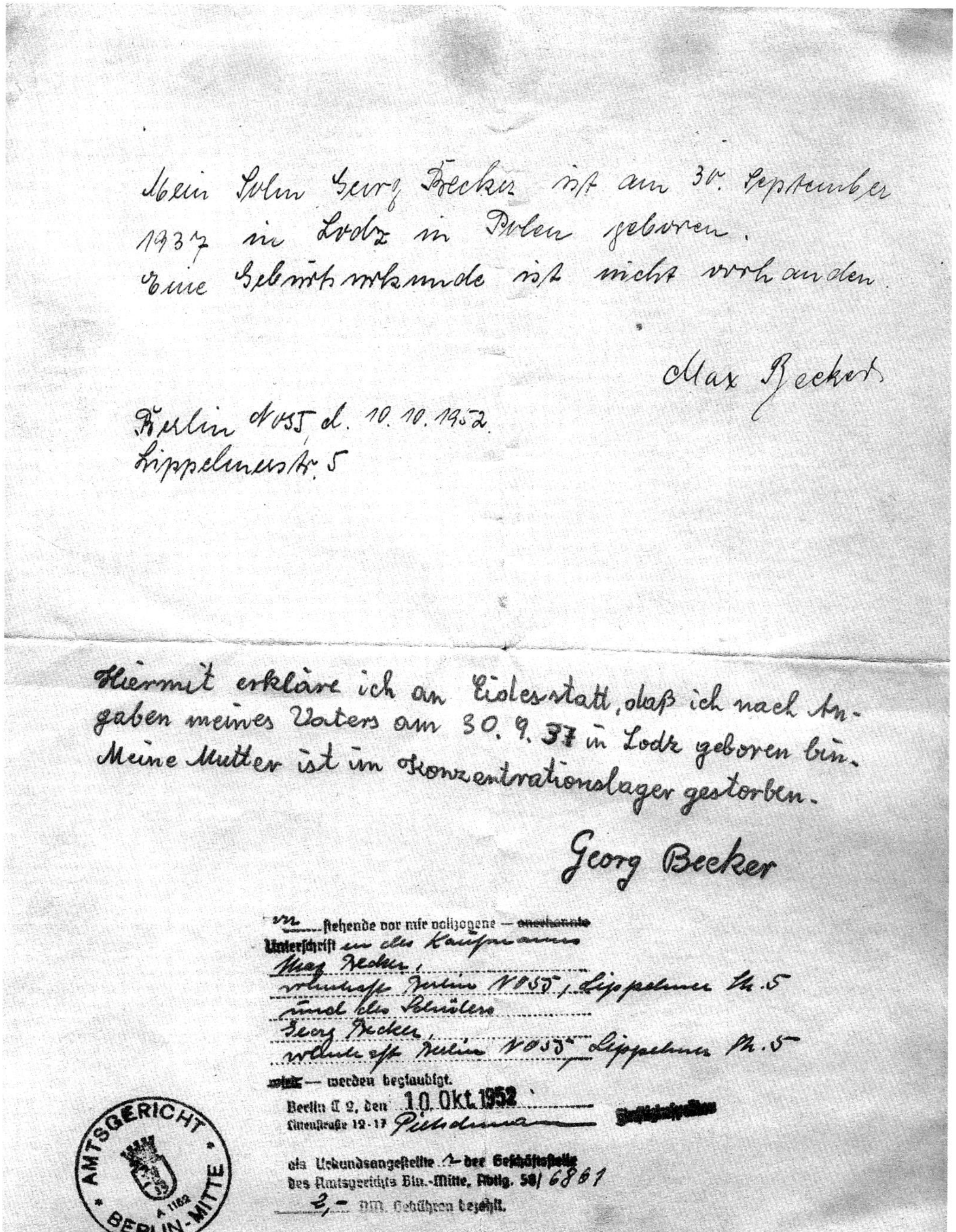

Mein Sohn Georg Becker ist am 30. September 1937 in Lodz in Polen geboren.
Eine Geburtsurkunde ist nicht vorhanden.

Max Becker

Berlin NO55 d. 10.10.1952
Lippehnerstr. 5

Hiermit erkläre ich an Eides statt, daß ich nach Angaben meines Vaters am 30. 9. 37 in Lodz geboren bin.
Meine Mutter ist im Konzentrationslager gestorben.

Georg Becker

Vorstehende vor mir vollzogene ~~anerkannte~~ Unterschrift des Kaufmanns
Max Becker,
wohnhaft Berlin NO55, Lippehner Str. 5
und des Schülers
Georg Becker,
wohnhaft Berlin NO55, Lippehner Str. 5
~~wird~~ — werden beglaubigt.

Berlin C 2, den 10. Okt. 1952
Littenstraße 12-17

als Urkundsangestellte der Geschäftsstelle
des Amtsgerichts Bln.-Mitte, Abtlg. 58/6861
2,– DM. Gebühren bezahlt.

Jurek Becker um 1948.

Jurek Becker, vorn rechts, mit seiner Grundschulklasse um 1948.

Lebenslauf

Ich wurde am 30. September 1937 in der polnischen Stadt Lodz geboren. Mein Vater war von Beruf kaufmännischer Angestellter in einer Textilfabrik, politisch durchaus uninteressiert, meine Mutter Hausfrau.

Die jüdische Abstammung meiner Eltern hatte zur Folge, daß wir nach der Besetzung Polens durch die Faschisten in das Ghetto von Lodz kamen, das nunmehr Litzmannstadt hieß. Das war im Jahre 1940.

1943 wurde ich mit meiner Mutter in das Konzentrationslager Ravensbrück deportiert, im Herbst 1944 nach Sachsenhausen, wo meine Mutter starb.

Mein Vater, der inzwischen Auschwitz und ein Arbeitslager bei Schwerin überlebt hatte, fand mich nach Ende des Krieges. Er blieb ~~[illegible]~~ mit mir in Berlin, wo ich 1946 das erstemal in die Schule kam. Vorerst hatte ich damit zu tun, die deutsche Sprache zu erlernen, was mir mit der Zeit wohl gelungen ist, anfangs ging das aber auf Kosten der anderen Lernfächer.

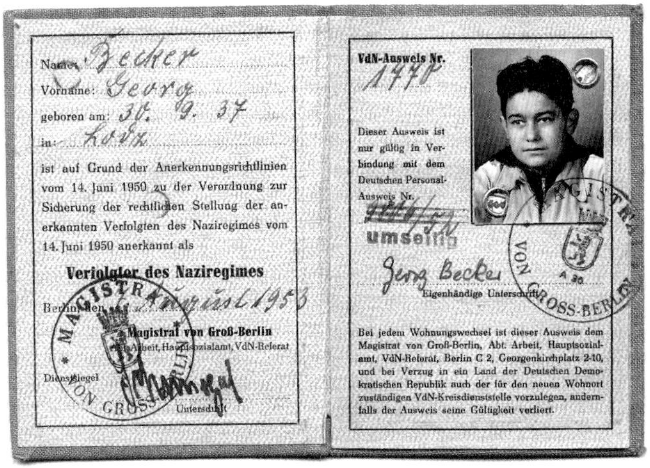

Name: Becker
Vorname: Georg
geboren am: 30. 9. 37
in: Lodz
ist auf Grund der Anerkennungsrichtlinien vom 14. Juni 1950 zu der Verordnung zur Sicherung der rechtlichen Stellung der anerkannten Verfolgten des Naziregimes vom 14. Juni 1950 anerkannt als

Verfolgter des Naziregimes

Berlin, den ... August 1953

Magistrat von Groß-Berlin
Abt. Arbeit, Hauptsozialamt, VdN-Referat

Dienstsiegel

Unterschrift

MAGISTRAT VON GROSS-BERLIN

VdN-Ausweis Nr.
1470

Dieser Ausweis ist nur gültig in Verbindung mit dem Deutschen Personal-Ausweis Nr.
umseitig

Georg Becker
Eigenhändige Unterschrift

A 30

Bei jedem Wohnungswechsel ist dieser Ausweis dem Magistrat von Groß-Berlin, Abt. Arbeit, Hauptsozialamt, VdN-Referat, Berlin C 2, Georgenkirchplatz 2-10, und bei Verzug in ein Land der Deutschen Demokratischen Republik auch der für den neuen Wohnort zuständigen VdN-Kreisdienststelle vorzulegen, andernfalls der Ausweis seine Gültigkeit verliert.

Jurek Beckers Ausweis der Verfolgten des Naziregimes, ausgestellt vom Magistrat von Groß-Berlin 1953.

S. 21 und 23:
Handschriftlicher Lebenslauf, eingereicht zur Aufnahme in den Schriftstellerverband 1967.
Archiv des Schriftstellerverbandes der DDR, Sign. 771 (alt), 2 Bl.

Jurek Becker, 2. von rechts in der 2. Reihe, mit seiner Abiturklasse 1955.

Immerhin bestand ich 1955 das Abitur, im gleichen Jahr wurde ich Mitglied der SED.
Nach dem Abitur leistete ich zwei Jahre Dienst bei der Deutschen Volkspolizei, danach studierte ich, von 1957 an, Philosophie an der Berliner Humboldt-Universität.

Während dieser Zeit fanden meine ersten schriftstellerischen Versuche statt, Gedichte, die sehr spärlich veröffentlicht wurden, Kabarettnummern für „Die Distel" und Artikel für die Studentenzeitschrift „tua res".
Ende 1960, als sich für mich herausstellte, daß meine Berufswünsche und die Hoffnungen, die man an einen Absolventen der Philosophischen Fakultät knüpfte, nicht miteinander übereinstimmten, war mein Studium nach sieben Semestern beendet, drei Semester vorzeitig.
Seit dieser Zeit lebe ich in Berlin als freiberuflicher Schriftsteller. 1961 habe ich geheiratet, habe inzwischen zwei Kinder, von denen eins drei und das andere sechs Jahre alt ist.

Berlin, den 28. November 1967

Jurek Becker

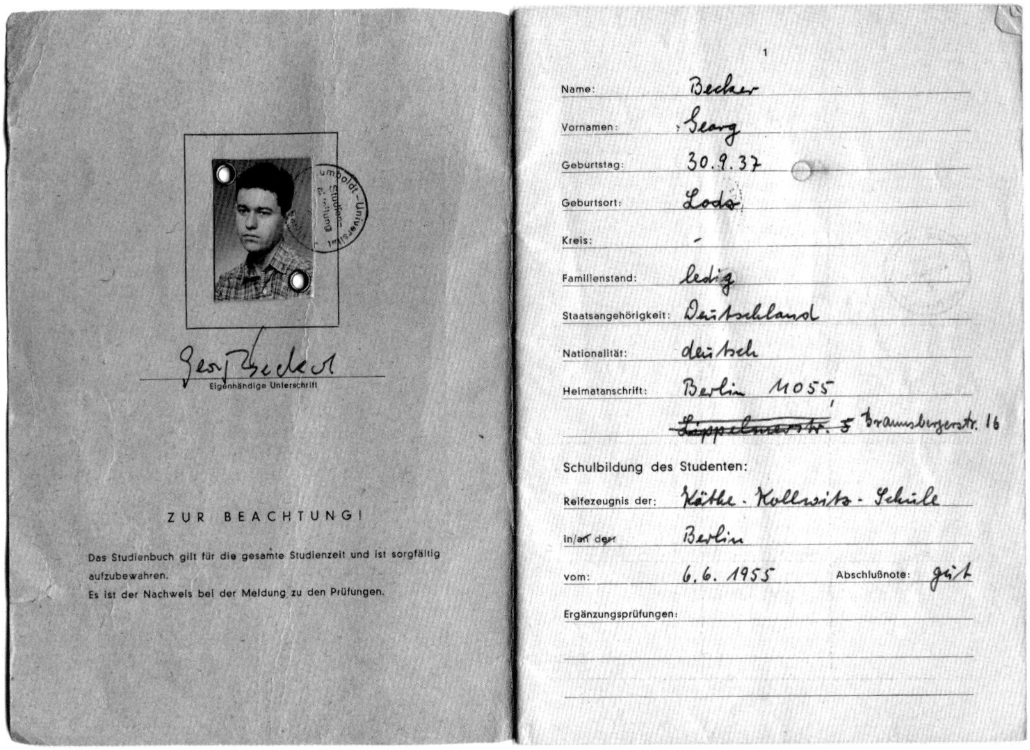

Studienbuch der Humboldt-Universität zu Berlin, 1957-1959.

S. 25-26:
Handschriftliche Seminararbeit von Jurek Becker, Ende der 50er Jahre. 1 von 9 Bl., 2 S.

G. Bedlser

Welche Überlegungen veranlassen einen Einzelbauern zum Eintritt in die LPG?

Während der Zeit, die ich in Zechin verbrachte, habe ich mich besonders mit werktätigen Einzelbauern beschäftigt. Aus diesem Grunde möchte ich das Thema ergänzen und teilen, und zwar in

a. Thema wie oben
und b. Welche Überlegungen halten einen Einzelbauern vom Eintritt in die LPG ab?

Zu a.

Meines Erachtens muß man diesen Themenkreis wiederum teilen, und zwar kann der Eintritt sowohl aus positiven wie auch aus negativen Erwägungen heraus geschehen. Der Ausdruck „Eintritt in die LPG aus negativen Erwägungen heraus" ist vielleicht nicht ganz richtig. Aber ich meine das so: Es gibt Bauern, die in die LPG eintraten, oder erst dann eintreten, wenn es für sie unmöglich geworden ist, alleine weiterzuwirtschaften. Sie haben eine große Schuldenlast oder unaufholbare Sollrückstände, sie haben ihre Wirtschaft ruiniert oder sind zu alt geworden, um selbst zu arbeiten. Diese Bauern sehen die LPG als letzten Ausweg, als Notbremse. Sie hemmen die Entwicklung der sozialistischen Landwirtschaft. Das Hemmnis besteht nicht im Eintritt dieser Bauern in die LPG überhaupt, sondern im viel zu späten Zeitpunkt des Eintritts. Zweifellos ist es möglich, aus aus diesen Gründen eingetretenen Bauern noch gute Genossenschaftler zu machen. Deshalb sollte man auch ihre ~~Eint~~ Anträge nicht ablehnen. Aber besser wäre es freilich ihren Motiven vorzubeugen, die Gründe, die sie zum Eintritt bewegten (praktisch zwangen), aus der Welt zu schaffen. Es ist notwendig, eine qualifizierte Werbung unter den Einzelbauern durchzuführen, sie zum Eintritt in die LPG zu überzeugen, solange ihre Wirtschaft noch gut ist, sie keine Schulden haben, sie noch vollwertige Arbeitskräfte sind.

Jurek Becker als Student, Ende der 50er Jahre.

Jurek Becker auf einer Reise in die CSSR, Ende der 50er Jahre.

Jurek Becker um 1960.

S. 29-31: *Frühe Prosaskizze, unveröffentliches Typoskript, 1962, 3 Bl.*

Beim Wasserholen haben sie sich kennengelernt, an der Pumpe.
Er war ein ganzes Stück vor ihr in der Reihe. Aber er hat einen nach dem anderen vorgelassen, bis sie hinter ihm war. Dann hat er ihr den Eimer vollgepumpt, und dann sich, und dann hat er ihr den Eimer getragen.

"Wo wohnst du?" ~~xxxxxx xx xxxx~~ hat er sie gefragt.

"In der Dworska."

"Das ist nicht weit. Ich wohne bloß um die Ecke."

Beim Gehen hat er ihr die Beine naß gemacht, als er mit dem Eimer gegen ihr Knie gestoßen ist. Aber es war Sommer und kein Unglück. Gut, daß sie keine Schuhe anhatte.

"Wie heißt du?"

"Moira heiß ich", sagte sie.

"Ich heiße Janek."

Vor ihrem Haus setzte er beide Eimer ab.

"Ich hab eine Tante gehabt, die hieß auch Moira."

"Warum nicht", sagte sie. "Viele Leute heißen Moira."

"Ich hab dich noch nie beim Wasserholen gesehen", sagte er.

"Sonst ~~xxxx~~ geht auch mein Vater immer zur Pumpe. Aber er ist jetzt krank ."

"Was hat er denn?"

"Was soll er schon haben? ~~Wahrscheinlich~~ Typhus."

"Oje."

"Ist nicht so schlimm", sagte sie.

"Was arbeitest du?" fragte er sie.

"Sie warten auf das Wasser", sagte sie und ging mit dem Eimer ins Haus.

Sie trafen sich nocheinmal an der Pumpe und nocheinmal, und dann trafen sie sich nicht mehr an der Pumpe, sondern woanders. Janek erfuhr, daß sie Schneiderin von Beruf war und Steppdecken zu nähen hatte.

"Und was machst du?"

~~"Ich bin Transportarbeiter"~~

"Ich arbeite beim Transport auf dem Bahnhof", sagte er. ~~"Wir verladen~~

"Dann kannst du auch manchmal etwas stehlen?" fragte sie.

"Nur wenig", sagte er. "Sie passen zu sehr auf. Bloß manchmal, wenn wir Kartoffeln verladen, riskier ich's. Neulich erst haben sie einen dabei erwischt. Er ist gleich erschossen worden."

"Er wäre sowieso verhungert", sagte sie.

"Hast du schon immer in Lodz gewohnt?"

"Ja."

"Ich bin ein Litwok", sagte er. Er nahm ihre Hand, und sie drückte seine Hand, und die Abendsonne war ~~sie~~ ganz besonders rot.

"Wie alt bist du?"

"Neunzehn. Und du?"

"Einundzwanzig."

Vor einem Haus saß ein alter Mann auf der Erde. Die beiden gingen versonnen lächelnd an ihm vorbei, und der Alte schaute ihnen böse nach.

Noch denselben Abend haben sie sich geküßt. Auf dem Hof des Hauses, in dem er wohnte, war ein Schuppen, in dem viel Zeug stand und in den fast nie einer ging. Und sie sind reingegangen und waren ganz allein mit sich. Zuerst haben sie bloß dagestanden und sich angesehen. Dann hat er sie zu einer Kiste geführt und sich zusammen mit ihr hingesetzt. Sie zierte sich ein bißchen, weil Mädchen sich immer am Anfang ein bißchen zieren. Aber als sie sah, daß er schüchtern war und daß ihr Zieren ihn mutlos machte, hat sie sich schnell küssen lassen, und viel Zeit ist darüber vergangen. Er war ganz überrascht, als auf einmal ihre Brust in seiner Hand war. Doch das Erstaunen war bald vorbei, und er streichelte sie so leise wie er nur konnte, und den Tag wird er nie vergessen.

"Ach Moira", sagte er. Er streifte mit dem Mund über ihr Gesicht und merkte, daß es naß war. "Was ist?" fragte er, "Moira, was ist?"
Sie wischte sich die Augen und wendete den Kopf zur Seite.
"awrum weinst du?" Er faßte sie am Kinn und drehte ihren Kopf zu sich.
Sie hielt die Augen geschlossen.
"Weißt du", sagte sie, "weil der Vater so krank ist, muß er besser essen als sonst, und auch mehr."
"Du hast Hunger?"
"Es geht schon", sagte sie.
"Warte hier!" Er sprang auf und rannte hinaus. Nach ein paar Minuten war er zurück. Er gab Moira ein Stück Brot, ein ziemlich großes Stück, und eine Zwiebel. Er mußte es ihr fast in den Mund stopfen, weil sich Mädchen immer zieren. Doch es schmeckte so gut, daß er sie nicht lange zu bitten brauchte. Am Ende waren ihre Augen bloß noch von der Zwiebel naß. Erst als sie alles aufgegessen hatte, fiel ihr ein, daß es sein Abendbrot war und wahrscheinlich sogar noch mehr. Aber er belog sie und sagte, daß er oben noch ein Stück zu liegen hätte.Ein schönes Gefühl, satt zu sein, fand sie.
Sie fingen noch einmal von vorne an, sich zu küssen

Jurek Becker 1968.

Jurek Becker

Tendenz fallend

Ein mit Akten vollgepackter Tisch, drei Telephone darauf.
Über dem Tisch ein Schild: „Ablehnung von Stücken".
Hinter dem Tisch sitzt der Ablehner.
1. Telephon klingelt. Ablehner in den Hörer:

Auf keinen Fall.

Er legt auf. 2. Telephon klingelt. Ablehner in den Hörer:

Auf jeden Fall.

Er legt auf. Der Dichter kommt.

DICHTER: Guten Tag.

ABLEHNER: Ah, Guten Tag. Nehmen Sie doch Platz.

Dichter setzt sich.

ABLEHNER: Also mit einem Wort – ich habe Ihr Stück gelesen.

DICHTER: Das freut mich.

ABLEHNER: Es gefällt mir übrigens ganz ausgezeichnet ...

Er sucht das Stück unter den Akten heraus und legt es vor den Dichter hin.

... Es hat Anliegen, es hat Geist, es hat Standpunkt, es ist kritisch, brillant geschrieben – mit einem Wort – nicht zu machen.

Er gibt dem Dichter das Stück.

DICHTER: Aber Sie haben doch eben selbst gesagt ...

ABLEHNER: Sie haben einen bedeutenden Fehler gemacht, Sie sind zu weit gegangen. Oder besser gesagt – Sie sind zu hoch gegangen. Wenn Sie einen bestimmten Zustand für kritisierenswert halten, dann heißt das noch lange nicht, daß Sie gegen den Minister schießen. Das können wir uns einfach nicht leisten. In unserer konkreten Lage und so weiter und so weiter ...

DICHTER: Meinen Sie, daß es Sinn hätte, das Stück eventuell umzuschreiben?

ABLEHNER: Umschreiben hat immer Sinn. Ich hoffe, wir haben uns verstanden, Kollege Unverzagt.

Der Dichter nickt traurig, nimmt sein Stück und geht.
1. Telephon klingelt. Ablehner in den Hörer:

Nein, das Stück ist viel zu teuer.

Legt auf. 2. Telephon klingelt. Ablehner in den Hörer:

Nein, das Stück ist zu billig.

Legt auf. Eine Sekretärin kommt mit einer Mappe in der Hand.

SEKRETÄRIN: Die zweite Fassung vom Kollegen Unverzagt.

Sie legt das Stück hin und ab.
Ablehner nimmt das Stück, läßt die Seiten an seinen Augen vorbeihuschen und legt es wieder hin.
Dichter tritt auf.

ABLEHNER: Ah, da sind Sie ja. Ich habe eben Ihr Stück gelesen.

DICHTER: Wie fanden Sie die Idee, es vom Minister auf einen Staatssekretär umzuschreiben.

ABLEHNER: Schon besser. Aber ich sage Ihnen gleich, die letzte Fassung ist es noch nicht. Sie scheinen mir in dem Irrtum befangen, wir hätten Staatssekretäre wie Sand am Meer.

DICHTER: Aber auf keinen Fall.

ABLEHNER: Um so besser. Dann wird es Ihnen auch nicht schwerfallen einzusehen, daß wir es uns nicht leisten können, unsere Staatssekretäre als unfähig hinzustellen.

DICHTER: Aber ich meine doch nicht alle Staatssekretäre, sondern diesen einen bestimmten in diesem bestimmten Ministerium.

ABLEHNER: Und unsere besondere Lage?

Er gibt dem Dichter das Stück wieder.

DICHTER: Und wozu raten Sie mir?

ABLEHNER: Versuchen Sie es mal mit einem Abteilungsleiter.

Der Dichter geht mit gesenktem Kopf.
Das 1. Telephon klingelt. Ablehner in den Hörer:

Das geht mich nichts an.

Legt auf. 2. Telephon klingelt. Ablehner in den Hörer:

Das geht Sie nichts an.

Legt auf.
Sekretärin kommt mit einer Mappe in der Hand.

SEKRETÄRIN: Die dritte Fassung vom Kollegen Unverzagt.

Sie legt das Stück hin. Ab.

Ablehner blättert es schnell durch.

Dichter tritt auf.

DICHTER: Na?

ABLEHNER *seufzt*: Ich habe die Sache hin und her überlegt, Kollege Unverzagt ...

Er schüttelt bedauernd den Kopf.

DICHTER: Aber Sie haben mir doch selbst gesagt ...

ABLEHNER: Man sagt so viel. Um es kurz zu machen – Ihr Stück zeugt von einer groben Unterschätzung der Abteilungsleiter. Wir brauchen doch die Leute!

DICHTER: Aber wer hat denn was gegen die Abteilungsleiter im Allgemeinen?! Ich wollte zuerst sogar einen Hauptabteilungsleiter nehmen. Aber ich dachte an unser letztes Gespräch und habe darauf verzichtet ...

ABLEHNER: Das war klug.

DICHTER: ... und dafür einen einfachen Abteilungsleiter genommen.

ABLEHNER: Das war nicht klug. Stellen Sie sich eine Welt ohne Abteilungsleiter vor. Grauenvoll!! Und wollen Sie das? Natürlich wollen Sie es nicht. Aber effektiv kommt raus, als hätten Sie was gegen die Leute. Mein Gott – wenn einer mal danebenhaut – ist denn das typisch?...

Der Dichter nimmt sein Stück.

ABLEHNER: Na sehen Sie.

DICHTER: Und wozu raten Sie mir jetzt?

ABLEHNER: Ich werde mich hüten. Sie haben sich die Suppe eingebrockt, jetzt müssen Sie sie auch zu Ende schreiben. Aber wie ich Sie kenne, Kollege Unverzagt, werden Sie es schon irgendwie schaffen.

Unverzagt geht verzagt.

1. Telephon klingelt. Ablehner in den Hörer:

Sie müssen mehr an das Publikum denken.

Legt auf. 2. Telephon klingelt. Ablehner in den Hörer:

Was geht uns denn das Publikum an?

Legt auf.

Sekretärin kommt mit einer Mappe, die sie vor Ablehner hinlegt.

SEKRETÄRIN: Die vierte Fassung von Kollegen Unverzagt.

Ab.

Ablehner blättert das Manuskript eilig durch. Dann legt er es vor sich auf den Tisch und schüttelt unwillig den Kopf.

ABLEHNER: Ts, ts, ts ...

1. Telephon klingelt. Ablehner in den Hörer:

Das muß das ZK entscheiden.

Er legt auf. Er will den zweiten Hörer greifen, der ja gleich klingeln muß. Aber es klingelt nicht mehr. Dafür tritt Unverzagt auf.

DICHTER: Sind Sie jetzt zufrieden?

ABLEHNER: Sie machen mir ja Spaß! Womit soll ich da zufrieden sein?

Er klopft auf das Stück.

DICHTER *erschrocken*: Aber ich hab doch alles gemacht, was Sie wollten! Ich habe das Stück auf den Pförtner des betreffenden Ministeriums umgeschrieben. Jetzt können Sie doch wirklich nicht mehr sagen, daß es unsere Situation nicht erlaubt ...

ABLEHNER: Unsere Situation lassen Sie mal schön links liegen. Ich muß Ihnen sagen, Sie haben mich sehr enttäuscht. Es kann doch unmöglich Ihr Ernst sein, dieses Stück aufführen zu wollen?

DICHTER: Das ist eigentlich mein Fernziel, wenn ich so sagen darf.

ABLEHNER: Na, ich bitte Sie! So viel Aufwand – ein ganzes Stück – wegen einem Pförtner!

Kabarettszene, geschrieben für „Die Distel", unveröffentlichtes Typoskript, 1964, 5 Bl.

Jurek Becker 1968.

Links oben:
Jurek und Rieke Becker bei ihrer Eheschließung 1961.

Rechts oben:
Max Becker mit seinem Enkel Nikolaus 1964.

Unten:
Max Becker mit seinem Sohn Jurek 1964.

Jurek Becker mit seinen Söhnen Leonard und Nikolaus bei der Einschulung des ersteren 1970.

7.11.83

Lieber Lonni,

ich schreibe Dir aus einer merkwürdigen Empfindung heraus: Vor wenigen Tagen haben wir im Wintergarten in Mahlsdorf zusammengesessen. Du hast mir etwas über Deine Situation erzählt, über das Unbefriedigende daran, und ich habe Dir Ratschläge gegeben. Auf der Rückfahrt dachte ich darüber nach, und mir kam in den Sinn: Was weißt du denn über sein Leben? Du kennst ihn doch im Grunde kaum, du kennst ihn aus der Erinnerung, aber das ist gar nicht mehr er. Du kennst ihn von Besuchen, vom Sitzen in Kaffees und Restaurants, da ist man nur zu einem kleinen Teil man selbst.

Das etwa ging mir durch den Sinn. Ob diese Vermutungen ganz und gar stimmen und ob man eine große Geschichte daraus machen sollte, das ist eine zweite Frage – ich will Dir nur nicht verschweigen, daß diese Gedanken mir kamen. Daß unsere Beziehung dünner geworden ist, als sie es einmal war, daran ist ja kein Zweifel. Nur sehe ich mir andere Beziehungen zwischen zwanzigjährigen Söhnen (ich weiß übrigens, daß Du erst neunzehn bist) und ihren Vätern an, und ich sehe so gut wie keine, die mir ideal vorkäme oder mit der ich die unsere auch nur zu tauschen wünschte. Das beruhigt mich, aber, ehrlich gesagt, nur für kurze Zeit. Weil ich natürlich den Gedanken nicht loswerde, was geschehen wäre, wenn wir, ich meine Rieke und mich, uns nicht hätten scheiden lassen, wenn ich heute noch in Deiner unmittelbaren Nähe leben würde, und so weiter. Mit den Eltern zu leben bedeutet viel für Kinder, da bin ich sicher; weniger die Einflüsse und die Ratschläge und die Ermahnungen, denen die Kinder dann regelmäßig ausgesetzt sind, sondern eine bestimmte Atmosphäre, die mit Wärme und mit Sicherheit zu tun hat. Nun gut, es ist gekommen, wie's gekommen ist, kein Grund zum Jammern, aber ein paar Gedanken muß man sich irgendwann ja schließlich machen, wie unangenehme Folgen auszuschließen oder möglichst klein zu halten sind.

Du weißt, daß ich Dich für einen ungewöhnlich intelligenten und scharfsinnigen und klugen Kerl halte, und wenn Du es noch nicht wußtest, dann weißt Du es eben jetzt. (Nur nebenbei – besonders hat mir immer gefallen, daß Du ein weiches Herz hast, also voll Mitleid bist. Das hat mit Gerechtigkeitssinn zu tun, beides ist untrennbar miteinander verbunden.)

Vor einiger Zeit hatte ich den Eindruck, daß Du auch selbstbewußt warst, daß Du diese Deine Eigenschaften nicht verkanntest und sicher warst, daß sie schon noch zur Blüte kommen würden. Und wenn ich diesen Burschen mit dem vergleiche, der neulich im Wintergarten mit mir geredet hat, dann kommt es mir vor, als sei die Sicherheit (die man auch Zuversicht nennen kann) nicht mehr da.

Jurek Becker mit seinem Sohn Leonard 1976.

Ich glaube nicht, daß es ein bestimmtes Ereignis gegeben hat, bei dem Deine Zuversicht draufgegangen wäre (all das und das Folgende nur unter der Voraussetzung, daß meine Beobachtung richtig ist). Viel eher wird es wohl so sein, daß sie sich im Leben Tag für Tag, im oft ereignislosen Alltag aufgebraucht hat. Du hast sie einfach vergessen. Und Du hast das vergessen, um dessentwillen Du einmal zuversichtlich gewesen bist. Und das heißt nichts anderes, als daß Du unter Deinen Möglichkeiten lebst.

Ich will Dich mit Ratschlägen verschonen. Wahrscheinlich bestand mein größter Fehler im Verhältnis zu Dir darin, daß ich Dich so lange und so oft mit Ratschlägen eingedeckt habe, bis Du glaubtest, das Beste, was man mit Ratschlägen tun könne, sei, sich ihnen zu verweigern. Und das,

Jurek Becker mit seinem Sohn Leonard und seiner Frau Rieke 1976.

obwohl aller Wahrscheinlichkeit nach ein paar ganz vernünftige darunter waren. Die Mühe war einfach zu groß, sie aus dem großen Ratschlägehaufen (an dem ja noch andere Personen mitgebaut haben, besonders eine ganz bestimmte) herauszusuchen. In diesem Brief also soll von Ratschlägen keine Rede sein.

Ich will Dir nur ein wenig über mich erzählen, und dann höre ich auf. Ich erinnere mich gut an die Zeit, als ich so alt war wie Du heute; es scheint mir erst kürzlich gewesen zu sein, dabei ist es für Dich das ganze Leben. Ich war damals bei der Armee und unglücklich. Ich hatte mich für ein Germanistik-Studium gleich nach dem Abitur beworben und war abgelehnt worden. Man sagte mir, ich könne meine Chancen erhöhen, indem ich freiwillig zur Armee ging. Mein Vater verfluchte mich, als ich es tatsächlich machte; er glaubte, mich mit Beziehungen irgendwie doch in das Studium schieben zu können, aber das schien mir noch schlimmer zu sein als die zwei Jahre bei der

Armee (die damals im übrigen in anderem Ansehen bei mir stand [zu recht wohl] als heute). Jedenfalls war ich schrecklich unglücklich, eine Mädchengeschichte war mir auch schiefgelaufen. Es war die Zeit, als ich mich zu fragen begann, was ich überhaupt mit mir anfangen wollte. Ich bin überzeugt davon, daß die meisten Menschen nicht etwa deshalb unglücklich oder (um ein nicht gar so pathetisches Wort zu gebrauchen) unzufrieden sind, weil sie keinen Weg finden, um ihre Wünsche zu erfüllen, sondern weil sie ihre Wünsche nicht kennen. Klar, immer schwirren da ein paar Bedürfnisse herum, meistens solche, die man mit Geld befriedigen könnte, wenn man es hätte; die halten die meisten dann für ihre Wünsche. Wenn sich einer davon mal befriedigen läßt, sind sie froh, aber bald wundern sie sich, wie kurz die Freude ist, wie klein, wie schnell sie sich verbraucht. Also, ich fing an zu überlegen, ob die Unzufriedenheit, von der ich randvoll war, vor allem mit den Umständen, denen ich ausgesetzt war, erklärt werden konnte, oder ob sie vor allem daran lag, wie ich mich verhielt, was für Ansprüche ich stellte, und zwar an mich selbst, wie ich lebte. Ich sah mir gut meine Bekannten an (Freunde hatte ich damals keine), die meisten von ihnen so unzufrieden wie ich. Sie ließen sich treiben, wie ich. Sie lebten, als hätten sie eine unumstößliche Devise: Solange sich in meinen Lebensumständen nichts ändert, bin ich eben unglücklich. Ist ja nicht meine Schuld. – Und meinen Schreck kannst Du Dir vorstellen, als ich im Handumdrehen herausfand, daß ich einer von diesen Trotteln war.

Heute habe ich wahrscheinlich gut reden, ich habe mich ja an den eigenen Haaren aus diesem Moor herausgezogen. Aber schließlich habe *ich* es ja getan, ICH, niemand sonst. Es gab keine besonders günstigen Umstände (ich finde, daß ich sogar ziemlich ungünstige vorfand), und ich sehe keinen Grund, das meinem Sohn, den ich immerhin liebe, zu verschweigen. Ich habe herausgefunden, daß es nur eine einzige Art von langanhaltender, zuverlässiger Zufriedenheit gibt: sich etwas abzuverlangen, Erwartungen an sich selbst zu stellen und diese zu erfüllen. Einen Plan zu machen, und den in die Tat umzusetzen. Zumindest ist das bei ernstzunehmenden Leuten so, und ich halte Dich für einen davon. Mit anderen Worten heißt das, daß die Zufriedenheit, von der ich spreche, immer nur das Resultat einer ziemlichen Mühe und Anstrengung ist, daß man sie vor allem daran erkennt, daß sie einem nicht in den Schoß fällt. Natürlich kann man auch einen dummen Plan ins Auge fassen, man kann sich etwas Unsinniges vornehmen. Davor schützt einen nichts als die eigene Intelligenz, da habe ich bei Dir keine allzu großen Befürchtungen.

Jeder Mensch ist sich wichtig, deshalb möchte er, daß etwas Gutes mit ihm geschieht. Was aber ist auf die Dauer etwas Gutes? Ich habe damals für mich herausgefunden, daß es etwas Gutes wäre zu schreiben und sich dabei zu erschöpfen. Die Mühe, die das bereitet, oft auch die Mühsal und die Qual, gehören unbedingt dazu; nur durch sie hindurch führt der Weg zu der Zufriedenheit, von der ich spreche. Und ich bin sicher, daß es keinen anderen gibt.

Mit keinem Wort will ich sagen, daß Du zu denselben Schlußfolgerungen kommen müßtest wie ich. Mach Dir getrost ein anderes Bild von Dir, als ich es mir damals von mir gemacht habe. Aber mach Dir eins! Ich war ein wenig erschrocken, als mir diese Gleichgültigkeit an Dir auffiel, eine Lustlosigkeit, die den Eindruck erweckte, als stochertest Du in Deinen Tagen und Wochen und Jahren ein bißchen herum und lebtest gar nicht richtig. Dabei ist ja nicht etwa alles vorbei, sondern es hat noch gar nicht richtig angefangen.

Und der Brief nicht etwa deshalb, weil ich fände, Du müßtest jetzt endlich wissen, was Du willst, und endlich losmarschieren. Aber allmählich darüber nachdenken, das solltest Du schon. Ich fürchte, man kann mit der Zeit, und erstaunlich schnell sogar, selbst das Nachdenken verlernen, obwohl ich diese Gefahr bei Dir noch nicht für akut halte (ehrlich). Ich möchte Dir nur ein bißchen Mut machen, Dir ein wenig Rückenwind geben und, wo's möglich ist, meine Papahilfe anbieten, die nicht zufällig ganz am Ende steht.

Ein seltsamer Vater mit Namen Jurek.

Handschriftlicher Brief von Jurek Becker an seinen Sohn Leonard, 5 Bl.

Jakob der Lügner

Jurek Becker 1976.

Jurek Becker

Jakob, der Lügner
Exposé für einen Film

Die Geschichte spielt im späten Sommer 1944, im Ghetto einer nicht sehr großen polnischen Stadt, irgendwo zwischen Warschau und der Oder.

Jakob, ein Mann von ungefähr fünfzig Jahren, geht am frühen Abend durch eine menschenleere Straße. Die Straße mündet in einer zweiten Straße, in deren Mitte ein Stacheldrahtzaun das Ghetto vom „freien Teil" der Stadt trennt. Plötzlich erscheint hinter dem Draht ein deutscher Soldat und ruft Jakob. Jakob hat Lust wegzulaufen, aber er sieht die Maschinenpistole in der Hand des Soldaten. Er nimmt die Mütze ab, geht zu ihm, und sie stehen sich gegenüber, den Zaun zwischen sich.
„Weißt du nicht, daß es verboten ist, nach acht auf der Straße zu sein!" sagt der deutsche Soldat.
„Das weiß ich."
Der Soldat sagt, es sei jetzt schon Viertel neun. Jakob sagt, er hätte keine Uhr, aber der Soldat beweist ihm, daß es einem Juden nicht zukommt, mit einem deutschen Soldaten zu diskutieren. Er zeigt auf ein Haus, in dem sich das Gestapo-Revier befindet, und befiehlt Jakob, dort hinzugehen, sich beim Wachhabenden zu melden und ihm zu sagen, daß er um Viertel neun auf der Straße gewesen sei. Jakob geht auf das Haus zu. Eine Straßenecke lockt ihn zu fliehen, aber die Maschinenpistole des Deutschen würde da sicher ein Wort mitreden.
Jakob ist vor dem Haus angelangt. Er öffnet die Tür und steht auf einem langen menschenleeren Korridor, von dem viele Türen ausgehen.
Er geht verängstigt den Gang entlang und schaut nach einem Hinweis auf einer der Türen. Aus einem Zimmer hört er eine Stimme. Er geht dicht heran, um zu horchen.

In einem Zimmer sitzt ein junger deutscher Leutnant hinter einem Schreibtisch. Vor dem Schreibtisch sitzt ein zweiter, älterer Offizier. Auf dem Tisch steht eine Flasche Kognak.
Der Leutnant hat am selben Tag einen Brief aus Deutschland bekommen, in dem ihm mitgeteilt wurde, daß seine Frau einen gesunden Sohn geboren hat. Die beiden trinken auf den Sohn, auf die Frau und auf alles mögliche, und der junge Leutnant hält sich für den glücklichsten Mann auf der Welt.

Die Tür, vor der Jakob steht und horcht, wird aufgerissen. Ein Gestapo-Mann starrt mehr erstaunt als wütend auf den vor Angst zitternden Jakob. Aus dem Zimmer hört man die Stimme eines Nachrichtensprechers, der mitteilt, daß der russische Angriff zwanzig Kilometer vor Warschau erfolgreich zum Stehen gebracht worden ist.
„Was willst du hier?“ herrscht der Gestapo-Mann Jakob an.
Jakob erzählt es ihm.
„Und da horchst du hier?“
Jakob sagt, er hätte nicht gehorcht, er wüßte hier bloß nicht Bescheid. Und deswegen wollte er grade an die Tür klopfen.
Der Deutsche packt Jakob am Kragen und stößt ihn den Korridor entlang. Jakob fällt vor einer Tür hin, und der Gestapo-Mann sagt ihm, daß das die Tür sei, an die er klopfen müßte. Jakob rappelt sich hoch, klopft.

Der junge Leutnant ruft „herein“. Jakob betritt das Zimmer und bleibt vor der Tür stehen. Der Leutnant sieht sehr verwundert aus. Es ist ihm sicher noch nie passiert, daß jemand mit einem Judenstern alleine in dieses Zimmer kam. Der ältere Offizier ist ziemlich betrunken und kämpft mit dem Schlaf.
„Was willst du denn hier?“ fragt der Leutnant.
Jakob erzählt, daß der Soldat ihn hereingeschickt hätte, weil er um Viertel neun noch auf der Straße gewesen sei.
Der Leutnant wirft einen Blick auf die Wanduhr, die über der Tür und damit auch über Jakob hängt. Die Uhr zeigt fünf Minuten vor acht.
Jakob kann die Uhr nicht sehen. Der Leutnant sieht auf seine Armbanduhr, die dasselbe sagt.
„Soso, du warst um Viertel neun auf der Straße ...“
Er sieht Jakob lange und scharf an. Dann klärt sich sein Gesicht zu einem Grinsen auf.

Jurek Becker und Regisseur Frank Beyer auf Motivsuche für den Film „Jakob der Lügner“ 1966 in Polen; Drehort Kazimierz, das alte jüdische Viertel in Krakau.

„Weißt du was – hau ab."
Jakob kann es nicht glauben. Er fürchtet, sich umzudrehen.
„Na hau schon ab!"
Jakob geht fassungslos rückwärts aus der Tür.
„An einem Tag wie heute will ich mir nicht die Finger schmutzig machen", erklärt der Leutnant dem anderen Offizier, der in seinem Sessel zusammengesunken ist und Mühe hat, mit einem Grunzen zu antworten.

Jakob geht den Gang entlang zur Ausgangstür. Er öffnet sie vorsichtig einen Spalt und sieht in einiger Entfernung den Soldaten patrouillieren, der ihn hereingeschickt hat. Schnell schließt er die Tür wieder.
Er hat Angst.
Eine Tür auf dem Korridor geht auf, und der Gestapo-Mann kommt heraus, ohne Jakob zu bemerken. Er geht in die andere Richtung. Entschlossen macht Jakob die Tür zur Straße auf und tritt vor das Haus. Wenn er einige Meter gegangen ist, schlägt eine Turmuhr acht. Der Soldat bemerkt ihn jetzt. Jakob geht eilig auf die nächste Ecke zu. Der Soldat lädt die Mpi durch. Jakob beginnt zu rennen. Der Soldat hebt die Mpi ans Auge. Jakob verschwindet entsetzt um die Ecke. Der Soldat nimmt die Mpi wieder herunter und lacht. Für ihn war das Ganze ein Mordsspaß.

Jakob rennt keuchend durch einige menschenleere Straßen und verschwindet schließlich in einem Hauseingang.

In Jakobs Zimmer. Jakob kommt hastig herein und läßt sich erschöpft auf sein Bett fallen.
Er erlebt noch einmal die Szene, die zu seiner Verhaftung führte, den Gang zum Gebäude, das Gewehr des Soldaten im Rücken; er sieht sich den Gang im Gestapo-Haus entlang gehen, vor der

Tür stehenbleiben; die Tür wird aufgerissen. Und er sieht jetzt nicht nur den Gestapo-Mann, er hört auch die Nachricht. Erst jetzt kommt ihm zum Bewußtsein, was er da gehört hat. Die Russen sind zwanzig Kilometer vor Warschau!
Jakob steht vom Bett auf. Über sein Gesicht laufen Tränen.
„Sie sind vor Warschau ..."
Er geht zum Schrank und nimmt ein Weinglas heraus. Mit dem Glas geht er zum Spülstein und gießt es voll Wasser.
„Auf euer Glück!"
Besseren Wein hat er noch nie getrunken.

Innerhalb des Ghettos ist ein Güterbahnhof. Ausschließlich jüdische Arbeiter, alle durch einen Judenstern auf der Brust und auf dem Rücken gekennzeichnet, entladen die Waggons, die mit Steinen gefüllt sind.
Hinter den Gleisen steht ein kleines Steinhaus, zu dem die Juden keinen Zutritt haben. Dort hinein dürfen nur die Bahnangestellten - Volksdeutsche. Auf dem Steinhaus weht eine deutsche Fahne.
Jakob schleppt einen schweren Stein vom Waggon zu einem Steinhaufen, wo er ihn hinwirft. Er geht zurück zum Waggon und will einen neuen Stein nehmen, einen sehr großen. Mischa kommt und hilft ihm.
Während sie den Stein tragen, fragt Jakob Mischa, wann er das letzte Mal etwas Schönes gehört hätte.
Gestern, sagt Mischa. Gestern hat ihm Rosa gesagt, daß sie ihn liebt.
„Dann paß auf, was ich dir jetzt sage", sagt Jakob. „Aber laß nicht den Stein fallen."
Und Jakob erzählt ihm, daß die Russen zwanzig Kilometer vor Warschau sind. Natürlich läßt Mischa den Stein fallen. Er starrt Jakob an, in seinen Augen strahlt Hoffnung.
„Woher weißt du das??"

Man hört Jakobs Gedanken: ‚Wie er sich freut ... Wie soll ich ihm sagen, woher ich das weiß?'
„Woher weißt du das?"
‚Wenn ich ihm erzähle, wie es passiert ist, glaubt er mir kein Wort. Aber er soll mir ja glauben. Er freut sich so sehr ...'
„Jakob! Woher weißt du das??"
‚Es ist noch nie einer lebend von der Gestapo zurückgekommen. Und wenn es schon passiert, sie werden mich doch da kein Radio hören lassen.
Was kann ich ihm bloß sagen ...'
„Na sag schon! Woher weißt du das??"
Es fällt Jakob schwer zu sagen: „Ich hab ein Radio."
„Was?!"
Jakob erklärt ihm, was das bedeute. Mischa wüßte selber, wie gefährlich es sei. Er sollte mit keinem darüber reden, es könnte schlimme Folgen haben.
Mischa hört ihn kaum, sein Kopf ist voll von der Nachricht. Sie heben den Stein wieder auf und tragen ihn zu dem Haufen.

Etwas später, er trägt alleine einen Stein, sieht Jakob aus einiger Entfernung Mischa zusammen mit einem anderen einen Stein tragen. Und plötzlich läßt der andere den Stein fallen und starrt Mischa an. Jakob schimpft vor sich hin, auf Mischa.
Aus dem Haus ruft jemand, daß Mittagspause ist. Zwei Juden schleppen einen Kessel vom Haus her und teilen in Blechschüsseln eine dünne Suppe an die Arbeiter aus.
Jakob setzt sich mit seinem Teller etwas abseits auf einen Stein. Kowalski kommt mit seiner Suppe und setzt sich neben ihn. Nach einer Weile fragt er ihn, ob das stimmt, das mit den Russen. Mit komischer Wut bestätigt es Jakob. Es bleibt ihm ja nichts anderes übrig.

Die Familie Frankfurter ist in ihrem Zimmer, Mjetek Frankfurter, seine Frau Dora und Rosa, die neunzehnjährige Tochter.
Mischa kommt. Er setzt sich nach der Begrüßung an den Tisch, dem alten Frankfurter gegenüber, und bittet ihn in aller Form um die Hand von Rosa. Als Antwort bekommt er die Frage, ob er verrückt geworden ist. Als ob das jetzt die Zeit für solche Fragen sei.
„Bald wird die Zeit sein", sagt Mischa lächelnd, und er erzählt die Nachricht. Auf die eindringlichen Fragen Frankfurters rückt er auch heraus, woher er sie hat.
Rosa fällt ihm um den Hals, und Dora ihrem Mann.
Rosa und Mischa gehen.
Der alte Frankfurter macht gar keinen so erfreuten Eindruck.
„Freust du dich denn nicht?" fragt Dora.

Er geht zu einem Schrank und nimmt einen Schlüssel heraus.
„Wo willst du hin?"
„In den Keller. Komm mit."
Sie gehen zusammen hinunter. Aus einer verborgenen Kiste holt Frankfurter ein altes Radio. Dora hat bis eben nicht gewußt, daß ihr Mann eins hatte. Er bestätigt ihr die Nachricht, die Mischa ihm mitgeteilt hat.
Er zerschlägt sein Radio und sammelt die Teile zusammen. Er erklärt Dora, daß es zu gefährlich sei, das Ding zu behalten.
„Du weißt ja, wie so eine Nachricht sich rumspricht. Und wenn die Gestapo davon hört, stellen sie das ganze Ghetto auf den Kopf und suchen das Radio. Ich brauch dir nicht zu erzählen, was uns passiert, wenn sie bei uns eins finden."
Sie gehen zusammen wieder in ihr Zimmer, und Mjetek Frankfurter schmeißt die Holzteile des Radios in den Ofen und zündet sie an.

Aus dem Schornstein steigt Rauch.

Jakob geht in seinem Haus eine Treppe hoch. Er öffnet behutsam eine Tür und geht in das dahinterliegende Zimmer. In einem Bett liegt Lina, ein zehnjähriges Mädchen. Sie sieht sehr krank aus und sehr mager. Bei Jakobs Eintreten ist sie aufgewacht. Jakob legt ihr die Hand auf die Stirn.
„Es geht mir schon viel besser", sagt sie, um ihn zu beruhigen.
Jakob gibt ihr einen Schluck Wasser aus einem Glas, das auf dem Tisch steht.
„Bald wird es dir noch besser gehen."
Bevor er ihr mehr erzählen kann, kommt Professor Kirschbaum. Er war einmal ein berühmter Arzt. Er wohnt jetzt im selben Haus und kümmert sich, wie Jakob, um Lina. Er beginnt, Lina zu untersuchen, und Jakob geht.

In Mischas Zimmer. Mischa und Rosa liegen auf dem Bett und machen Pläne. Mischa wird zu Ende studieren, sie werden ein Häuschen haben, Rosas Eltern werden bei ihnen wohnen. Rosas Mutter wird sich um die Kinder kümmern. Aber man muß aufpassen, daß sie sie nicht verzieht. Großmütter tun das immer.

Auf dem Bahnhof wird gearbeitet. Man sieht, wie sich alle drängen, neben Jakob zu arbeiten. Wenn Kowalski für einen Augenblick mit ihm alleine ist, fragt er, was es Neues gibt.
„Was soll es Neues geben? Ich hab dir doch gestern gesagt, sie sind zwanzig Kilometer vor Warschau."
„Das war gestern. Aber was ist heute?"

„Was soll sein? So schnell geht das nicht im Krieg."
„Aber ein paar lumpige Kilometerchen werden sie doch vorwärts gekommen sein!"
Kowalski handelt Jakob drei Kilometer ab, die die Sowjetarmee seit gestern vorgerückt ist.
„Na bitte. Sind drei Kilometer vielleicht nichts!"

Jakob beobachtet, wie ein Bahnangestellter auf den Abort geht, ein Holzhäuschen, das etwas abseits steht. Der Mann hat eine Zeitung in der Tasche. Während Jakob Steine trägt, läßt er das Häuschen nicht aus den Augen. Schließlich kommt der Mann wieder heraus, ohne Zeitung. Jakob geht eilig auf den Abort, bevor ein anderer es tun kann. Er findet dort den Rest der Zeitung in Zettel zerrissen. Nur eine Seite ist ganz geblieben, eine Seite mit Todesnachrichten. Jakob steckt alle Zettel und die Seite in seine Tasche und geht wieder an die Arbeit. Er sagt zu Kowalski: „Hab ich dir schon erzählt, daß die Deutschen große Verluste haben?"

Auf staksigen Beinen geht Lina die Treppe herunter. Sie geht seit langer Zeit das erste Mal spazieren. Draußen ist herrlicher Sonnenschein. Lina geht zu zwei gleichaltrigen Jungs, die auf dem Rinnstein sitzen und miteinander reden. Lina begrüßt sie und setzt sich daneben. Die beiden stehen auf.
„Was wir zu besprechen haben ist nichts für Weiber."
Sie gehen in ein Haus hinein. Lina geht ihnen neugierig hinterher und sieht, wie die beiden auf dem Hof in einem Schuppen, einer früheren Werkstatt, verschwinden. Sie entdeckt, daß eine Scheibe des Schuppens ausgeschlagen ist, und sie hockt sich unter das Fenster, von wo man das Gespräch der beiden belauschen kann.
Die Jungs wissen, daß die Russen bald hier sein werden. Und sie wollen irgendetwas tun, wofür man sie als Helden feiern würde.
„Wir haben nicht mehr viel Zeit."
Der eine kommt auf die Idee, das Gestapo-Haus in die Luft zu sprengen. Das findet der andere großartig. Bevor sie die Einzelheiten jedoch näher erläutern können, kommt die Mama von einem der beiden. Lina bestätigt ihr, daß ihr Sohn in dem Schuppen ist. Die Mama schnappt ihn sich und haut ihm den Hintern voll. Sie hat ihm schon tausendmal gesagt, daß er vor dem Haus bleiben soll, damit man immer sehen kann, wo er ist.
Lina sieht ihnen schadenfroh hinterher.

In einem großen Raum, in dem Regale mit Konservendosen stehen, sind viele Frauen, die offenbar eben mit ihrer Arbeit fertig geworden sind. Sie gehen zum Ausgang. Rosa ist unter ihnen. Sie hält Klara, eine Arbeitskollegin, zurück. Wenn die anderen gegangen sind, fordert Rosa Klara auf, die

Dose, die sie unter ihrem Hemd versteckt hat, wieder zurückzustellen. Klara tut es entsetzt – sie muß Rosa für einen Spitzel halten. Rosa sagt ihr, es wäre doch sinnlos. Sie würde am Ausgang sowieso untersucht. Dort würde man bestimmt die Dose bei ihr finden. Klara erzählt, ruhiger geworden, wie verzweifelt sie ist. Ihre Tochter ist krank, und sie müßte es einfach versuchen. Das Kind hat Schwindsucht, und nur besseres Essen könnte ihm helfen. Rosa sagt ihr, daß das Mädchen es die paar Tage noch aushalten müßte.

„Was für paar Tage?"

Rosa erzählt ihr, was für paar Tage sie meint.

Jakob kommt nach Hause. Er nimmt die Zeitungszettel aus der Tasche und breitet sie auf den Tisch. Er setzt sie zusammen, wie sie ursprünglich gewesen sein müssen. Sein Blick fällt auf das Datum der Zeitung - sie ist über ein Jahr alt. Jakob holt aus seinem Schrank einen Atlas, schlägt die Karte mit der Umgebung von Warschau auf und zeichnet eine vorgestellte Frontlinie ein. Er lernt dabei die Namen einiger Ortschaften.

Es klopft. In großer Hast rafft Jakob die Zettel zusammen und stopft sie mit dem Atlas unter das Bett. Dann geht er zur Tür und öffnet. Lina kommt lächelnd herein.

„Lina!"

Es ginge ihr schon viel besser, erzählt sie ihm, und sie sei heute zum ersten Mal wieder spazieren gegangen. Sie setzt sich und fragt Jakob, was er damit gemeint hat, als er gestern sagte, es würde ihr bald noch besser gehen.

Jakob sagt ihr, daß bald alles anders werden würde. „Die russischen Soldaten werden bald herkommen. Und dann ist der Krieg zu Ende. Du wirst wieder satt zu essen kriegen und schöne Kleider haben."

„Werde ich dann auch zur Schule müssen?"

Das Problem wird erörtert.

Schließlich möchte Lina gerne wissen, woher Jakob das alles weiß. Er hat es gehört, sagt er.

Es klopft wieder, Kowalski kommt. Er bemerkt Lina zuerst nicht.

„Na, Jakob, was gibt's Neues?"

Jakob ist wütend. „Was gibt's Neues! Was gibt's Neues! Was kommst du dauernd an und läßt mich nicht in Ruhe?"

„Weil du ein Radio hast und ich nicht."

„Bist du verrückt? Vor dem Kind!!"

Erst jetzt sieht Kowalski Lina. Jakob schickt sie weg und sagt ihr, daß er nachher zu ihr heraufkommen würde. Wenn Lina geht, zieht sie seinen Kopf zu sich und flüstert ihm ins Ohr: „Von dir wissen sie es also."

Sie läuft lachend weg.
Kowalski fragt, wie die Lage auf dem Weltmarkt aussieht.
„Wie es scheint, wird es ja langsam Zeit, wieder an Geschäfte zu denken."
Er bringt Jakob dazu, ihm einige Wirtschaftsnachrichten zu geben.

Wenn Kowalski gegangen ist, holt Jakob die Zeitungszettel und den Atlas unter dem Bett hervor. Er ist sehr unzufrieden. Er beginnt, die Zettel auf dem Tisch wieder aneinander zu legen. Aber plötzlich packt ihn die Wut. Er knüllt sie zusammen und wirft sie in den Ofen, aber ohne sie anzuzünden. Den Atlas tut er in den Schrank zurück.
Dann geht er aus dem Zimmer, hoch zu Lina. Die schläft schon.

Auf dem Bahnhof wird gearbeitet. Heute laden sie Kisten ab.
Jakob trägt eine Kiste zusammen mit Schmidt, einem nicht mehr jungen Mann. Schwitzend stellen sie die Kiste ab. Jakob will wieder zu dem Waggon gehen, als ihn Schmidt zurückhält. Sich vorsichtig nach allen Seiten umblickend, fragt er Jakob, ob er ihm nicht im Vertrauen sagen könnte, wie ‚Sir Winston' die augenblickliche Situation einschätzt.
„Mein Radio ist kaputt", sagt Jakob.
Schmidt starrt ihn an und geht bestürzt. Jakob sieht ihm nach und freut sich im stillen über seinen glänzenden Einfall.
Etwas später, während der Arbeit, kommt Mischa zu ihm.
„Ist das wahr?"
„Was?"
„Daß dein Radio kaputt ist?"
„Warum sollte ich lügen?" sagt Jakob. „Ihr wißt doch sowieso alles."

Einer der jüdischen Arbeiter will einen neuen Waggon öffnen. Ein Ostpreuße schreit ihn vom Steinhaus an, er soll den Waggon zulassen. Er kommt angelaufen und gibt Anweisungen, diesen und die nächsten vier Waggons nicht anzurühren. „Kannst du nicht lesen! Es steht doch dran!" Der Jude entschuldigt sich, und der Ostpreuße geht zurück zum Steinhaus.
Der Arbeiter erzählt den anderen, daß er in dem Waggon, den er eben aufmachen wollte, Stimmen gehört hätte.
„Wie ist das möglich?"
Alle sind sich einig, daß es nur eine Erklärung gibt: Es muß ein Transport von Deportierten sein.
„Hast du dich auch bestimmt nicht verhört?"
„Nein, ich sag's doch!"
Mischa gelingt es, unbemerkt an einen der Wagen heranzukommen. Er klopft sachte an die Wand

Szene aus dem Film „Jakob der Lügner". Vlastimil Brodský als Jakob Heym und Henry Hübchen als Mischa (links).

und bekommt Antwort.
„Hört ihr mich?"
„Ja."
„Ihr müßt aushalten. Nur noch kurze Zeit. Die Russen sind fast in Warschau!"
Pause.
„Woher wißt ihr das?"
„Wir haben ein Radio."
„Danke. Danke!"
„Seid still!" raunt Mischa und geht zurück an seine Arbeit.

Vlastimil Brodský als Jakob Heym und Erwin Geschonneck als Kowalski.

Lina steckt vorsichtig ihren Kopf in Jakobs Zimmer. Es ist leer. Sie geht hinein und schließt leise die Tür hinter sich. Dann betrachtet sie sich das Zimmer und überlegt, wo sie mit dem Suchen anfangen soll. Schließlich legt sie sich auf die Erde und sieht unter das Bett. Hinter dem Ofen ist auch nichts, bleibt also der Schrank. Oben steht Geschirr, aber unten ist allerhand Zeug. Schließlich fördert sie eine Petroleumlampe zutage. Sie hält sie staunend hoch.
„Das ist also ein Radio ...“
Behutsam trägt sie die Lampe zum Tisch, stellt sie hin und starrt sie ehrfürchtig an. Vorsichtig beginnt sie, daran herumzuhantieren.
Die Tür geht auf, Jakob kommt herein. Schnell zieht Lina die Hände von der Lampe weg.
„Was machst du denn hier?“

„Ich habe das Radio nicht kaputtgemacht", sagt sie ängstlich. „Ich habe es nur herausgenommen und es mir angesehen."
Jakob muß lachen. Er erklärt ihr, daß das kein Radio ist, sondern eine Petroleumlampe. Wenn man Petroleum und Streichhölzer hat, dann kann man sie anzünden.
„Und wo hast du das Radio?" Hier im Zimmer sei es jedenfalls nicht. Jakob versucht abzulenken, aber Lina ist hartnäckig. Schließlich sagt ihr Jakob, er hätte das Radio im Keller.
Lina gibt keine Ruhe, bis Jakob versprochen hat, ihr am nächsten Tag etwas darauf vorzuspielen.
Wenn Lina gegangen ist, holt Jakob die Zeitungsfetzen wieder aus dem Ofen.

Lina kommt in ihr Zimmer. Sie kriegt einen Schreck, weil Professor Kirschbaum schon drin sitzt. Er fragt sie streng, wo sie gewesen ist.
„Bei Onkel Jakob."
Sie dürfe noch nicht so viel herumlaufen, dazu sei sie noch zu schwach, und wenn sie weiter so ungezogen sei, dann würde er ihr eine ganz bittere Medizin mitbringen, sagt Kirschbaum. Da verspricht ihm Lina lieber, artig zu sein.

Jakob sitzt über seinen Zeitungsschnipseln. Er liest einen Artikel, der ihn offenbar amüsiert.
Als es klopft, wandern die Schnipsel wieder unter das Bett. Professor Kirschbaum kommt herein. Er müsse mal mit Jakob reden. Zuerst läßt er sich die Radiogeschichte bestätigen. Aber dann macht er Jakob Vorwürfe. Keine bösen Vorwürfe, sanfte, aber doch Vorwürfe. Er fragt ihn, ob er sich überlegt hätte, was passieren würde, wenn dieses Gerücht der Gestapo zu Ohren käme. Nicht nur er, Jakob, sei in Gefahr, sie alle hätten mit großen Repressalien zu rechnen.
„Sie wissen doch, wozu die fähig sind. Haben Sie sich das alles genau überlegt?"
Jakob kann nicht viel darauf entgegnen. Natürlich hat er sich das schon überlegt. Aber das sei nur die eine Seite der Sache.
„Sie sind doch ein verständiger Mensch, Herr Professor. Mit Ihnen werde ich darüber reden."
Und er gesteht ihm, daß er überhaupt kein Radio hat. Er schildert die Situation, wie es zu der Lüge kam.
„Sie hätten sehen sollen, wie sie sich gefreut haben. Solche Augen haben sie gehabt!"
Kirschbaum weiß nicht recht, ob er das Ganze glauben soll.
„Hier, das sind meine ganzen Informationen." Jakob zeigt ihm die ein Jahr alten Zeitungsfetzen unter dem Bett. Jakob erzählt, daß er selber auch schon viele Bedenken hatte. Heute erst wollte er Schluß machen.
„Aber wenn sie mich so ansehen mit ihren Augen, dann kann ich nicht anders." Und es stimmte doch tatsächlich, es sei doch keine Lüge, daß die Russen vor Warschau sind. Er hätte es doch mit seinen eigenen Ohren gehört.

Kirschbaum ist plötzlich entschlossen.
„Sie haben vollkommen Recht." Es sei sehr wichtig, daß sich die Menschen freuten. Von dem bißchen Essen, das es hier gäbe, könne kaum ein Mensch leben. „Da müssen sie von der Hoffnung satt werden. Es ist ja nur noch für kurze Zeit."
„Eben."

Eine schwarze Limousine fährt durch das Ghetto. Die Straße ist im Nu wie leergefegt. Die beiden Bengels, die den Wagen begaffen, werden von den Müttern ins Haus geschleift.
Das Auto hält vor Jakobs Haus. Zwei Männer in Zivil steigen aus und gehen hinein. Sie reißen die erste Tür auf und fragen, wo hier Kirschbaum wohnt. Ein verängstigter Mann sagt es ihnen. Die beiden gehen weiter und bleiben vor Kirschbaums Tür stehen. Einer von ihnen will die Tür aufmachen, aber der andere stößt seinen Arm zurück und klopft höflich an. Eine ältere Frau öffnet ihnen, Elisa Kirschbaum. Sie starrt die beiden an. „Sie wünschen?"
„Wohnt hier Professor Kirschbaum?"
„Ja, aber er ist nicht hier."
„Dann warten wir."
Sie gehen hinein, setzen sich und rauchen.
„Sind Sie seine Frau?"
„Nein, ich bin die Schwester." Worum es sich handelte, vielleicht könnte sie ihnen helfen.
„Kennen Sie Hardtloff?"
„Meinen Sie den Herrn Obersturmbannführer Hardtloff?"
Ja, sie meinen den Gestapo-Chef der Stadt. Er hat einen schweren Herzanfall bekommen. Sie haben den Auftrag, Professor Kirschbaum zu ihm zu bringen.
„Er ist doch Herzspezialist?"
„Ja, aber ..."
Einer der beiden sieht auf die Uhr. Sie zeigt halb acht.
„Ich hoffe doch sehr, daß der Professor nicht nach acht nach Hause kommt."
Elisa hat Angst, daß ihr Bruder nach acht kommen könnte.
Einer der beiden beginnt, in Kirschbaums Büchern zu stöbern.
Kirschbaum kommt. Man erklärt ihm, worum es sich handelt, und bittet ihn, mitzukommen. Kirschbaum macht Einwände. Er könnte das nicht verantworten, er sei schon sehr lange heraus aus seinem Beruf, so ohne weiteres könnte er nicht ...
Der, der vorher schon die Tür aufreißen wollte, packt ihn grob am Arm.
„Komm schon endlich, du dreckiger ..."

Vlastimil Brodský als Jakob Heym.

Der andere der beiden, offenbar der, der etwas zu sagen hat, stößt heftig dessen Arm zurück und entschuldigt sich bei Kirschbaum für seinen Kollegen. Er bittet Kirschbaum noch einmal, mit ihnen mitzukommen.
„Wir haben einen Auftrag und müssen ihn durchführen."
Er geht zur Tür und öffnet sie. Kirschbaum bleibt nichts anderes übrig, als mit den beiden zu gehen. Elisa rennt zum Fenster. Sie sieht die drei aus dem Haus kommen, zum Wagen gehen. Die beiden Deutschen steigen vorne ein, Kirschbaum hinten. Der Wagen fährt los. Aus den Haustüren treten Leute und sehen hinterher. Und die ganze Straße schaut aus dem Fenster.

Der Wagen fährt durch das Ghetto. An der Stacheldrahtbegrenzung hält er, und der Fahrer zeigt einen Ausweis heraus. Der Posten öffnet das Tor, sie dürfen passieren.
Sie fahren durch belebtere Straßen.

Vlastimil Brodský als Jakob Heym und Manuela Simon als Lina.

Man hört Kirschbaums Gedanken. ‚Ich soll einem Mörder das Leben retten ... Olgas Mörder, Jankos Mörder, meinem Mörder ...‘
Sie fahren an dem Haus vorbei, in dem Kirschbaum vor dem Krieg wohnte und in dem er seine Praxis hatte.
‚Werden sie mich wieder zurücklassen, wenn Hardtloff gesund ist?... Dann werden sie alle wissen, daß ich ihn geheilt habe ... Ich bin doch Arzt ... Wenn er stirbt, werden sie mich sowieso erschießen ...‘
Sie fahren jetzt durch eine Vorstadt. Kirschbaum steckt seine Hand vorsichtig in die Seitentasche des Wagens und sieht hinein.
Der Wagen fährt durch eine vornehme Villengegend und hält vor einem Haus mit einer deutschen Standarte. Vor dem Haus steht ein Posten. Die beiden Deutschen steigen aus dem Wagen, einer geht nach hinten und öffnet die Tür für Kirschbaum. Der bewegt sich nicht und starrt nach vorn.

„Steigen Sie bitte aus.“
Kirschbaum reagiert nicht.
„Wir sind da – steigen Sie aus.“
Kirschbaum reagiert nicht.
„Machen Sie doch keine Schwierigkeiten ...“
Der Deutsche nimmt Kirschbaum am Arm und will ihn herausziehen.
Kirschbaum fällt aus dem Wagen. Er ist tot, seine Pulsadern sind durchschnitten. Die beiden Deutschen sehen sich wütend an. Sicher werden sie Ärger kriegen.
„Ich hab dir gleich gesagt, das Pack darf man nicht zu sachte anfassen.“

Auf dem Bahnhof laden sie wieder Kisten ab. Man spricht über Kirschbaum. Es ist lediglich bekannt, daß er abgeholt wurde, um Hardtloff zu heilen.
„Armer Kirschbaum.“
Kowalski kommt mit einem jungen Mann zu Jakob. Er grinst über das ganze Gesicht. Er stellt die beiden einander vor. Der junge Mann ist ein bißchen schüchtern.
„Na und?“ fragt Jakob. „Was soll das?“
Kowalski fordert den jungen Mann auf, Jakob schon zu sagen, was er von Beruf ist.
„Ich bin Rundfunkmechaniker.“
Jakob sieht ihn groß an. Kowalski strahlt: „Du brauchst keine Angst zu haben, er ist zuverlässig.“
Jakob erzählt, er habe das Radio schon selber repariert. Es war nicht so schwer, wie er dachte.
„Dann ist ja alles in Ordnung.“
Der junge Mann kann wieder gehen, und Jakob muß weiter auf Fragen antworten; denn es bleibt nicht lange ein Geheimnis, daß das Radio wieder ganz ist.
In der Mittagspause erfahren die, die bei Jakob sitzen, daß Jan Kiepura wieder einen Film gedreht hat, und daß sie in Amerika einen neuen Tanz haben.
„Und was ist mit den Russen?“
Warschau sei doch nicht so weit weg. Wann sie denn endlich hier wären?
„Ja, wann kommen sie endlich?“
Jakob sieht die gespannten Gesichter. Er erzählt, daß die Russen zurückgeschlagen worden seien.
Jakob sieht die enttäuschten Gesichter.
„Aber bloß ein paar Kilometer.“
„Zurückgeschlagen ...“
Die Suppe schmeckt jetzt noch schlechter.
„Außerdem planen sie schon wieder eine Gegenoffensive“, tröstet Jakob.
„Lüge nicht! Das werden sie gerade im Radio ankündigen!“ sagt man ihm mißtrauisch.
„Du mußt zwischen den Zeilen lesen“, sagt Jakob pfiffig.

Wenn die Pause zu Ende ist, kommt einer der jüdischen Arbeiter mit einem Gerücht. Er zählt einige Straßennamen auf.
„Die sollen heute deportiert werden."
Wie ein Wahnsinniger rennt Mischa davon. Sie rufen ihm hinterher, aber er hört nicht.

Mischa rennt durch ein paar Straßen, um ein paar Ecken. Vor einem ehemaligen Wohnhaus, das jetzt als Fabrik dient, bleibt er stehen. Er wagt sich nicht hinein.
Rosa kommt heraus. Er ruft sie. Man hat ihr gesagt, daß sie nach Hause gehen soll. Mischa sagt ihr, daß sie zu ihm mitkommen soll. Während sie gehen, weint sie. Sie erzählt Mischa, daß das Kind von Klara gestorben ist. Und sie hat Klara gesagt, daß sie die Konservendose zurückstellen soll.
Von weitem sehen sie eine Menschenkolonne näherkommen.
Mischa zieht Rosa in einen Hauseingang. Die Leute gehen an ihnen vorbei, von Soldaten bewacht. Rosa erkennt ihre Eltern. Sie will schreien. Mischa hält ihr den Mund zu. Rosa wird sich bei ihm verstecken.
„Und die Eltern?"
„Du siehst sie bestimmt wieder. Es ist doch bald zu Ende."
„Ihr lügt!" schreit Rosa. „Ihr redet und redet, und nichts ändert sich!"

Jakob und Lina gehen in den Keller. Lina kann es kaum noch aushalten vor Neugierde. Endlich wird sie sehen, wie ein Radio aussieht. Aber Jakob macht ihr einen Strich durch die Vorfreude. Er heißt sie, sich auf einen Holzklotz zu setzen. Sie wird das Radio nicht sehen, nur hören.
„Warum darf ich es denn nicht sehen?"
„Du darfst eben nicht und Schluß! Stell nicht immer so viel Fragen."
Er geht hinter einen Verschlag. Linas Erwartung läßt sie schnell die Enttäuschung vergessen. Sie horcht gespannt.
Jakob sagt, er will zuerst einmal sehen, was Radio London bringt. Er ahmt die Geräusche nach, die entstehen, wenn man einen Sender sucht. Endlich hat er Radio London gefunden. Man gibt dort ein Interview mit Sir Winston Churchill. Sir Winston verleiht seiner Gewißheit Ausdruck, daß die Russen bald das Ghetto befreit haben werden, in dem Lina ist. Während des Gesprächs muß Sir Winston, der wohl Staub geschluckt hat, einige Male husten.
Nachdem die Sendung zu Ende ist, fragt Jakob Lina, die mit großen Augen zugehört hat, ob sie jetzt Musik hören möchte. Natürlich möchte sie.
Jakob stellt einen Sender ein, in dem eine Dorfblaskapelle spielt. Lina ist entzückt. Als die Posaune auch husten muß, hält sich Lina die Hand vor den Mund, damit Jakob ihr Lachen nicht hören kann.
Zum Schluß spielt das Radio ein Märchen. Mit Prinzessin und Zwergen und Räubern. Lina kann gar nicht genug bekommen von dem herrlichen Spiel.

Zsuzsa Gordon und Deszö Garas als Dora und Mjetek Frankfurter.

Endlich kommt Jakob erschöpft und zufrieden hinter dem Verschlag hervor.
„Hat es dir gefallen?"
„Ja!"
Sie gehen wieder hoch. Auf der Treppe fragt Lina: „Sag mal, hast du noch ein Radio?"
„Nein, wieso fragst du?" fragt Jakob mißtrauisch.
„Bloß so."
Sie verabschieden sich, und Jakob geht hustend in sein Zimmer. Lina läuft fröhlich die Treppe hoch. Sie hat längst alles durchschaut.

Morgens kommen sie zur Arbeit auf den Bahnhof. Die deutsche Flagge weht auf Halbmast. Hardtloff ist tot.

Für die Juden ist das eine gute Nachricht. Das Schlechte daran ist nur, daß sie identisch mit der Todesnachricht Kirschbaums ist.
Schmidt will hartnäckig von Jakob wissen, was ‚Sir Winston' zur Lage sagt. Jakob wiederholt einige Floskeln aus dem Kellerinterview. Er vergißt nicht zu bemerken, daß Sir Winston leicht erkältet sei.
Mischa fragt ihn, ob er etwas über die Deportationen gehört habe.
„Nein."
Sie unterhalten sich weiter darüber. Jakob meint, die Deportationen seien ein sicherer Anhaltspunkt dafür, daß sich die Deutschen durch das Näherkommen der Russen in Panik befänden. So genommen seien sie ein gutes Zeichen.
„Ein schönes gutes Zeichen!" sagt Mischa. „Das versuch mal Rosa zu erklären."

Rosa ist in Mischas Zimmer. Mit verweinten Augen flickt sie Löcher in einem Männerhemd.
Sie hört auf mit der Arbeit und deckt den Tisch. Sie legt ein Stück Brot hin, dann öffnet sie eine Konservendose. Genau so eine, wie Klara sie in das Regal zurückgesteckt hat.

In Linas Zimmer. Die beiden Bengels, die geplant hatten, das Gestapo-Haus in die Luft zu sprengen, sitzen mit offenen Mäulern da und lauschen dem Märchen, das Lina erzählt. Ein Märchen mit Prinzessin und Zwergen und Räubern. Lina wiederholt es fast wörtlich.
Wenn sie fertig ist, wollen die beiden noch ein Märchen hören. Aber Lina weiß keins mehr. Sie sagt den beiden, sie sollten lieber vor das Haus gehen, damit ihre Mütter sie sehen könnten. Sonst würden sie sich vielleicht noch eine Tracht Prügel einhandeln. Die Jungs gehen, nachdem Lina versprochen hat, ihnen Bescheid zu geben, wenn sie ein neues Märchen wüßte. Lina geht auch.

Klara steht vor Jakobs Tür und klopft an. Lina kommt die Treppe herunter.
„Onkel Jakob ist noch nicht da", sagt sie. „Aber er muß bald kommen. Willst du auf ihn warten?"
Sie holt unter einer losen Diele einen Schlüssel hervor, schließt Jakobs Tür auf und geht mit Klara in das Zimmer.
„Was willst du denn von Onkel Jakob?"
„Dein Onkel ist ein Lügner."
Sie erzählt Lina, daß ihr Töchterchen gestorben ist, weil es nicht genug zu essen hatte. Sie selbst hätte Essen besorgen können, aber sie tat es nicht, weil sie gehört hatte, daß der Krieg bald zu Ende sein würde.
„Und von deinem Onkel wissen sie es ... Hat sich vielleicht schon etwas geändert?"
Lina nimmt Jakob in Schutz. Sie sagt, sie hätte es selbst im Radio gehört.
„Onkel Jakob ist kein Lügner!"

Sie erklärt Klara, daß das alles eben nicht so schnell ginge. Und Onkel Jakob hätte das doch den anderen erzählt, um ihnen Mut zu machen, und nicht, um ihrem Töchterchen zu schaden. Er würde bestimmt sehr traurig sein, wenn er erführe, daß es gestorben sei.
„Du kannst mir glauben, Onkel Jakob ist ein guter Mensch. Er ist kein Lügner."
Jakob steht in der Tür. Man weiß nicht, wie lange er schon zugehört hat.
Klara sieht ihn an, steht auf und geht, ohne ein Wort zu sagen.

Klara kommt aus Jakobs Haus. Sie ist ein paar Schritte gegangen, als ein Überfallwagen der Gestapo um eine Ecke biegt und in ihre Richtung fährt. Wie alle anderen, die sich auf der Straße befinden, rennt Klara in den nächsten Hauseingang. Im Hausflur sind schon einige Leute. Durch das Schlüsselloch sehen sie, wie der Wagen vor Jakobs Haus hält. Uniformierte Gestapo-Leute mit Sturmriemen unter dem Kinn springen herunter und laufen in das Haus.
„Wer wohnt da besonderes?" fragt jemand.
Klara weiß es. „Sie holen Jakob."
„Ist das der mit dem Radio?" fragt ein Dritter.
„Ja."
Es mußte ja mal rauskommen, meinen einige. Wenn sie den Lumpen erwischen würden, der das verraten hat!
Durch das Schlüsselloch sieht man, wie die Gestapo-Leute wieder aus dem Haus kommen. Sie schleifen Elisa Kirschbaum hinter sich her, die entsetzt schreit. Einer im Hausflur erkennt sie.
„Die Schwester von Kirschbaum!"
„Was wollen sie denn von der?"
„Hast du nicht gehört – vorgestern haben sie Professor Kirschbaum geholt, damit er Hardtloff heilen soll. Und gestern ist Hardtloff gestorben."
Die Gestapo-Leute stoßen Elisa Kirschbaum auf den Wagen, steigen auf, und der Wagen fährt los.
Die Leute treten wieder aus dem Hauseingang.
Aus vielen Hauseingängen.

Lina ist in Jakobs Zimmer. Sie haben die Szene vom Fenster aus beobachtet. Lina weint.
„Was wollen sie denn von Tante Kirschbaum?"
Plötzlich entschlossen geht Jakob zum Schrank, nimmt ein großes Stück Brot heraus, wickelt es ein und steckt es in die Jackentasche. Eine andere große Tüte stopft er unter die Jacke.
„Hast du oben noch etwas zu Essen?" fragt er Lina.
„Nein."
Jakob nimmt Lina an der Hand und geht mit ihr aus dem Zimmer, die Treppe herunter, auf die Straße.

„Wo gehen wir denn hin?“
„Das wirst du schon sehen.“
Sie gehen um irgendeine Ecke.

In Mischas Zimmer. Rosa und Mischa sitzen am Tisch und essen schweigend. Mischa ißt trockenes Brot. Rosa hält ihm die geöffnete Dose hin, in der Fleisch ist, aber Mischa will nichts davon. Er sagt ihr, es sei Wahnsinn von ihr gewesen, die Dose zu stehlen. Sie erzählt, daß ihr alles egal gewesen sei, als sie gehört habe, daß Klaras Kind gestorben ist.
„Sollen wir denn alle verhungern?“
Sie hält ihm wieder die Dose hin.
„Du sollst die Dose wegnehmen!“
Es klopft. Sie sehen sich erschrocken an. Mischa springt auf und flüstert der erstarrten Rosa zu, sie sollte unter das Bett kriechen. Rosa tut es. Wenn sie verschwunden ist, sieht sich Mischa suchend im Zimmer um. Sein Blick fällt auf die Dose. Er nimmt sie und versteckt sie im Schrank. Dann geht er langsam zur Tür und öffnet sie.
Jakob kommt herein.
„Du?“
„Wen hast du sonst erwartet?“
Mischa sagt Rosa, daß sie wieder vorkommen kann. Rosa kriecht unter dem Bett hervor, und Jakob sieht sie verwundert an. Mischa erklärt ihm, daß er sie hier versteckt hält, weil ihre Straße geräumt worden sei.
Jakob kommt zu seinem Anliegen. „Ich hab dir doch von Lina erzählt.“
Jakob sagt, daß er sich bisher zusammen mit Kirschbaum und dessen Schwester um das Mädchen gekümmert habe. Kirschbaum sei ja jetzt weg.
„Und eben haben sie auch seine Schwester geholt.“
Jakob fragt, ob die beiden nicht das Mädchen für kurze Zeit aufnehmen könnten. Er selbst fühlte sich augenblicklich ziemlich elend – „man wird eben alt“ –, und das Kind könnte man doch unmöglich allein lassen. Es ist krank.
„Bloß für ein paar Tage.“
Jakob holt ein Stück Brot aus der Tasche, von unter der Jacke eine Tüte mit Mohrrüben, und legt das Ganze auf den Tisch.
„Das habe ich noch mitgebracht. Sie kann ja nicht von Luft leben.“
Mischa macht gar kein erfreutes Gesicht. Aber Rosa sieht ihn böse an, ehe er etwas sagen kann.
„Natürlich kann sie zu uns kommen“, sagt sie. „Bringen Sie sie her.“
„Sie ist schon hier“, sagt Jakob.
Er öffnet die Tür und sagt „komm rein“.

Lina kommt herein. Rosa nimmt sie an der Hand. Jakob erklärt ihr, daß sie für ein paar Tage hierbleiben müßte. Sie brauchte keine Angst zu haben.
„Wir werden uns schon vertragen, was, Lina?“ sagt Rosa. Sie lächeln sich an.
Jakob geht wieder.
„Wo hast du die Büchse?“ fragt Rosa Mischa. Mischa holt die Büchse aus dem Schrank. Rosa stellt sie auf den Tisch, und Lina macht sich mit Heißhunger über das Fleisch. So etwas Gutes hat sie ewig nicht mehr gegessen.

Jakob spaziert, offenbar ziellos, die Straße entlang. Ein Fremder sagt ihm, er sollte sich beeilen.
„Es muß gleich acht sein.“
„Danke.“
Jakob beschleunigt seine Schritte etwas.

Jakob kommt in sein Zimmer. Er setzt sich an den Tisch und starrt vor sich hin. Er sieht, wie sie alle auf ihn zukommen und ihn beschimpfen, Schmidt, Mischa, Klara, Kirschbaum. Alle werfen sie ihm vor, daß er sie betrogen hat. Kirschbaum ist umsonst gestorben, Jakob hat Klaras Kind umgebracht; Schmidt fühlt sich politisch völlig desorientiert. Kowalski wirft Jakob vor, er hätte sein Geschäft ruiniert. Der Bahnangestellte verlangt seine Zeitung zurück. Jakob wendet sich in seiner Not an Lina:
„Du hast es doch selbst gehört!“
Aber Lina wendet sich von ihm ab. „Sie haben Recht“, sagt sie. „Du hast uns alle belogen.“

Wenn seine Vision zu Ende ist, liegt Jakob wach und angezogen auf dem Bett. Draußen ist Nacht. Er steht auf und wandert im Zimmer hin und her.
„Warum kommen sie bloß nicht ...“
Er sieht überall nach im Zimmer, ohne etwas Bestimmtes zu suchen. In einer Schublade bleibt sein Blick auf einer Schere ruhen. Langsam nimmt er sie und steckt sie in die Tasche.
Jakob räumt sein Zimmer auf, die kleinste Unordnung wird beseitigt. Dann sieht er sich alles noch einmal an, wie zum Abschied.
Er geht hinaus, er schleicht die Treppe herunter, macht behutsam die quietschende Haustür auf und tritt auf die schwarze Straße. Sich dicht an der Wand entlangtastend, legt er ein ganzes Stück zurück.
In einiger Entfernung taucht der Stacheldraht auf, der das Ghetto begrenzt. Ein Scheinwerfer streift periodisch über die unmittelbare Umgebung des Stacheldrahts. Man erkennt jetzt einen Posten, der seinen Streifengang auf der anderen Seite geht. Jakob beobachtet ihn. Er reißt sich die Judensterne von Brust und Rücken, und steckt sie in die Tasche. Er wartet, bis der Posten sich entfernt hat, dann

läuft er geduckt zum Stacheldraht. Er hält inne, um sich zu überzeugen, daß ihn niemand gehört hat. Aus seiner Tasche nimmt er die Schere. Er beginnt, den untersten Draht der Begrenzung mit der Schere zu bearbeiten. Wenn er in den Bereich des sich bewegenden Scheinwerfers gerät, legt er sich platt auf die Erde. Dann schneidet er weiter am Draht. Endlich hat er es geschafft. Mit einem hörbaren Singen reißt der Draht. Jakob hält den Atem an. Er macht sich daran, unter dem Zaun hinwegzukriechen. Er tut es auf dem Bauch, und der zweite Draht zerreißt ihm die Jacke auf dem Rücken.

Er kommt nur sehr langsam vorwärts. Plötzlich hört man Rufen:

„Hallo! Ist dort jemand?"

Jakob arbeitet sich fieberhaft vorwärts. Man hört Schritte, der Posten wird undeutlich sichtbar. Man sieht das Mündungsfeuer einer Mpi-Salve, und dann liegt Jakob ganz still.

Von weitem hört man Schüsse. Plötzlich wird der Himmel hell. Sirenen fangen an zu heulen, ein ohrenbetäubendes Feuer setzt ein. Granaten explodieren, Bombenflugzeuge tauchen im Licht der den Himmel abtastenden Scheinwerfer auf. Irgendwo brennt etwas. Ganz in der Nähe krepiert ein Geschoß.

Im Zimmer von Mischa. Draußen dämmert es schon. Lina schläft auf zwei zusammengestellten Stühlen.

Rosa und Mischa stehen vor dem Fenster. Sie halten sich umarmt und sehen hinaus. Man hört nur noch vereinzelte Schüsse. Am Ende der Straße tauchen russische Panzer auf. Menschen rennen aus den Häusern, schreien, jubeln, fallen sich um den Hals. Rosa und Mischa küssen sich.

Mischa geht zu Lina und weckt sie.

„Lina, wach auf – der Krieg ist zu Ende."

Lina richtet sich auf. Sie zittert, sie hat Fieber. Rosa hängt ihr einen viel zu großen Mantel um. Lina geht zum Fenster und sieht hinaus.

Die Straße wimmelt von Menschen.

Die Tür wird aufgerissen, und Kowalski kommt hereingestürmt.

Sie umarmen sich alle.

„Jakob ist tot", sagt Kowalski.

Lina schreit und sieht ihn entsetzt an.

Kowalski erzählt, er selbst hätte ihn nicht gesehen. Aber er hätte gehört, daß er am Stacheldraht läge, von einem Deutschen erschossen. Man erzählt sich, er wollte aus dem Ghetto ausbrechen.

„Unsinn!" tröstet Mischa Lina und sich selbst. „Das muß ein Irrtum sein."

Am Stacheldraht ist es jetzt hell.

Man sieht Jakob tot unter dem Stacheldraht liegen, bis zum Bauch noch im Ghetto. In einiger

Vlastimil Brodský als Jakob Heym.

Entfernung liegt ein toter deutscher Soldat, mit einer Mpi in der Hand. Ein Granatsplitter hat ihn getroffen. Wahrscheinlich ist es derselbe Soldat, der Jakob erschossen hat.

Vor Jakob sammeln sich Leute an; Leute, die wir schon kennen, und auch Fremde. Kowalski, Mischa, Rosa und Lina kommen hinzu, Lina noch in dem großen Mantel. Lina geht am nächsten an Jakob heran und weint.

Die Umstehenden unterhalten sich.
„Was ist bloß in ihn gefahren? Wie konnte er das tun?"
„Was soll in ihn gefahren sein? Er wollte sich draußen verstecken. Er hatte bestimmt Angst vor der Deportation."
„Aber er hatte doch ein Radio!"
„Was hatte er??"
„Ja, er hatte ein Radio! Du weißt es doch auch?"
„Ja, das stimmt. Er wußte doch genau, daß die Russen kommen!"
„Unbegreiflich ..."
„Er muß wahnsinnig geworden sein."
Kopfschüttelnd gehen die Leute weg. Rosa hat den Arm um Linas Schulter gelegt. Lina dreht sich andauernd nach Jakob um. Rosa möchte sie schnell von hier fortkriegen. Aber Lina macht sich los und geht langsam zu Jakob zurück. Dort steht sie und weint. Rosa sieht ihr von weitem zu.

Ein sowjetischer Soldat kommt langsam zu Lina. Er steht neben ihr und sieht auf Jakob.
„Twoi otez?" fragt er sie.
Sie versteht ihn nicht.
„Vater?" fragt er noch einmal.
Lina schüttelt abwesend den Kopf.
Der Soldat bemerkt Rosa, die ihnen zusieht. Er nimmt Lina behutsam an der Hand und führt sie fort, zu Rosa hin.
„Er hatte doch gar kein Radio", sagt Lina zu dem Soldaten, der kein Wort versteht.

Erstes Exposé für den Film „Jakob der Lügner", entstanden 1963. Der geplante Film konnte 1966 nicht realisiert werden, da Regisseur Frank Beyer das DEFA-Studio verlassen mußte. Das Film- wurde zum Buchprojekt: 1967/68 schrieb Becker seinen ersten Roman „Jakob der Lügner".
Bundesarchiv, DR 117, DEFA-Studio für Spielfilme, vorläufige Sign.: Exp. 39. Unveröffentlichtes Typoskript, 32 Bl.

Jurek Becker
JAKOB DER LÜGNER

Lektor: Emmerich

Gutachten

Jurek Becker, 1937 geboren, verbrachte sechs Jahre seiner Kindheit in einem osteuropäischen Ghetto. 1946, inzwischen neun Jahre alt, ging er zum erstenmal zur Schule, erlernte die deutsche Sprache. Von 1957-1960 Studium der Philosophie. Er lebt in Berlin. Bisher arbeitete Becker als Drehbuchautor für Film (OHNE PASS IN FREMDEN BETTEN, 1965; NACHTS SIND ALLE KATZEN GRAU, 1967) und Fernsehen (u.a. unter dem Pseudonym G. Nikolaus). JAKOB DER LÜGNER ist sein erstes Buch.

„Die Geschichte stellt", wie er selbst sagt, „ein Durcheinander von Erinnerungen, Erkundungen und Bemühungen dar". Sie wird von einem Ich-Erzähler, der nicht, wie der Außengutachter irrtümlich annimmt, mit dem Autor identisch ist, berichtet und spielt auf drei Ebenen. Aus der Sicht des Jahres 1 9 6 7 werden die Ereignisse, die sich 1943 in einem polnischen Ghetto abspielten, erzählt. Rückblenden auf die Vergangenheit einzelner Ghetto-Bewohner sind in diese Geschichte eingebettet. Das Buch beginnt mit einer Einleitung des Ich-Erzählers – Überlebender des Ghettos, sechsundvierzig Jahre alt. Sein jetziges Leben, seine gegenwärtigen Probleme, herrührend aus der schweren Vergangenheit, sein Anliegen werden angedeutet, stellen die Verbindung zwischen Gegenwart und vergangenem Geschehen her. Es wird die Geschichte des kleinen jüdischen Pufferbudenbesitzers Jakob Heym erzählt, der, von einem Wachposten im Ghetto angehalten, in das Revier zum Wachhabenden geschickt, nicht wie sonst üblich erschossen wird, sondern durch Zufall eine erfreuliche Nachricht aus dem Rundfunk hört: Die Russen stehen etwa 400 Kilometer vor dem Ghetto. Das Gehörte ist für Jakob von größter Bedeutung, gibt es doch im Ghetto keine Möglichkeit, sich zu informieren. Am nächsten Tag bei der Arbeit auf dem Bahnhof zwingt eine besondere Situation Jakob, sein Wissen preiszugeben. Als die Wahrheit jedoch nicht ausreicht, um seinen jungen Freund Mischa von einer Dummheit zurückzuhalten, lügt Jakob, um seinen Worten mehr Gewicht zu verleihen, und hat damit Erfolg. Die ungeheure Eröffnung, daß er, Jakob, Besitzer eines verbotenen Radios sei, macht seine Mitteilung glaubwürdiger. Natürlich behält Mischa das Geheimnis nicht für sich. Es verbreitet sich im Ghetto, löst die verschiedensten Ereignisse aus, hat seine Auswirkungen auf das Leben vieler. Gibt den einen Mut durchzuhalten, jagt den Ängstlichen Furcht vor Vergeltungsmaßnahmen der Deutschen ein, bereitet dem „Besitzer des Radios" viel Kopfzerbrechen, denn die meisten möchten nun ständig Neuigkeiten hören. Jakobs Versuche, weiteres Material für Neuigkeiten zu beschaffen bzw. zu erfinden, um seinen Leidensgenossen damit Mut zum Durchhalten bis zur Befreiung zu geben, bilden die Haupthandlung des Buches, für die der Erzähler dem Leser zwei Schlußfassungen bietet. Einmal das Ende, das alle Ghetto-Bewohner erwartete, das wirkliche: die Deportation, die Fahrt in die Ungewißheit, möglicherweise in den Tod. Und ein zweites, erfundenes: Jakob, am Ende seiner Kraft, seiner Erfindungsgabe wird selbst mutlos. Er sucht nach einer Ausrede, weshalb sein Radio nicht mehr spielt. Da spürt er, wie man ihm plötzlich mit Mißtrauen, ja Feindschaft begegnet. Um sein Gesicht nicht zu verlieren, entschließt er sich zu einer Verzweiflungstat. Nachts versucht er, das Ghetto zu verlassen, um draußen Neues zu erfahren. Dabei wird er erschossen. Am nächsten Tag befreien sowjetische Truppen das Ghetto. Das Opfer des einzelnen steht für die Rettung vieler, wobei für die Ghetto-Bewohner die Frage offenbleibt: Warum hat er das getan? Er hatte doch das Radio und mußte wissen, daß die Russen bald da sind.

Jurek Becker zeichnet aus jüdischen Einzelschicksalen, die alle mit Jakob durch dessen Lüge verbunden sind, ein Bild vom Leben der Menschen im Ghetto, von ihren kleinen Freuden, die sie sich trotz allem zu bewahren suchen, von ihrer Angst, die sie manchmal überwinden. Die Ghetto-Bewohner sind differenziert dargestellt. Nicht alle sind edel, selbstlos, kameradschaftlich. Die Ausnahmesituation, in der sie leben, läßt positive, aber auch negative Züge eines jeden stärker hervortreten. Die meisten ertragen geduldig ihr Schicksal, selten begehren sie einmal auf. Es gibt keinen bewaffneten Widerstand. (Der Warschauer Aufstand war der einzige seiner Art.) Der Protest ist klein und bleibt oft unbeachtet, ohne Auswirkung auf andere oder wird belächelt, wie zum Beispiel der des ängstlichen Herschel Schtamm, dessen Aufbegehren darin besteht, seine Schläfenlöckchen zu erhalten. Einmal, als er über sich hinauswächst und den in einem Güterwagen Eingeschlossenen eine gute Nachricht übermittelt, findet er den Tod. Mit Gestalten wie dem Herzspezialisten Kirschbaum und Rechtsanwalt Schmidt deutet Becker die Klassenfrage an, die keineswegs dadurch beseitigt wird, daß doch alle Juden sind und von den Deutschen verfolgt werden. Beide Figuren stehen durchaus nicht gleichwertig nebeneinander. Während Kirschbaum durch seine ärztliche Tätigkeit den Kontakt zu den einfachen Menschen findet, bleibt Schmidt auch im Ghetto ein Außenseiter. Schon durch seine Diktion hebt er sich von der Masse ab. Eine Szene zwischen Jakob und Schmidt (S. 143/144) verdeutlicht die unterschiedlichen Standpunkte. Behutsam, mit viel Feingefühl wird das Erlebnis der ersten Liebe von Rosa und Mischa dargestellt, die trotz der fürchterlichen Bedingungen, unter denen sie leben müssen, ein bißchen Glück für sich in der Gegenwart finden und dank Jakobs „Lügen" auch an die Zukunft zu glauben beginnen. Jurek Becker gestaltet, wie allgemein übliche Haltungen (Elternliebe etc.) durch die besondere menschliche Situation im Ghetto (Selbsterhaltungstrieb etc.) sinnlos werden, so daß für den Nichtbetroffenen der Eindruck entstehen könnte, es sei der Verlust bestimmter menschlicher Werte eingetreten. Während es doch

im Grunde von Größe und Tragik zeugt, wenn die Mutter, ohne ihr Kind zu beachten, zur Deportation geht, um es dadurch vielleicht zu retten (S. 78).
Die Deutschen bleiben weitgehend anonym. Nur zwei haben Namen. Es werden nur wenige brutale Handlungen geschildert. Daneben gibt es ein System von kleinen Gemeinheiten und Willkür, das den Menschen keine körperlichen Schmerzen zufügt, ihnen aber das Rückgrat bricht, sie entwürdigt. Diese bedrückende Atmosphäre der Erniedrigung, des Ausgeliefertseins, der Zerstörung der Persönlichkeit ist in einigen Episoden ausgezeichnet eingefangen (S. 14, 34/35). Der Autor handhabt für ein erstes Buch seine formalen Mittel sehr sicher, ohne in formalistische Spielereien abzugleiten. Seine Erzähltechnik: Wechsel zwischen Ich-Erzähler (Gegenwart) und Ghetto-Handlung, gibt ihm die Möglichkeit, bestimmte Ereignisse zu kommentieren, Fragen, die sich nicht aus der Handlung ergeben, ins Spiel zu bringen, seine eigenen Probleme in der heutigen Zeit anzudeuten, sie erlaubt, Lücken des Geschehens mit „Erfindungen“, „Vorstellungen“ auszufüllen, ohne daß es aufgepfropft wirkt oder den Ablauf der Handlung stört. Rückblenden auf die Vergangenheit einzelner Personen wahren die Kontinuität der wichtigsten Figuren. Sie erhalten Hintergrund, und manche ihrer Handlungen, ihr Verhalten wird dadurch zusätzlich motiviert. Die besondere Eigenart eines polnischen Städtchens vor dem II. Weltkrieg scheint uns gut eingefangen. Sparsam verwandte jiddische Wörter geben Kolorit.
Im zweiten Teil des Buches hält der Autor die disziplinierte Erzählweise des ersten Teiles nicht immer durch. Hier tendiert er etwas zur Weitschweifigkeit, wuchert der einzelne Einfall. Die einzige Stelle, wo das sonst angewandte Gestaltungsprinzip durchbrochen wird (S. 226/232) – ein Geschehen nach 1945 wurde hier in Handlung umgesetzt –, gehört wegen ihrer Breite und dem im Verhältnis dazu geringen Aussagewert zu den schwächeren des Buches.
Das vorgelegte Manuskript unterscheidet sich durch seine Art der Darstellung von Büchern ähnlicher Thematik. Manchen Leser mag es vielleicht sogar befremden, solch ein Geschehen nicht völlig ernst, sondern mit Humor, ja Ironie und kritischer Sicht eigener Schwächen gestaltet zu sehen. Aber gerade diese Art der Darstellung scheint uns, da der Autor stets den richtigen Ton trifft, dem stillen Heldentum und auch der Tragik einzelner Schicksale durchaus angemessen. Sie hinterläßt einen tiefen Eindruck.

Die Herausgabe des Buches ist zu befürworten.
Emmerich

Berlin, den 31. Mai 1968

Erstes verlagsinternes Gutachten der Lektorin Ursula Emmerich. Die Erstausgabe des Romans erschien 1969 im Aufbau-Verlag, Berlin und Weimar.
Staatsbibliothek zu Berlin – Preußischer Kulturbesitz Dep. 38 (Aufbau-Verlag), Nr. 1553. Unveröffentlichtes Typoskript, 4 Bl.

HERMANN LUCHTERHAND VERLAG GMBH

545 NEUWIED UND BERLIN 41

Herrn
Jurek Becker
c/o Volk und Welt

Neuwied, den 24. Oktober 1969
bo/za

Lieber Jurek Becker,

die Kunde, daß sich der westliche Luchterhand Verlag für Jakob den Lügner interessiert, oder besser, entschieden hat, das Buch ins Programm 1970 aufzunehmen, wird Sie aller Voraussicht nach längst erreicht haben. Ich beglückwünsche Sie, lieber Jurek Becker, zu dieser Erzählung, die mich von der ersten Seite an für sich und für Sie eingenommen hat. Das Erstaunlichste dieser Geschichte, daß sie trotz allem Fröhlichkeit besitzt, ungeachtet des Orts und der Handlung selbständig ist. Man sollte nicht glauben, daß dieses Ihr erstes Buch ist, so gekonnt und genau setzt der Kunstverstand ein und beherrscht die Szenerie der vergangenen Ereignisse und den Standort des Erzählers. Als hätten Sie sich Ihr Leben lang damit befaßt, abzuwägen, wieviel Realität, wieviel Zweifel, wieviel Poesie und wieviel Weisheit ein Stück Prosa verträgt. Ich bin nicht die Einzige, die das Buch gelesen hat; auch Herr Walter, der Verleger. Er hat die gleiche Erfahrung gemacht. Wenn es so lange dauerte, das Buch zu entdecken, so deshalb, weil es keine Wogen geschlagen, keine Fürsprecher und Widersacher als Reaktion auf ein riskantes Thema auf den Plan gerufen hat. Ist das Buch eigentlich in der DDR besprochen worden? Ich habe nie etwas gelesen. Befürworter meldeten sich: Stephan Hermlin, Hermann Kant, Christa Wolf. Ich weiß nicht, ob Sie informiert sind: der Luchterhand Verlag hat "Christa T" herausgebracht, wird das "Impressum" veröffentlichen und verlegt das Werk Anna Seghers' in der Bundesrepublik. Ich schicke Ihnen Prospekte des Verlags, damit Sie sich informieren können und lege ein kürzlich erschienenes Buch dazu: "Kindergeschichten" von Peter Bichsel. Ich bin überzeugt, Sie werden dieses dritte Bichsel-Buch mit Vergnügen lesen.

Vom Bahnhof Zoo zur Friedrichstraße bin ich in den vergangenen Jahren schon hundertmal gefahren, aber nie sind Sie mir über den Weg gelaufen; das sollte anders werden. Ich werde Ihnen rechtszeitig schreiben, auch wenn ich heute noch nicht weiß, wann dies sein wird.

Schreiben Sie mir gelegentlich. Vor allem interessiert mich, woran Sie zur Zeit arbeiten. Ich las und hörte von Film, Funk und Fernsehen...

- 2 -

Rhein, Heddesdorfer Straße 31. Postfach 1780
02631-22177. Fernschreiber 08-622853
ank AG, Neuwied, 202/8850. Postscheck: Köln 27885

1000 Berlin 41, Dickhardtstraße 30, Literarische Dependance. Ruf: 839926
Fernschreiber 01-84151. Bank: Berliner Diskonto-Bank, Berlin-Spandau, Kto. 65444400
Postscheck: Berlin-W 1337

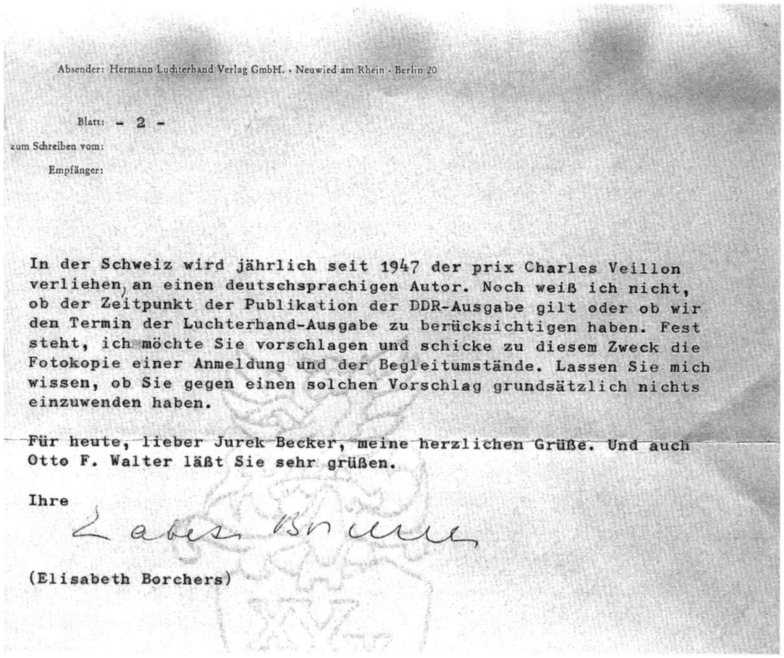

Absender: Hermann Luchterhand Verlag GmbH. · Neuwied am Rhein · Berlin 20

Blatt: - 2 -

zum Schreiben vom:

Empfänger:

In der Schweiz wird jährlich seit 1947 der prix Charles Veillon verliehen, an einen deutschsprachigen Autor. Noch weiß ich nicht, ob der Zeitpunkt der Publikation der DDR-Ausgabe gilt oder ob wir den Termin der Luchterhand-Ausgabe zu berücksichtigen haben. Fest steht, ich möchte Sie vorschlagen und schicke zu diesem Zweck die Fotokopie einer Anmeldung und der Begleitumstände. Lassen Sie mich wissen, ob Sie gegen einen solchen Vorschlag grundsätzlich nichts einzuwenden haben.

Für heute, lieber Jurek Becker, meine herzlichen Grüße. Und auch Otto F. Walter läßt Sie sehr grüßen.

Ihre

Liebe Borchers

(Elisabeth Borchers)

Jurek Becker mit der Lektorin der Verlage Suhrkamp und Insel, Elisabeth Borchers, Mitte der 70er Jahre in Ost-Berlin. Foto aus Beckers Stasi-Akte.

WOLFDIETRICH SCHNURRE

1 Berlin 37
Goethestraße 29
Tel. 84 05 63

Casa Pinocchio
Monte Sole 10
Porto Valtravaglia/VA. Italia

den 30.12.1970 / Jk

Herrn
Jurek Becker
Luchterhand Verlag

5450 Neuwied
Heddesdorferstr. 31

Lieber, sehr geehrter Herr Becker,

ich weiß nicht, ob es Ihnen etwas bedeutet, wenn Ihnen ein Schreiber, der seit 1945 versucht, schreibend sich mit dem auseinanderzusetzen was in Deutschlands Namen in jüngster "Vergangenheit" geschehen ist, sagt, daß JAKOB, DER LÜGNER ein wunderbares und erschütterndes Buch ist.

Da ich mühsam und infolgedessen viel schreiben muß, lese ich wenig. Ich arbeite im Augenblick an einem Roman, dessen Hauptfigur ein orthodoxer Rabbiner ist. Seit zehn Jahren ist meine eigentliche Hauptlektüre der Talmud und die alten jüdischen Schriftsteller. Nur hin und wieder gelingt es mir, auch mal ein anderes Buch dazwischenzuschieben. Eins, das mich mit am meisten ergriffen hat und ein in jeder Hinsicht modernes und zeitloses Buch zugleich ist, scheint mir DER LETZTE DER GERECHTEN (von André Schwarz-Bart) zu sein. Gleich hinter diesem Buch würde ich JAKOB, DER LÜGNER einordnen. Soweit man bei diesen, noch dazu bei solchen Büchern, überhaupt von einordnen reden darf. Viel mehr wollte ich Ihnen eigentlich nicht sagen. Höchstens noch, daß Ihr Buch mich wirklich ergriffen hat und daß ich es erstaunlich finde und weiß, was für eine menschliche Kraft dahintersteckt, aus diesem Stoff zugleich auch eine so, auch im Formalen, vollendete Erzählung zu bauen, wie es Ihnen mit diesem Buch gelungen ist.

Ich danke Ihnen aufrichtig für diese traurige, überlegene, menschliche und ergreifende Lektüre.

Ihr

Wolfdietrich Schnurre

Berlin, den 14. Januar 71

Lieber Herr Schnurre,

nachdem ich gleich nach Erhalt Ihres Briefes unserem Schriftsteller-lexikon (Jahrgang 62) entnommen habe, daß Ihr "experimentierfreudiger bürgerlicher Avantgardismus ernsthafter künstlerischer Suche entspringt, aber zugleich die ideologische (subjektivistische) Begrenztheit des Autors deutlich werden läßt", fühle ich mich so recht gerüstet, Ihnen ein paar dürre Zeilen zu erwidern.

Keine Frage, daß Ihr Brief mich gefreut hat, meinethalben auch, weil Lob meistens sehr empfängliche Ohren findet, vor allem aber, weil es sich um die Art von Anerkennung zu handeln scheint, die ich, falls überhaupt, beim Schreiben im Auge hatte. Bis jetzt war ich, wenn auch nicht ausschließlich, so doch ziemlich heftig anderem bundesrepublikanischem Beifall ausgesetzt. So applaudierte beispielsweise Reich-Ranicki vor allem der Allegorie, die ich erzählt haben soll, er las dieses und jenes heraus, nur nicht die offenkundige Geschichte. Oder Raddatz bescheinigte mir gar, mir wäre eine neue Definition von den Möglichkeiten der Literatur (in der DDR, versteht sich) gelungen. Nach so viel Astrologie empfinde ich Ihre Worte als wohltuend unhellhörig.

Ich grüße Sie herzlich,

Ihr Jurek Becker

22

K u r z b i o g r a p h i e

Name:	Jurek B e c k e r eigentlich: Georg Becker
geboren:	am 30. 9. 1937 in Lodz / Polen
Wohnort:	115 Berlin, Wilhelm-Blos-Str. 25
Soziale Herkunft:	Vater Angestellter
Schulbildung:	Phil.-Studium
Parteizugehörigkeit:	SED seit 1955
Organisationen:	DSV
Berufl. Entwicklung:	Nach der Besetzung Polens durch die Faschisten von 1940 – 1945 Ghetto und KZ. Schulbesuch 1946 bis 1955, Abitur, 1955 – 1957 Dienst bei der VP, 1957 bis 1960 Studium Phil. 7 Semester seit 1960 freiberuflich als Schriftsteller tätig. 1964/65 Besuch eines Lehrgang für Szenaristen an der Filmhochschule Babelsberg
Auszeichnungen:	keine
Veröffentlichungen:	1958 bis 1965 Kabarettszenen für "Die Distel" und Gedichte 1961 Komm mit nach Montevideo, Fernsehspiel 1961 Wenn ein Marquis schon Pläne macht, Fernseh[spiel] 1962 Gäste im Haus, Fernsehspiel 1964 Zu viele Kreuze, Fernsehspiel 1965 Ohne Paß in fremden Betten, Spielfilm 1967 Immer um den März herum, Fernsehspiel 1969 Jakob der Lügner, Roman 1969 Jungfer, sie gefällt mir, Film 1970 Meine Stunde Null, Film

K u r z b e g r ü n d u n g

Jurek Beckers "Jakob der Lügner" unterscheidet sich durch die Stoffwahl und die Art der Darstellung von Büchern ähnlicher Thematik. Es ist keine Geschichte des organisierten Widerstandes, der Rebellion. Es ist die Geschichte der duldenden jüdischen Mehrheit. Becker versucht mit seinem Buch, die Ursachen dieser Haltung durchschaubar zu machen. Erzählt wird, das mag manchen befremden, weil es ihm zum erstenmal bei solch einem Thema begegnet, mit Humor, ja Ironie und kritischer Sicht eigener Schwächen, ohne jemals die Bedrohung durch die Faschisten zu bagatellisieren. Gerade diese Art der Darstellung hinterläßt, da der Autor stets den richtigen Ton trifft, nicht in banale Späße abgleitet, einen tiefen Eindruck von dem stillen Heldentum und der Tragik einzelner Schicksale. Sie wird dem humanistischen Anliegen vollauf gerecht.

Jurek Beckers Roman ist "ein begabtes, menschliches und poetisches Buch".

Berlin, 18. Febr. 1971

Begründung zur Verleihung des Heinrich-Mann-Preises 1971 für „Jakob der Lügner". Sign.: AdK-0, ZAA 1845, 1 Bl.

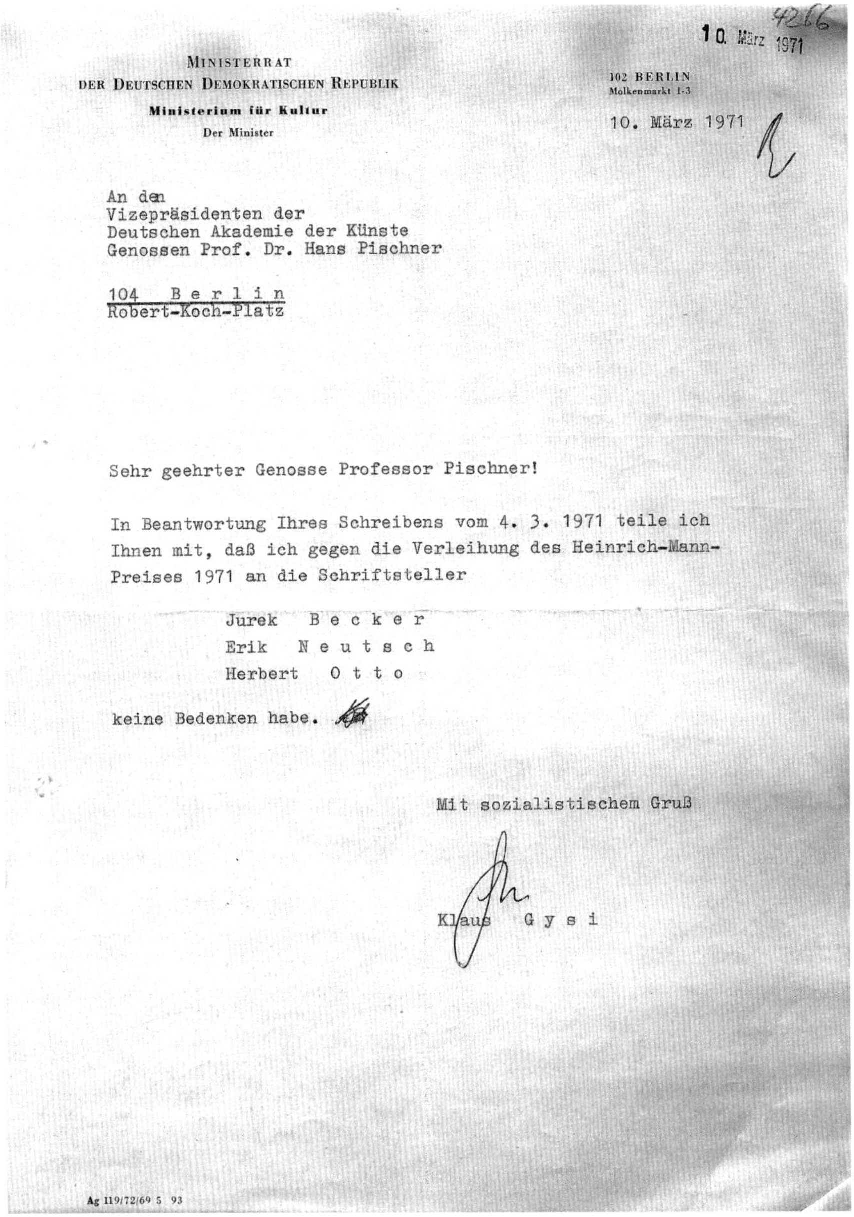

4266

10. März 1971

MINISTERRAT
DER DEUTSCHEN DEMOKRATISCHEN REPUBLIK
Ministerium für Kultur
Der Minister

102 BERLIN
Molkenmarkt 1-3

10. März 1971

An den
Vizepräsidenten der
Deutschen Akademie der Künste
Genossen Prof. Dr. Hans Pischner

104 B e r l i n
Robert-Koch-Platz

Sehr geehrter Genosse Professor Pischner!

In Beantwortung Ihres Schreibens vom 4. 3. 1971 teile ich Ihnen mit, daß ich gegen die Verleihung des Heinrich-Mann-Preises 1971 an die Schriftsteller

Jurek B e c k e r
Erik N e u t s c h
Herbert O t t o

keine Bedenken habe.

Mit sozialistischem Gruß

Klaus G y s i

Ag 119/72/69 5 93

Schreiben von Klaus Gysi an Hans Pischner.
Sign.: AdK-0, ZAA 1845, 1 Bl.

Jurek Becker

Wie es zu „Jakob dem Lügner“ kam

Eines Tages, als ich schon einige Film-Szenarien hinter mir hatte und in meinem Ausweis unter der Rubrik ‚Beruf‘ das gewichtige Wort ‚Autor‘ stand, mußte mein Vater mich notgedrungen als so eine Art Schriftsteller akzeptieren. Er setzte sich mit mir an den Tisch und machte ein sehr entschlossenes Gesicht.

„Jurek“, sagte er, „es wird Zeit, daß du endlich etwas Ernstes und Wahrhaftiges schreibst, nicht immer nur deine leichtfertigen Geschichtchen ohne Gewicht, die schneller zum anderen Ohr raus sind als zum einen rein.“

Bei den Dreharbeiten zu „Jakob der Lügner“ 1974 in der CSSR. Jurek Becker (*l.*) *und Regisseur Frank Beyer* (*r.*).

„Und woher soll ich's nehmen und nicht stehlen?“ fragte ich.
„Dazu haben wir uns hergesetzt“, sagte mein Vater und sah mich an mit seinen entschlossenen Augen, aus denen die Überzeugung sprach, mein Leben würde sich von diesem Augenblick an entscheidend verändern. Er erzählte mir eine lange Geschichte, die er allem Anschein nach für eine Offenbarung hielt.
Während des Krieges lebte im Ghetto ein Mann, der ein Radio versteckt hielt. Der Besitz eines Radios war bei Todesstrafe verboten, trotzdem verbreitete dieser Mann Nachrichten unter der Ghettobevölkerung, denn er wollte die letzte Verbindung zur Außenwelt, die das Radio für die Leute bedeutete, nicht abreißen lassen. Das tat er solange, bis die Gestapo von seinem Radioapparat erfuhr, wahrscheinlich durch einen Spitzel. Der Mann wurde verhaftet und kurze Zeit später hingerichtet, auf dem Marktplatz, vor den Augen der Ghettobewohner, als warnendes Exempel.
„Dieser Mann war ein Held“, sagte mein Vater, und auch ich war dieser Ansicht.
„Diese Geschichte hat sich tatsächlich so zugetragen“, sagte mein Vater, und ich bezweifelte dies nicht.
„Diese Geschichte solltest du unbedingt aufschreiben und den Leuten erzählen“, sagte mein Vater, doch da waren wir verschiedener Ansicht. Denn die Geschichte kam mir weder originell vor noch neuartig, sie kam mir vor wie eine Geschichte, die ich schon hundertmal gehört oder gelesen hatte. Sie mag sich tatsächlich so zugetragen haben, aber das reicht nicht aus für eine gute Geschichte. Ich vergaß sie schnell.

Jahre später, in einem Zusammenhang, den ich nicht mehr weiß, fiel sie mir wieder ein, mit einem wesentlichen Unterschied: der Mann war nicht mehr einer, der ein Radio versteckt hielt, sondern er war einer, von dem die Leute glaubten, daß er eins versteckt hielt. Der Mann nahm die Verwechslung auf sich, denn er erkannte, wie nötig die Menschen Hoffnung brauchten. Und er belieferte die Ghettobevölkerung mit Nachrichten aus einem Radio, das gar nicht existierte.

Vielleicht ist der Unterschied zwischen beiden Geschichten das, was man einen künstlerischen Einfall nennt. Hoffentlich. Jedenfalls schien mir jetzt ein sinnvolles Motiv gegeben, die Geschichte zu erzählen. Ich hatte eine neue Konstellation gewonnen und eine Möglichkeit dazu, eine besondere Art von Heldentum vorzuführen, und auch ein bißchen zu philosophieren.

Meinem Vater hat bis zuletzt seine Version besser gefallen. Er hat gesagt: „Daß du so wenig Vertrauen zu dem hast, was wirklich passiert ...“

Artikel für die Betriebszeitung der DEFA, Dezember 1974, Typoskript, 2 Bl.

30

94

Verwaltung für Staatssicherheit
Groß-Berlin
Abteilung XX/7

Berlin, 17. 12. 1974
Ho/lüc

17.12.74

18/12.74

Auskunftsbericht

Name, Vorname: B e c k e r , Jurek
geb. am/in: 3o. o9. 1937 in Lodz
Wohnanschrift: 115 Berlin, Wilhelm-Blos-Str. 25

Einschätzung

B. wurde 1937 in Lodz geboren. Er entstammt einer jüdischen Angestelltenfamilie, seine Kindheit verbrachte B. im Warschauer Ghetto und in KZ's.

Von 1957 - 196o studierte er an der Humboldt-Universität Philosophie und arbeitet seit 196o als freischaffender Schriftsteller in Berlin.

Nach Kabarett-Texten folgten Fernsehspiele und Filme, wie z.B. "Jungfer, Sie gefällt mir" und "Meine Stunde Null". 1968 erschien der Roman "Jakob der Lügner", der 1971 als Lizenzausgabe im Luchterhandverlag in der BRD veröffentlicht wurde. Sein Roman "Irreführung der Behörden" erschien 1972 in der DDR und wurde im selben Jahr als Lizenzausgabe im Suhrkamp-Verlag Frankfurt (Main) veröffentlicht.

In diesem letzten, größeren veröffentlichten Werk, wie auch in Diskussionen während der Ereignisse 1968 in der CSSR, zeigt sich B. recht schwankend und ungefestigt in seiner ideologischen Haltung, obwohl er Mitglied der SED ist und dem Bezirksvorstand Berlin des Deutschen Schriftstellerverbandes der DDR angehört.

Das praktische Verhalten des B. zeigt auch nach dem VII. Schriftstellerkongreß, auf dem er eine als positiv eingeschätzte Rede in der Diskussion zum Thema "Literatur und Wirklichkeit" hielt, Schwankungen in der ideologischen Haltung. So erklärte er im Januar 1974 anläßlich der Entgegennahme des Bremer Literaturpreises: "Ich habe in der WELT z.B. gelesen, daß ein Schriftsteller aus der DDR insofern in einer katastrophalen Lage sei bei solchem Angebot (gemeint ist der Bremer Literaturpreis), entweder er sei ein Parteigänger der SED, dann dürfe er diesen Preis nicht annehmen oder er sei bei der SED in Ungnade, dann könne er den Preis nicht annehmen, so gerne er es möchte. Ich habe mir die Mühe gegeben eine, also die berühmte dritte Alternative zu praktizieren....."

31

45

Auf einer Mitgliederversammlung des Berliner Schriftstellerverbandes am 13. 11. 1974 hielt Jurek B e c k e r das einleitende Referat zum Thema: "Literatur und Wirklichkeit". Dabei kam er u.a. zu folgenden Feststellungen:

- Literatur dürfe nicht den in unserer Gesellschaft erhobenen Anspruch erfüllen, fertige Antworten zu geben. Literatur müsse Fragen stellen, diese Fragen müssen mit der Wirklichkeit konfrontiert werden.

- Gegenwärtig sei die Situation in unserer Literatur derartig, daß die Wirklichkeit so dargestellt werde, als seien in der DDR Konflikte und Widersprüche auf zauberhafte Weise verschwunden. Eine solche Literatur sei jedoch trist und unnütz. Es sei auffällig, daß bei uns auch die Vergangenheit von Problemen und Verfehlungen bereinigt werde. Von der Literatur werde verlangt, diesen Reinigungsvorgang nachzuvollziehen.

- Der Nutzen der Literatur sei individueller Natur. Es gäbe zwar ein Einwirken der Literatur auf die Wirklichkeit, aber keine Umkehrung.

- Literatur ist nicht dazu da, Planschulden und Unterlassungssünden im Zustand der Menschen aufholen zu helfen. Sie kann nicht da eine heile Welt vorgaukeln, wo sie nicht ist. Fragen zu stellen, ist wichtiger, als sie zu beantworten.

- Die Arbeiterbewegung hat stets mehr aus ihren Fehlern gelernt als aus ihrem Gleichschritt.

- Literatur muß Unruhe schaffen. Es sei ihre Aufgabe, viele Individualitäten hervorzubringen. Der Mensch darf sich in der Literatur nicht einfach bestätigt finden, Literatur darf kein Ersatz von Handlungen sein.

- Die Entscheidung darüber, was literaturwürdig ist, muß dem Autor überlassen bleiben. Schlimm ist das bei uns existierende Abhängigkeitsverhältnis zwischen den Autoren und den Verlagen. Dieses Verhältnis ist gekennzeichnet durch die Fragestellung: "Kriege ich das durch?"
  Die Folge dessen ist eine "sozialistische Gartenlaubenliteratur", statt Qualität wird Absicht honoriert.

Im weiteren schätze B e c k e r die gegenwärtige Situation auf dem Gebiet der Literatur als "Dauerhoch mit freundlichem Sonnenschein" ein.

Die in diesem Referat vertretenen Thesen stehen im Gegensatz zu den Auffassungen der sozialistischen Kulturpolitik. Andererseits ist eine Übereinstimmung mit den eindeutig sozialdemokratisch-fundierten theoretischen Grundlagen der Schriftstellergruppierung um H e y m , P l e n s d o r f und S c h l e s i n g e r nicht zu übersehen.

noch keine Fakten des Zusammenwirkens bekannt

32

Der Bundesbeauftragte für die
Unterlagen des Staatssicherheitsdienstes
der ehemaligen
Deutschen Demokratischen Republik
Postfach 1199, O-1086 Berlin

46

- 3 -

Diese Gruppe von Schriftstellern nutzte dann auch das Referat, um Ansatzpunkte für ihre Diskussionsbeiträge auf der Versammlung zu finden. Besonders bei H e y m und P l e n s d o r f enthielten diese Beiträge offene Angriffe gegen die Kulturpolitik der Partei und die Kulturinstituionen der DDR.

Im Juni 1973 leitete die VPI Lichtenberg gegen B e c k e r ein Ermittlungsverfahren ohne Haft wegen Staatsverleumdung ein. B. erschien beim VPR 258 und wollte einen Besucher aus der BRD anmelden. Sein PA wurde moniert, da dieser nur aus losen Seiten bestand und daher ungültig war. B. führte daraufhin staatsverleumderische Reden (§ 22o) gegen die VP und einen VP-Angehörigen.

gef. 4 Exemplare

Verteiler:

1 x Stellv. Operativ
1 x OPK "Eintopp"
1 x Akte Becker
1 x Hauptabteilung XX/7

Holm
Holm
Leutnant

Auskunftsbericht der Verwaltung für Staatssicherheit Groß-Berlin.
Kopie aus den Unterlagen des BStU. Typoskript, 3 Bl.

1

Minister für Kultur

Genossen Hans-Joachim Hoffmann

102 Berlin

Molkenmarkt 1/3

Berlin, d. 11.4.1975

Sehr geehrter Genosse Minister !

Das Präsidium der Akademie hat in seiner Sitzung am 11.2.75 folgende eingereichten Vorschläge für den Nationalpreis 1975 beraten und bestätigt:

den Gebrauchsgraphiker Prof. Klaus Wittkugel,
den Schriftsteller Stephan Hermlin,
die Regisseure Manfred Karge
Matthias Langhoff (im Kollektiv),
das Kollektiv Fernsehfilm "Jakob der Lügner"
mit dem Regisseur Frank Beyer,
dem Autor Jurek Becker,
den Schauspielern Erwin Geschonneck,
Vlastimil Brodsky,
die Komponistin Prof. Ruth Zechlin,
den Musikwissenschaftler Prof.Dr. Harry Goldschmidt .

In der Anlage überreiche ich Ihnen die entsprechenden Unterlagen in dreifacher Ausfertigung.

Mit sozialistischem Gruß

Konrad Wolf

Anlagen

Verteiler:
Büro d.Präsidenten
Sekretariat d.GD

Die Akademie der Künste der Deutschen Demokratischen Republik schlägt vor, die Schöpfer des Films „Jakob der Lügner“, Frank Beyer, Jurek Becker, Erwin Geschonneck, Vlastimil Brodsky, mit dem Nationalpreis (zu gleichen Teilen) auszuzeichnen.

Begründung:

Die Vorgeschlagenen haben durch das Zusammenwirken ihrer individuellen künstlerischen Leistungen ein Werk geschaffen, das in der Entwicklung unserer Filmkunst eine neue Qualität der Verarbeitung des oft behandelten Sujets darstellt.

Jurek Becker, der das Drehbuch nach seinem viel beachteten Erstlingsroman schrieb, ist es gelungen, alle Vorzüge der literarischen Vorlage zu bewahren und für die filmische Umsetzung fruchtbar zu machen: individuelles Profil und Plastizität der Figuren, erzählerische Spannung, Dichte und Sensibilität der Sprache. Durch Konzentration auf das szenisch Erzählbare und den klugen Verzicht auf Erzählerfigur und Nebenlinien der Handlung bewies er ungewöhnliche Einsicht in die Gesetzmäßigkeiten des Mediums Film mit seinen unverwechselbaren Eigenarten, Möglichkeiten und Grenzen. Sein Drehbuch und die Regie durch Frank Beyer bildeten zweifellos das Fundament für das Gelingen des Gesamtwerkes. Der Film erzählt nicht nur eine erschütternde Geschichte, er bringt den Zuschauer durch die Eindringlichkeit der Vermittlung seiner humanistischen Grundidee, des Triumphes der Menschenwürde in unmenschlichen Verhältnissen, zum Nachdenken über grundlegende Fragen des Lebens. Seine entscheidende Leistung besteht darin, daß er die ganze Widersprüchlichkeit menschlichen Lebens und Erlebens unter außerordentlichen Umständen in all ihrer Vielschichtigkeit durch die poetische wie darstellerische Verschränkung von Tragischem und Komischem, Realem und Traumhaftem auf bewegende Weise dem Betrachter nahezubringen versteht.

Die Realisierung aller großen Vorzüge dieses Drehbuches ist das Verdienst der hervorragenden Regie durch Frank Beyer und der großartigen schauspielerischen Leistungen Erwin Geschonnecks als Kowalski und Vlastimil Brodskys als Jakob. Dem Hauptdarsteller Vlastimil Brodsky gelingt es, mit schlichter Verhaltenheit die seelische Spannweite des von ihm verkörperten Jakob, Angst und Tapferkeit, Sehnsucht und Lebenswillen, Hoffnung und Verzweiflung mit großer Überzeugungskraft nacherlebbar zu machen. Er besitzt in Erwin Geschonneck einen Partner, dessen reiche schauspielerischen Fähigkeiten hier von eigenen Erfahrungen während der Zeit der Verfolgung noch begünstigt werden. In seiner Gestaltung der Rolle des Kowalski kommen sie voll zur Entfaltung.

Frank Beyer gehört seit „Fünf Patronenhülsen“ zu den profiliertesten Regisseuren der DDR. Der Film „Jakob der Lügner“ stellt in seiner kontinuierlichen Filmografie eine neue Qualität dar. Sein besonderes Verdienst ist eine ungewöhnliche Geschlossenheit der Ensembleleistung durch optimale Nutzung aller Faktoren, von denen die ästhetische Qualität der Regie abhängt. Er verstand es, alle Gefahren des Themas, Naturalismus, vordergründige Aktionen, Sentimentalität zu vermeiden und hat mit diesem Film einen Beitrag zum 30. Jahrestag der Befreiung vom Hitlerfaschismus geschaffen, dem internationale Anerkennung gewiß ist und der für neue nationale Versuche der Bewältigung seines Stoffes maßstabsetzend ist.

Vorschlag der Akademie der Künste der DDR zur Verleihung des Nationalpreises 1975. Typoskript, 3 Bl., Blatt 2 und 3 in Abschrift.

STAATSRAT DER DEUTSCHEN DEMOKRATISCHEN REPUBLIK

Zur Erinnerung an Ihre Auszeichnung

im Amtssitz des Staatsrates der Deutschen Demokratischen Republik

überreichen wir Ihnen das beiliegende Foto

· Protokollabteilung ·

102 Berlin, Marx-Engels-Platz

Verleihung des Nationalpreises der DDR 1975 durch Willi Stoph an Jurek Becker (l.), Erwin Geschonneck (M.), Frank Beyer (dahinter, verdeckt) und den Kameramann Günter Marczinkowsky.

Elisabeth Borchers

Jurek Becker – Jakob der Lügner

Wie oft muß man ein Buch in die Hand nehmen, wie oft muß man es loben, was sage ich: lobpreisen; wie oft muß man es empfehlen, was sage ich: anempfehlen (ans Herz legen, sagt der Volksmund, damit das Herz es wahr- und aufnehmen kann, damit das Herz, als das innigste, als das zur größten Aufnahme befähigte Organ, Tür und Tor öffne – so wie Rosa das Fenster geöffnet hat in Gedanken an die Mutter, die gesagt hat: „Sonst denkt die Sonne, es ist niemand zu Hause und geht wieder, sagt Mutter.“). Wie oft denn muß man es lesen, um es aufs ausgiebigste gesättigt beiseite legen zu können, und nach so vielen Malen sicher sein zu können, nichts versäumt, überlesen, vergessen zu haben. Aber nein. Mir geht es wie Rosa mit Mutters Sonne. Man öffne das Fenster.

Da ist selbstverständlich und insbesondere Jakob Heyms Botschaft an die Verzweifelten, die Jakob (dem Lügner) glauben, eben weil sie so verzweifelt sind. Da haben wir wieder das Kontradiktionsgesetz, das unsere Welt in Bewegung hält. Wo es keine Verzweiflung gibt, gibt es auch den aus der Verzweiflung erlösenden Gedanken, die erlösende Tat nicht. Wozu Hoffnung, wenn wir nicht ohne Hoffnung sind. Und die Lüge benötigt die Wahrheit dringend, um glaubwürdig zu werden. So radikal kann der Glaube an eine (vermeintliche) Wahrheit, das heißt Lüge, werden, die wahr werden muß, weil Hoffnung und Verzweiflung so groß sind, daß die Menschen selbst das Sterben aufgeben und erkennen, wie herrlich das Leben ist oder wie herrlich es wäre. Marcel Reich-Ranicki nannte den ideellen Vorgang: das Prinzip Radio. In Abwandlung also des tragenden Gedankens von Ernst Bloch: das Prinzip Hoffnung. Es ist so oft schon benutzt worden, dieses Wort, daß ihm eine Abwandlung gut tat und tut, um neue Aufmerksamkeit zu erreichen. Kein Wort verträgt es, ständig im Munde oder in der Feder geführt zu werden. Man denke nur an das kleine große Wort Gott. Für jede Schreckens- und Dankeslappalie hat es herzuhalten, ohne mit dem Angerufenen etwas zu tun zu haben. Die Formulierung des Philosophen stammt aus unserer Zeit, die Idee gibt es seit Menschengedenken. Man erinnere sich an das Wort Jesu von Nazareth an einen der beiden Schächer: Heute noch wirst du mit mir im Paradiese sein. So sehr abweichend vom Thema ist dieses Zitat nicht. Der eine wesentliche Unterschied liegt darin: Dort geht es um das Jenseitige, bei Jakob Heym um das Diesseitige. Und das Diesseitige lag im argen. Das aber kann das Geheimnis noch nicht sein.

Erst kürzlich war es in der Zeitung zu lesen: „Jakob der Lügner“ gehöre „längst“ zum Kanon der deutschen Literatur, dieses Jahrhunderts, ließe sich hinzufügen. Und was für ein deutsches Jahrhundert der Literatur steht, das steht ‚seinen Mann‘ für die Literatur der Welt oder innerhalb der Weltliteratur. („Es gibt doch solche Männer, von denen man sagt, ein Kerl wie ein Baum, groß, stark, ein bißchen gewaltig, bei denen man sich jeden Tag für ein paar Minuten anlehnen möchte. Jakob ist viel kleiner, er geht dem Kerl wie ein Baum höchstens bis zur Schulter.“) Und wenn gerade ein solches Buch die deutsche Literatur weltweit vertritt, so hat dies seinen besonderen überséhbaren Sinn. Es ist nicht das historisch notwendige, vor Härte und Genauigkeit knirschende Buch „Der SS-Staat“ von Eugen Kogon; nicht dieses Buch, dessen Dokumentationswert für die deutsche Geschichte, das deutsche Gewissen unverzichtbar ist, hat den Überlebensraum betreten, sondern „Jakob der Lügner“, dieser Jakob, der dem Kerl wie ein Baum höchstens bis zur Schulter geht. Er ist es. Seine Kleinheit, seine Hilflosigkeit, seine Angst, sein Mut, seine Zartheit, sein Gläubigsein. Liebt die Literatur Helden dieser Art auf ganz besonders anhaltende Weise, Helden, die sich aufs sanfteste den Verruchtheiten der Menschen widersetzen?

„Jakob der Lügner“ ist ein gegen die in allen Jahrhunderten heimisch gewordenen Weltverbrechen erzählendes Buch. Noch nie ist den Menschen eine Unmenschlichkeit so unmenschlich geraten wie in unserem Jahrhundert. Das hat mit Systematik, mit Organisation, mit Bürokratie, mit Planung zu tun. Geplanter Mord, Völkermord – nicht Totschlag im Affekt –, der bis ins Einzelne zitiert, belegt, geahndet werden kann. Es wird auch mit der Tatsache zu tun haben, daß es schwer fällt, vielleicht sogar unmöglich ist, auf überdimensionale Kränkungen des Menschen mit Empfindung zu reagieren. Jean Paul Sartre hat es uns erklärt: *Ein* Toter ist eine Geschichte, *tausend* Tote sind eine Zahl. Das heißt, ein tausendfaches Verbrechen ist uns zuviel, wir nehmen dieses Ausmaß nicht an. Wenn eine beim Namen genannte Geschichte zur Sprache kommt, dann sind wir imstande, sie anzunehmen, und unser Mitleiden wird lebensfähig.

Ich erinnere mich an einen Anblick: Es waren die letzten Tage des Krieges, in anderen Regionen war der von den Alliierten erzwungene Frieden schon angebrochen; wir fuhren im Wagen, unglückselig zwischen den Fronten, ein Waldstück, links die Lichtung, rechts lichtes Gehölz, und nur wenig von der Straße entfernt, nicht wirklich verborgen, zwischen den hellen, jungen Stämmen der Laubbäume, Birken, ja, Birken können es gewesen sein, mit jenem zarten hellen Grün, wie es der Mai hervorbringt, eine merkwürdige Ansammlung von Menschen in gestreiften Anzügen. Schau doch bitte, was ist das, um Gottes willen. – Schau nicht hin, war die Antwort, als sei ich zu jung, noch nicht alt genug, für eine Obszönität dieser Art. Ich verstehe das nicht, beharrte ich, sag's mir doch. – Was ich nicht verstanden hatte, waren diese im Quadrat fein säuberlich aufeinandergeschichteten Leichen, wie Holz, das nur an den vier Ecken überkreuzt zum Trocknen oder Anzünden bereitgelegt ist. Köpfe und Füße ragten jeweils heraus. Es war doch sehr deutlich zu sehen, was da war, warum also frage ich, was bringe ich Gott ins Spiel. Um Gottes willen auszurufen, welch ein Fehlgriff. Ich habe gesehen, also weiß ich?

Um dieses Mißverhältnis zwischen Frage und Antwort geht es. Um diese Diskrepanz zwischen Begreifen und Verstehen. Erzengelhaft steht Jakob Heym da und läßt uns durch das schmale Tor des Buches passieren. Er hilft, mit den eigenen Denk- und Vorstellungsmöglichkeiten ein wenig besser zurechtzukommen. Er löst die anonyme, dem Faktum Geschichte gerecht werdende Zahl in Geschichten auf, er kennt das Geheimnis der Auflösung, er nennt die Namen beim Namen und sagt: Mischa und Rosa, Rosenek und Kirschbaum, Josefa und Aaron Ehrlicher, Lina und Kowalski, Schmidt und Herschel Schtamm, Piwowa und Rosenblatt. Er gibt ihnen Aussehen, Stimme, Eigenheiten, Lebensläufe, Herkunft, Tod, Überleben. Man denke nur an Jakob Heyms eigene Geschichte, am Ende des Buchs.

Und in einer der Geschichten ist dann noch ein Moment, in diesem Buch, in einer höchst dramatischen Situation, in einer ganz und gar undramatischen Sekunde, ach was: in einer Zehntelsekunde: Jakob befindet sich im Revier, weil er, obwohl es noch nicht acht ist, nach acht auf der Straße angetroffen wurde, um hier, beim Wachhabenden, um eine gerechte Strafe zu bitten; der Zufall verschafft ihm, eine für das Buch entscheidende Nachricht aus dem Lautsprecher zu hören. Die Russen stehen zwanzig Kilometer vor Bezanika, darum aber geht es nicht. Jakob Heym befindet sich in der Stube des Wachhabenden, der liegt auf einem schwarzen Ledersofa – da haben wir es wieder: Es ist kein beliebiges schwarzes Ledersofa, sondern eines, das Jakob Heym kennt, er hat selbst darauf gesessen, es hat dem Makler Rettig gehört, einem der reichsten Männer der Stadt (und noch eine neue Geschichte, vom viel zu kühlen Sommer, vom Himbeereis und den Kartoffelpuffern, eine Geschichte kommt zur anderen). Jakob Heym also klopft, damit der Schläfer wach wird, er wird wach und führt – mitten im Revier – freundliche Worte im Munde und schreibt dies und das aufs Papier. Er nimmt auch noch eine Zigarette aus dem Kästchen, für sich, nicht für Jakob Heym, das wäre denn doch des Guten zuviel, dann sucht er in der Hosentasche nach dem Feuerzeug, von dem Jakob Heym weiß, daß es ihm, als er sich schlafend auf dem schwarzen Ledersofa herumdrehte, aus der Hosentasche gefallen war; dorthin geht Jakob Heym, um das Feuerzeug aufzuheben und dem Wachhabenden auf den Tisch zu legen. Und der Wachhabende sagt zu Jakob Heym: Danke. Als sei es das Selbstverständlichste der Welt: Danke. Hätte sich der Wachhabende nicht auch verbitten können, daß sein Feuerzeug von einem Fremden angefaßt wird; hätte er nicht ein Tuch nehmen können, um die unvermeidlichen Spuren einer fremden Hand abzuwischen. Aber nein: Mitten im Krieg, mitten im Weltkrieg, mitten im Morden sagt einer, einer, der zum Volk der Mörder in einem Ghetto gehört, einem Ghetto, das über kurz oder lang ohnedies geräumt wird: Danke.

○ Jurek Becker hat in seinem Aufsatz mit dem Titel „Mein Judentum“ geschrieben: „Mein Judentum hat auch kein Glücksgefühl darüber zur Folge, daß ich, gewollt oder ungewollt, zu einer weitverzweigten Gruppe von Menschen gehöre, die, wie andere Gruppen vergleichbarer Größe auch,

Leistungen vollbringt, bewundernswerte und miserable. Ich empfinde keinen Stolz darüber, daß Kafka Jude war, obgleich ich vermute, daß seine Literatur für mich von bestimmender Bedeutung gewesen ist. Ich ärgere mich nicht darüber, daß es Juden sind, die sich im Nahen Osten als Herrenmenschen etablieren und Politik betreiben, für die mir kein anderes Attribut einfällt als: räuberisch. Ich empfinde nur Zorn darüber, daß Menschen so mit Menschen umspringen." So einfach und menschenwürdig ist der Zorn, wenn „Menschen so mit Menschen umspringen". Ebenso menschenwürdig wie das in unserem Kulturkreis inbegriffene Wörtchen Danke. Ich habe mir dieses Wort oft angesehen, sozusagen hin- und hergewendet, wie man ein Geldstück prüft, ob es denn auch echt sei, aus Silber oder Gold, ob es kaufwürdig sei. Nein, ohne Aufwand steht dieses Wort da, kein Ausrufezeichen, kein Gedankenstrich, also keine künstliche Betonung (des Autors): Seht her, was ich einem Deutschen an Höflichkeit zubillige. Ein absolutionsfähiges kleines Wort.

Jurek Becker wurde, wahrscheinlich 1937, im polnischen Lodz geboren; die Verhältnisse waren nicht so, daß Jahr, Monat, Tag der Geburt gesichert sind. Im Lodzer Ghetto lebte die Familie ein Weilchen weiter, bis der eine hierhin, der andere dorthin getrieben wurde. Die einen überlebten, er und sein Vater; andere nicht. Jurek Becker mußte Deutsch lernen, in Ostberlin, er studierte Philosophie, wurde Schriftsteller. „Einmal, erinnere ich mich, bekamen wir Besuch aus dem Ausland. Ich muß etwa elf Jahre alt gewesen sein. Mein Vater stellte mich einem bärtigen, glatzköpfigen alten Mann vor, der ein Käppchen auf dem Kopf trug, wie ich es bis dahin nicht gesehen hatte. Mein Vater nannte meinen Namen, und ich hielt dem Mann die Hand hin. Aber der rührte sich nicht, er sah mich lange an und schüttelte dabei kaum merklich den Kopf, als könne er etwas nicht verstehen. Dann griff er mich – eine kleine Sekunde nur spürte ich Angst und sträubte mich – und schloß mich in seine Arme. Ich drehte den Kopf zu meinem Vater, weil ich ratlos war und wissen wollte, wie ich mich zu verhalten hatte. Der Vater beruhigte mich, indem er beschwichtigend die Hand hob und mir zu verstehen gab, ich sollte nur mit mir geschehen lassen, es sei alles in Ordnung. Also hielt ich still und wartete darauf, wieder losgelassen zu werden. Dann merkte ich, daß der fremde Mann, während er mich immer fester an sich drückte, weinte. Ich sah nach oben, weil sein Körper so zitterte. Er hielt die Augen geschlossen, und Tränen verschwanden in seinem Bart. Ich mußte mir große Mühe geben, um nicht selbst zu weinen. Ich erinnere mich, daß ich den starken Wunsch hatte, den Mann zu trösten, wenn ich nur gewußt hätte, wofür." Er war und ist ein Teil des Wissens und Gewissens und wußte es nicht.

Es schien mir an der Zeit, dieses kleine Wort Danke noch einmal zu lesen, zu begreifen und zu verstehen. Ein Verständigungsmittel. Wenn das Wort gelingt.

Stefan Heym

Eine Rede zum Gedenken an Jurek Becker

In einer seiner Frankfurter Vorlesungen erklärte Jurek Becker, Deutsch sei gar nicht seine Muttersprache, er komme vom Polnischen her, und die ersten deutschen Vokabeln, deren er sich erinnere, hätten gelautet: Alles, alle, Antreten – Zählappell! Und Dalli-dalli. Damals war er vier Jahre alt, und wir wissen, wer es war, der dem wehrlosen jüdischen Kinde diese Worte in die Ohren schrie, und an welchem Ort.

Als Achtjähriger dann, schon in der DDR, lernte er Deutsch. Für eine geschriebene Seite in deutscher Sprache zahlte der Vater ihm 50 Pfennige, zog ihm aber fünf Pfennig für jeden Fehler auf dieser Seite ab. „So lernte ich nebenbei auch rechnen", erzählt er, und dann, es sei für ihn beinahe eine Existenzfrage gewesen, so schnell wie möglich sein Deutsch zu verbessern: je eher er Fehler zu vermeiden lernte, um so seltener wurden die andern darauf gestoßen, daß er ein Fremdling im Lande war. Ich glaube, daß der Junge, der sich auf diese Art das Deutsche aneignete, gerade darum zu einem Meister der Sprache wurde und zu einem der führenden Schriftsteller erst der DDR und dann ganz Deutschlands. Mit der Muttermilch eingesogen, tendiert die deutsche Sprache mit ihren verschachtelten, immer wieder gebrochenen Sätzen, zu Schwammigkeit; er aber war sich des Wertes und des Gewichts eines jeden Wortes bewußt – hatte es ihn nicht ein Minimum von fünf Pfennig gekostet – „ich muß ständig auf der Hut sein", berichtet er, „wo andere die Augen schließen und sich räkeln können"; und daher ist die Lektüre seiner klaren, sorgfältig strukturierten Prosa ein solcher Genuß.

Und er war ein ostdeutscher Schriftsteller, obwohl er Ende der siebziger Jahre schon in den Westen ging. Er selber spricht von seiner ostdeutschen Identität, von seinem dreiviertel ostdeutschen Leben; allerdings sei es ihm durch seine Übersiedlung gelungen zu übertünchen, daß er bei der Vereinigung im Grunde auf die Verliererseite gehörte. Er hat diese ostdeutsche Vergangenheit, gefolgt von seinen westdeutschen Jahren, zu unserem großen Vorteil benutzt: Wenn später einmal die Historiker eines authentischen Zeitzeugen bedürfen, der über die Verhältnisse, die sozialen wie die geistigen, in Ost- wie Westdeutschland Entscheidendes aussagen kann – Jurek Becker ist dieser Mann. Seine kluge und gründliche Analyse, seine Darstellung der Bedingungen, unter denen die ostdeutsche Literatur entstand, und andererseits der Zustände, aus denen der spezifische Charakter der westdeutschen – und jetzt gesamtdeutschen – Literatur erwuchs, sie sind von bleibendem Wert.

Jurek Becker Mitte der 70er Jahre.

In der DDR, so berichtet er, habe ein erheblicher Teil der seiner Meinung nach ernstzunehmenden Literatur als unerwünschte Randerscheinung gegolten, die im Parteiauftrag produzierte Trivialliteratur aber als beispielhaft und staatstragend. In ihr, so schreibt er, „wurden Produktionsschlachten geschlagen, Zweifelnden die Richtigkeit der Parteitagsbeschlüsse beigebracht, riß die Kraft und Weisheit des Kollektivs die Zaudernden mit". Die Autoren dieser Texte, sagt er, verstanden sich als Dienstleistende.

Bei den anderen, zu denen Becker sich selber rechnet und deren Werke, wenn in der DDR ungedruckt, über Ausgaben im Westen ins Land kamen oder, wenn dennoch im Lande gedruckt, in einer sorgfältig tarierten Zwischen-den-Zeilen-Sprache geschrieben waren, nahm der Zensor auf diese oder jene Art Einfluß, und Becker selber stellte die Frage, „Habe ich nie, mich als Taktiker fühlend, auf Schärfe verzichtet und mir dafür Unschärfe eingehandelt?", und er konstatiert: „Die Situation hat mich zu einem schlechteren Schriftsteller werden lassen, als es nötig gewesen wäre".

So schlecht nun wieder auch nicht, möchte ich hinzufügen: Seine Bücher gehören zu den besten unserer Zeit, und er hat mit ihnen ganz wesentlich dazu beigetragen, den Zweck zu erfüllen, den Literatur in einem Lande zu erfüllen hat, wo alle anderen Medien unter einer einzigen Chefredaktion, dem Politbüro der Partei nämlich, stehen: den Lesern ein einigermaßen wahres Bild von ihrer Welt, einschließlich ihrer selbst, zu geben.

Die Zensur dagegen hat, wie wir wissen, ihr Ziel nicht erreicht. Becker fällt sein Urteil über diese Organisation, ein abschließendes, wie ich meine: „Niemand ist mehr verantwortlich als der Zensor für das Maß an Zorn und Verdrossenheit, an Erregung und Geschrei in den Büchern. Die Zensur drückt nicht nur die Literatur darnieder, sie ist zugleich auch der größte Produzent dessen, was zu verhindern sie angetreten ist."

Sicher war es nützlich für ihn, daß er etwa ein Dutzend Jahre schon, bevor der Westen in den Osten kam, aus dem Osten in den Westen ging: Auf diese Weise kannte er sich in der westlichen Lebensweise unter dem bundesdeutschen Literaturgeschäft bereits aus, als seine ehemaligen Ostkollegen sich ihren Weg dort noch mühselig ertasten mußten. Sie gewöhnten sich nur schwer daran, bemerkt er, daß Literatur alles darf, daß es keine Verbote mehr gibt, und daß der Preis dafür das öffentliche Desinteresse ist. Aber trotz seiner längeren Anlaufzeit im Westen hat er, wie er sagt, sich dort nie so zu Hause gefühlt, daß er einen Roman über ein westliches Thema geschrieben hätte; ich meine allerdings, daß sein *Liebling Kreuzberg* schon eine beträchtliche Expertise über das Leben im Kapitalismus ist.

Ebenso zeigen seine Meinungen über die bundesdeutsche Literatur eine mehr als intime Kenntnis der Dinge. Wenn in der DDR, so vergleicht er, die Werke der Dichter so oft auf der Strecke blieben, weil der Staat so ängstlich war und immer den Notgroschen Verbot aus der Tasche ziehen konnte, zerschellten sie im Westen an der Unempfindlichkeit der Gesellschaft, an den vielen tauben Ohren. Außerdem werde in der bundesdeutschen Literatur, findet er, die gegenwärtige Gesellschaft kaum oder gar nicht dargestellt, hin und wieder raffe ein Autor sich zu etwas Mäkelei auf, sei aber doch meist darauf bedacht, das allgemeine Einverständnis nicht zu gefährden. „Es herrscht ein Gesetz", konstatiert er, „das nach meiner Beobachtung von Jahr zu Jahr strikter zur Geltung kommt: Widerspruch wird bestraft, Anpassung belohnt; es ist dies das Grundgesetz der massenweisen Produktion von Opportunismus." Alle mäßigten sich, und damit mittelmäßigten sie sich auch. Schriftsteller würden so zu einer Größe zweiter Ordnung; der Schriftsteller wäre kaum mehr wert als sein letztes Buch: habe dieses Erfolg, gelte er als erfolgreich, fiele es durch, müsse er von vorn anfangen. Und nur um einige wenige Autoren mache diese Regel einen Bogen, um die Heroen aus der Goldgräberzeit der bundesdeutschen Literatur nämlich: Grass, Frisch, Lenz, die zu einer Art Markenartikel geworden seien – aber auch diese wären vor Rückschlägen nicht sicher. Und er schließt: „In der freien Marktwirtschaft ist ein Buch ein Produkt wie jedes andere. Die Ware hat möglichst profitabel zu sein, ob sie nun Leberwurst oder Panzerfaust oder Buch heißt.“

Ein hartes Urteil, ich weiß, hart aber wahr. Und es hat etwas damit zu tun, daß durch den Untergang des real existierenden Sozialismus, so dumm und brutal dieser auch gewesen sein mag, jegliche Alternative zu dem real existierenden, aber siegreichen Kapitalismus entschwunden ist. Jurek Becker sagt dazu: „In einem Teil der Welt, der sich das Sozialistische Lager nannte, ist eine stolze Idee so diskreditiert und zugrundegerichtet worden, daß niemand von uns den Versuch erleben wird, sie auferstehen zu lassen. Sozialismus, das ist auf lange Zeit vorbei ... Nur ändert das nichts daran, daß die Probleme, die zu lösen die Sozialisten sich einmal vorgenommen haben, nicht aufhören wollen zu existieren ... Die Sache kann nicht mehr lange gutgehen, Arbeitsplätze werden knapp. Sicherheit wird knapp, Wasser wird knapp, Luft wird knapp, ein großes schwarzes Elend kommt näher und näher, und niemand stellt sich ihm entgegen, wir kommen von unserm gespenstischen business as usual nicht los.“

Liebe Kollegen! Jurek Becker hat von seiner schweren, unheilbaren Krankheit lange Zeit schon gewußt. Er hat nicht darüber gesprochen; er und seine Frau haben das alleine getragen, mit großer Tapferkeit, bis zum Ende. Wir werden – und ich tue das jetzt schon – seinen scharfen, analytischen Geist, seine illusionslose Haltung vermissen, deren Ergebnisse er doch immer mit solchem Witz und solcher Herzenswärme vorzutragen wußte. Er fehlt uns und wird uns im Lauf der Zeit immer mehr fehlen.

Wir verneigen uns vor ihm.

Gehalten am 25. Oktober 1997 auf der Mitgliederversammlung der Akademie der Künste, Berlin.

Hauptabteilung XX

Berlin, den 21. 6. 1977

Streng geheim
Nr. 532/77

gef. 6 Exemplare

Information
über die durchgeführte Lesung des Schriftstellers Jurek BECKER
am 16. 6. 1977 in der Kirche von Berlin-Bohnsdorf

Inoffiziell wurde bekannt, daß die ursprünglich geplante Lesung vom Schriftsteller Stefan HEYM durchgeführt werden sollte.
Auf Grund seiner Absage organisierte der Gemeindepfarrer SCHULZ aus Bohnsdorf kurzfristig eine Lesung mit dem Schriftsteller Jurek BECKER.
Die Veranstaltung wurde vom Rat des Stadtbezirkes Treptow auf Antrag des Pfarrers SCHULZ genehmigt.
Der Beginn der Veranstaltung war 20.00 Uhr; es waren ca. 100 Personen anwesend.

Jurek BECKER las ca. 45 Minuten aus seinem unveröffentlichten Manuskript „Keine Luft zum Atmen“, das nach seinen Angaben dem Hinstorff-Verlag Rostock zur Beurteilung vorliegt. Anschließend fand eine Diskussion zu diesem Buch statt.

BECKER brachte sinngemäß vor seinem Zuhörerkreis zu Beginn der Veranstaltung zum Ausdruck: „Sie hatten Stefan HEYM erwartet, nun, ich bin, wie sie sehen, nicht Stefan HEYM, aber vielleicht geht es Ihnen wie Kolumbus, der nach Indien wollte und Amerika entdeckte“.

Zu dem genannten Manuskript äußerte er, daß es sich um ein freudiges Buch handele, aber die Umstände des Entstehens nicht so freudig waren, was sich im Buch widerspiegele. Wörtlich brachte er zum Ausdruck: „Sie kennen ja die große Scheiße vom Ende des vergangenen Jahres – Sie sind die erste Öffentlichkeit, der ich einen Ausschnitt aus meinem Buch vorstelle.“

Der Inhalt des Manuskriptes stellt einen 36-jährigen Lehrer dar, welcher in einem inneren Monolog seine menschliche Situation reflektiert. Er unternimmt den Versuch, aus dem System von Verdrängungskomplexen auszubrechen, sich gegen die dauernde Anpassung, die Zwänge von Gesetzen, die dogmatisch vorgegebenen Denk- und Verhaltensweisen zu wehren. Ihm bleibt kein Raum als Lehrer, als Mensch zu wirken. Auf die Schüler trifft dasselbe zu. Sie werden durch die Stoffülle erschlagen, überfordert. Es ist alles vorgegeben und damit bleibt kein Platz für das wich-

tigste im Menschen – den Zweifel an allem Bestehenden. Der Lehrer stellt die Überlegung an, sich zu wehren, bei der Schulbehörde zu protestieren. Er weiß jedoch, daß das mit einer Disziplinarmaßnahme endet. Deshalb gibt er den Beruf auf und wird Bäcker.
Nach der Lesung bekam BECKER starken Beifall.
In der anschließenden Diskussion wurden folgende Fragen behandelt.

Frage: Wird man das Buch haben können?
Antwort: Das liegt beim Verlag und bei denen, die entscheiden, was die Menschen in der DDR lesen dürfen. Warten wir ab.

Frage: Was sagen Sie zur DDR-Literatur?
Antwort: Opportunismus, Langeweile, außer einigen Ausnahmen wie z.B. Christa WOLF, nichts was dem Wollen und Denken der Menschen entgegenkommt. Wir können nur hoffen ...

Frage: Zu Ihrem letzten Buch „Irreführung der Behörden“ – ein Urteil.
Antwort: Zu diesem Buch habe ich heute bereits eine große Distanz. Ich habe hier meine ehrliche Meinung gesagt, mich zurückgehalten, bin nicht zum Kern vorgestoßen. Ein Schriftsteller muß die Wahrheit sagen, er kann dann nur hoffen, daß er einen großen Leserkreis findet. Es gibt Schriftsteller, die schreiben mit doppeltem Boden, mit Raffinesse und Schläue, um das sagen zu können, was sie wollen – und die merken das nicht einmal. Das sind keine wahren Schriftsteller. Ich kann das nicht mehr und will das nicht mehr.

Frage: Haben Sie die Hoffnung, daß sich in der DDR-Literatur was ändern wird?
Antwort: Mir liegt das sehr am Herzen. Hier lebe ich, hier möchte ich was verändert wissen. Wenn Sie die Rezensionen in den Zeitungen lesen, wissen Sie genau, welche Literatur gefördert wird.

Die Fragesteller konnten nicht identifiziert werden.

Zum Abschluß der Diskussion brachte BECKER gegenüber den Zuhörern zum Ausdruck, daß es darauf ankomme, Grenzen zu überwinden, Grenzen, die vielmehr im Innern des Landes liegen als im Äußeren.

Die zur Veranstaltung anwesende Quelle schätzte den Gesamteindruck des Auftretens von BECKER wie folgt ein:

„BECKER machte zwar die Bemerkung, daß er die Möglichkeit, in der Kirche zu predigen, nicht

mißbrauchen wolle, predigte jedoch den Zuhörern sowohl in der Lesung als auch in der Diskussion, seine mit Beifall aufgenommene Konzeption, daß allein der Schriftsteller in der Lage ist, die wahren Zusammenhänge in unserer Gesellschaft wahrheitsgemäß aufzudecken – alle anderen, besonders die, die das große Sagen haben, sind in ihren Dogmen und Gesetzen gefangen.
BECKER brachte zum Ausdruck, daß er in einer widerlichen Atmosphäre lebe, die dem Dichter physisches Unbehagen bereite und starke Gegenwehr provoziere."

Zum Schluß der Veranstaltung kündigte BECKER eine geplante Lesung Stefan HEYMS für den 7. 7. 1977 in der gleichen Kirche an, wo er aus einem seiner unveröffentlichten Manuskripte zu lesen beabsichtige. (...)

Information des Ministeriums für Staatssicherheit der DDR (MfS). Kopie aus den Unterlagen des BStU. Typoskript, 4 Bl.

Stefan Heym und Jurek Becker in den 70er Jahren.

Schlaflose Tage

den 8. November 1976

An das
Präsidium des Schriftstellerverbandes der Deutschen Demokratischen Republik
108 Berlin, Friedrichstraße 169

Sehr geehrte Genossen,

mit Bestürzung habe ich die Nachricht vernommen, das Präsidium des Schriftstellerverbandes habe den Ausschluß von Reiner Kunze aus dem Schriftstellerverband der DDR bestätigt. Da Kunze keine Rassen- oder Kriegshetze betrieben und keine Gewalt verherrlicht hat, da sich in seinen Werken keine faschistische Propaganda findet, halte ich diesen Ausschluß für willkürlich und protestiere entschieden dagegen. Auch wenn viele von Reiner Kunzes Publikationen und Überzeugungen dem Präsidium bedenklich oder gar verurteilenswert erscheinen mögen, so stellen sie doch keine Rechtfertigung für eine so grobe Repressalie dar.

Ich will nicht verhehlen, daß dieser Ausschluß interpretierbar ist als ein Versuch der Einschüchterung derjenigen Schriftsteller, die in wesentlichen Fragen anders denken als die Mitglieder des Präsidiums des Schriftstellerverbandes der DDR. Ich schreibe diesen Brief also nicht so sehr um Reiner Kunzes willen wie vielmehr in eigener Sache. Für meine Begriffe gibt es nur eine Möglichkeit, diesen fatalen Eindruck (der, wie ich mit Sicherheit weiß, nicht nur mein persönlicher ist) zu beseitigen: den Ausschluß Reiner Kunzes zu revidieren.

Jurek Becker

Schreiben von Jurek Becker an das Präsidium des Schriftstellerverbandes der DDR.
Typoskript, 1 Bl.

Wolf Biermann war und ist ein unbequemer Dichter – das hat er mit vielen Dichtern der Vergangenheit gemein. Unser sozialistischer Staat, eingedenk des Wortes aus Marxens „18. Brumaire", demzufolge die proletarische Revolution sich unablässig selber kritisiert, müßte im Gegensatz zu anachronistischen Gesellschaftsformen eine solche Unbequemlichkeit gelassen nachdenkend ertragen können.

Wir identifizieren uns nicht mit jedem Wort und jeder Handlung Biermanns und distanzieren uns von Versuchen, die Vorgänge um Biermann gegen die DDR zu mißbrauchen. Biermann selbst hat nie, auch nicht in Köln, Zweifel darüber gelassen, für welchen der beiden deutschen Staaten er bei aller Kritik eintritt.

Wir protestieren gegen seine Ausbürgerung und bitten darum, die beschlossenen Maßnahmen zu überdenken.

17. November 1976

Sarah Kirsch, Christa Wolf, Volker Braun, Fritz Cremer, Franz Fühmann, Stephan Hermlin,
Stefan Heym, Günter Kunert, Heiner Müller, Rolf Schneider, Gerhard Wolf, Jurek Becker,
Erich Arendt

Protest-Schreiben gegen die Ausbürgerung von Wolf Biermann.
Typoskript, 1 Bl.

Stellungnahme vor der Parteiversammlung des Schriftstellerverbandes am 7. Dezember 1976

Von der Beantwortung einiger weniger – wie auch ich erkenne grundsätzlicher – Fragen wird meine weitere Mitgliedschaft in der Partei abhängig gemacht.

Ob ich bereit bin, im Nachhinein die bekannte Entschließung unserer Grundorganisation zu akzeptieren? Ich bin nicht bereit dazu. Ich kann keine Resolution unterschreiben, in der die Aberkennung der Staatsbürgerschaft der DDR für Wolf Biermann begrüßt oder gutgeheißen wird. Die Ablehnung dieses Regierungsbeschlusses war es ja, die mich den bewußten Brief der Schriftsteller und des Bildhauers Cremer mitunterzeichnen ließ, und nichts hat sich bisher zugetragen, was diese meine Ablehnung geschwächt hätte.

Ob ich es inzwischen als falsch erkenne, die Medien des Klassenfeinds für die Publikation unseres Briefes benutzt zu haben? Nein, ich will dies nicht für einen Fehler halten. Wenn die Alternative gelautet hätte: Hier veröffentlichen oder dort veröffentlichen? – so wäre mir der Gang zu einer westlichen Presseagentur absurd vorgekommen. Die Frage hieß aber: Die Meinungsverschiedenheit veröffentlichen oder intern behandeln? Meine Erfahrung lehrt mich, daß „intern behandeln" bei uns gewöhnlich ein Gleichwort für „unter den Teppich kehren" ist; daher verteidige ich den Schritt an die Öffentlichkeit. Und die ist nach meiner festen Überzeugung unteilbar, die Öffentlichkeit ist letzten Endes immer die Weltöffentlichkeit.

Für eine interne Behandlung war es ohnehin zu spät, das „Neue Deutschland" hatte bereits den Ausbürgerungsbeschluß neben einem Artikel veröffentlicht, der auf empörende und, wie ich finde, äußerst parteischädigende Weise diese Ausbürgerung begründete. Die interne Behandlung hätte darin bestehen können, daß v o r einem solch gravierenden Beschluß Konsultationen zwischen Genossen der Parteiführung und Genossen und Kollegen, deren Protest gegen einen solchen Beschluß vorhersehbar war, stattgefunden hätten. Daß es nicht dazu kam, daß statt dessen das Funktionieren der Parteidisziplin als wieder einmal selbstverständlich vorausgesetzt wurde, das halte ich für die eigentliche Ursache unserer heutigen Situation.

Ich will nicht verhehlen: Als ich von dem Ausbürgerungsbeschluß hörte, legte ich größten Wert darauf, daß die Öffentlichkeit erfährt, wie ich darüber denke. Ich wollte unter keinen Umständen für jemand gehalten werden, der damit einverstanden ist. Wie aber können Menschen, die ich nicht kenne, die mich aber durch meine Arbeit kennen und auf deren Urteil ich Wert lege, von meiner Ansicht erfahren, als dadurch, daß ich sie publik mache?

Der unbedingte Wunsch, Meinungen und Überzeugungen an die Öffentlichkeit zu tragen, hat mich Schriftsteller werden lassen, und ich kann mich nicht entschließen, darauf zu verzichten.

Jurek Becker

Stellungnahme vor der Parteiversammlung des Schriftstellerverbandes der DDR.
Typoskript, 1 Bl.

Jurek Becker Mitte der 70er Jahre.

4. April 1977

An den
Schriftstellerverband der
Deutschen Demokratischen Republik

Seit ich mit fünf anderen Kollegen aus dem Berliner Bezirksvorstand des Schriftstellerverbandes ausgeschlossen worden bin, sind fast vier Monate vergangen. Das ist keine sehr lange Zeit, aber doch Zeit genug, Positionen zu überprüfen, Beschlüsse zu bedenken oder von Emotionen abzulassen.

Am 31. März ist ein neuer Bezirksvorstand gewählt worden. Ich hatte die Hoffnung – wenn auch, wie ich zugeben muß, eine nicht allzu große – daß die Vollversammlung den einen oder anderen der sechs Ausschlüsse rückgängig machen, zumindest kritisieren würde. Das ist nicht nur nicht geschehen, sondern es hat sich gezeigt, daß die große Mehrheit der Anwesenden bereit war, zu den Vorgängen des vorigen Jahres einfach zu schweigen. Es scheint, so fürchte ich, gelungen zu sein, eine Atmosphäre der Apathie zu erzeugen, in der diejenigen Kollegen, die es hin und wieder wagen, freimütig ihre kritische Meinung zu äußern, als Abweichler oder gar als Provokateure abgestempelt sind. Das ist ein schlimmer Zustand.

Durch den neugewählten Vorstand fühle ich mich nicht repräsentiert, noch glaube ich ernstlich, daß er meine Interessen vertritt. Ich sehe daher keinen vernünftigen Grund, länger in einem Verband Mitglied zu sein, der sich fast einmütig einen solchen Vorstand wählt, und erkläre hiermit meinen Austritt.

Schreiben von Jurek Becker an den Schriftstellerverband der DDR.
Durchschlag ohne Unterschrift, 1 Bl.

Bezirksverwaltung Berlin
Abteilung XX/7

Berlin, den 15. Juli 1977
Pa.

Z w i s c h e n b e r i c h t

Ergebnisse der Bearbeitung des OV „Lügner“ auf der Grundlage des Operativplanes vom 6. Juni 1977

Durch die eingeleiteten politisch-operativen Maßnahmen wurden folgende strafrechtlich und operativ relevante Handlungen, Aktivitäten sowie Hinweise zur politisch feindlichen Einstellung des B e c k e r , Jurek erarbeitet:

1. Zur literarischen Tätigkeit von B e c k e r wurde bekannt, daß er das Manuskript eines neuen Romans mit dem Titel „Leben in der Luft“ am 13. Juni 1977 dem Hinstorff-Verlag, Rostock, angeboten hat mit den Bedingungen, daß dieser Roman spätestens im 2. Quartal 1978 in einer Auflagehöhe von 50-60 000 Stück in der DDR erscheint. Bei Ablehnung seiner Forderungen würde dieser Roman vom Suhrkamp-Verlag, BRD, im Herbst 1977 herausgebracht werden.

Wie aus Äußerungen des B e c k e r hervorgeht, ist er sich darüber im klaren, daß sein Roman auf Grund des politisch-ideologischen Inhalts nicht in der DDR erscheinen wird. Offensichtlich will er durch nicht realisierbare Forderungen eine Ablehnung durch den Hinstorff-Verlag provozieren, um eine politische Argumentation und Begründung für die Herausgabe seines Romans in der BRD zu erreichen.

Laut vorliegenden Gutachten werden von der feindlichen Position des sog. „menschlichen Sozialismus“ Angriffe gegen das sozialistische Gesellschaftssystem, insbesondere gegen die sozialistische Bildungs- und Erziehungspolitik, geführt, verbunden mit der Diskriminierung, daß sich die Entwicklung der sozialistischen Gesellschaft in der DDR unter unmenschlichen Bedingungen vollzieht, der Mensch gegen die Unterdrückung machtlos ist und als Persönlichkeit gebrochen wird.

Am 20.7.1977 werden leitende Mitarbeiter des Hinstorff-Verlages mit Becker Verhandlungen über das von ihm eingereichte Manuskript durchführen. Nach der mit dem Ministerium für Kultur abgestimmten Konzeption besteht die Zielstellung darin, einer Veröffentlichung seines Romans in der DDR nur zuzustimmen, wenn B e c k e r die derzeitige Fassung literarisch überarbeitet, politisch negative Aussagen verändert und eine Auflagenhöhe von 10-15 000 Exemplaren akzeptiert.

2. Am 16. Juni 1977 fand in der Kirche der Evangelischen Gemeinde in Berlin-Bohnsdorf eine Lesung des B e c k e r aus seinem Manuskript „Leben in der Luft“ statt. An diesem Tage war eine Lesung mit Stefan H e y m geplant. H e y m hatte kurzfristig abgesagt und dem Pfarrer S c h u l z e der Kirchengemeinde eine Lesung mit B e c k e r empfohlen.

Anwesend waren ca. 180 Personen, überwiegend Intellektuelle. In der fast $1^1/2$ stündigen Diskussion sprachen 15 Teilnehmer bzw. stellten an B e c k e r Fragen.

B e c k e r erklärte u.a., daß er die gesellschaftskritische Form seines Buches gewählt habe, weil es seinem inneren Bedürfnis und seiner Meinung entspricht, um die „opportunistischen Verhaltensweisen“ eines großen Teils der Schriftsteller zu bekämpfen. Die Erziehung der Menschen nach den Bedürfnissen zu mehr Selbständigkeit und innerer Freiheit, der Meinungsäußerung und selbständigen Handlungsfähigkeit zu individuellen Lebensgewohnheiten soll gefördert werden. Er verachte, daß alle nach einer vorgefaßten Meinung und Forderung einer übergeordneten Behörde erzogen werden und danach handeln, ohne eigenen Spielraum zu besitzen. Er verurteilte immer wieder den Schriftstellerverband und die Verlage, die bestimmen, was geschrieben wird. Er ist bestrebt, mit allen Mitteln zu kämpfen, um das Buch zur Veröffentlichung zu bringen. Wenn das Buch nicht in der DDR gedruckt werden sollte, würde es im Suhrkamp-Verlag erscheinen.

B e c k e r äußerte, daß er mit dem Buch erreichen will, daß die Menschen munter werden und sich nicht wie der Lehrer in seinem Roman bis zum 36. Lebensjahr treiben lassen, sondern Wege suchen, Entscheidungen treffen und sich aktiv einsetzen, daß sie sich nicht mit dem Zustand der „Mauer“ zufrieden geben. Er wolle mit dem Roman nicht das Gesellschaftssystem verändern, sondern die Auswirkungen auf die Menschen, die ohne individuelle Betätigung nach eigenem Ermessen sich nicht zu Persönlichkeiten entwickeln können, sondern sinngemäß Puppen sind.

Aus IM-Berichten geht hervor, daß B e c k e r mit der in der Lesung und seinen Ausführungen zum Ausdruck gekommenen feindlichen Position große Resonanz bei den meisten Teilnehmern fand, die sich in wiederholten Zustimmungen sowie in Bewunderung und Anerkennung widerspiegelte.

3. Im Bekanntenkreis des B e c k e r wurde des öfteren die Vermutung geäußert, daß er der nächste nach seinem Freund K r u g sein werde, der die DDR verließe, wenn sein neuer Roman nicht in der DDR veröffentlicht werden sollte. (...)

Pahl, Hptm.

Zwischenbericht des MfS. Operativer Vorgang „Lügner“. Kopie aus den Unterlagen des BStU. Typoskript, 2 von 4 Bl.

Hauptabteilung XX/7 Berlin, den 21.7.1977
Br/Wei

V e r m e r k

Am 20.7.1977 fand ein Gespräch von Vertretern des Hinstorff-Verlages Rostock mit dem Schriftsteller Jurek Becker über Möglichkeiten der Veröffentlichung seines letzten Buches „Leben in der Luft“ statt.

Das Gespräch wurde nach vorheriger Vereinbarung durch den Außenlektor des Verlages Drommer und einen weiteren Verlagsmitarbeiter mit Becker durchgeführt.

Jurek Becker wurde mitgeteilt, daß eine Veröffentlichung seines Romans nur dann möglich wäre, wenn inhaltliche Veränderungen seines Manuskripts vorgenommen würden. Becker zeigte sich bereit, über Veränderungen mit dem Verlag zu verhandeln. Er zeigte sich jedoch nicht interessiert, zum gegenwärtigen Zeitpunkt Änderungsvorschläge konkret zu erörtern. Das Gespräch endete mit der Vereinbarung, daß sich Jurek Becker Anfang August 1977 nach vorheriger Vereinbarung zum Hinstorff-Verlag nach Rostock begibt, um dann über Veränderungen und weitere Termine für die Zusammenarbeit mit einem Lektor zu beraten.

Mitarbeiter der HV Verlage haben an dem Gespräch nicht teilgenommen.

Brosche
Oberstleutnant

Vermerk des MfS. Kopie aus den Unterlagen des BStU. Typoskript, 1 Bl.

11 14. 8. 1977

Lieber Jurek Becker!

Wie froh ich bin zu hören, daß Sie mit den Hinstorff-Freunden bestimmte politische Veränderungen in Ihrem Manuskript verabredet haben,
so unfroh macht es mich zu glauben, Sie hielten „Leben in der Luft" für Ihre literarisch beste Arbeit.

Ein kluger Mensch hat vor jetzt wohl schon anderthalb Jahrzehnten einen Satz gesagt, der mir heute nicht weniger richtig erscheint als damals: „Doch eine Arbeit, die einer unkontrolliert als fertig ausgibt in der Meinung, ein wichtiges oder interessantes Thema sei an und für sich genug, kann damit schaden, wie eine Nachlässigkeit in einem Betrieb schaden kann."

Bitte lassen Sie uns zu Beginn der Zeit, für die Sie sich die Überarbeitung des Manuskripts vorgenommen haben, ein paar Stunden darauf verwenden, über einige Gesichtspunkte zu sprechen,

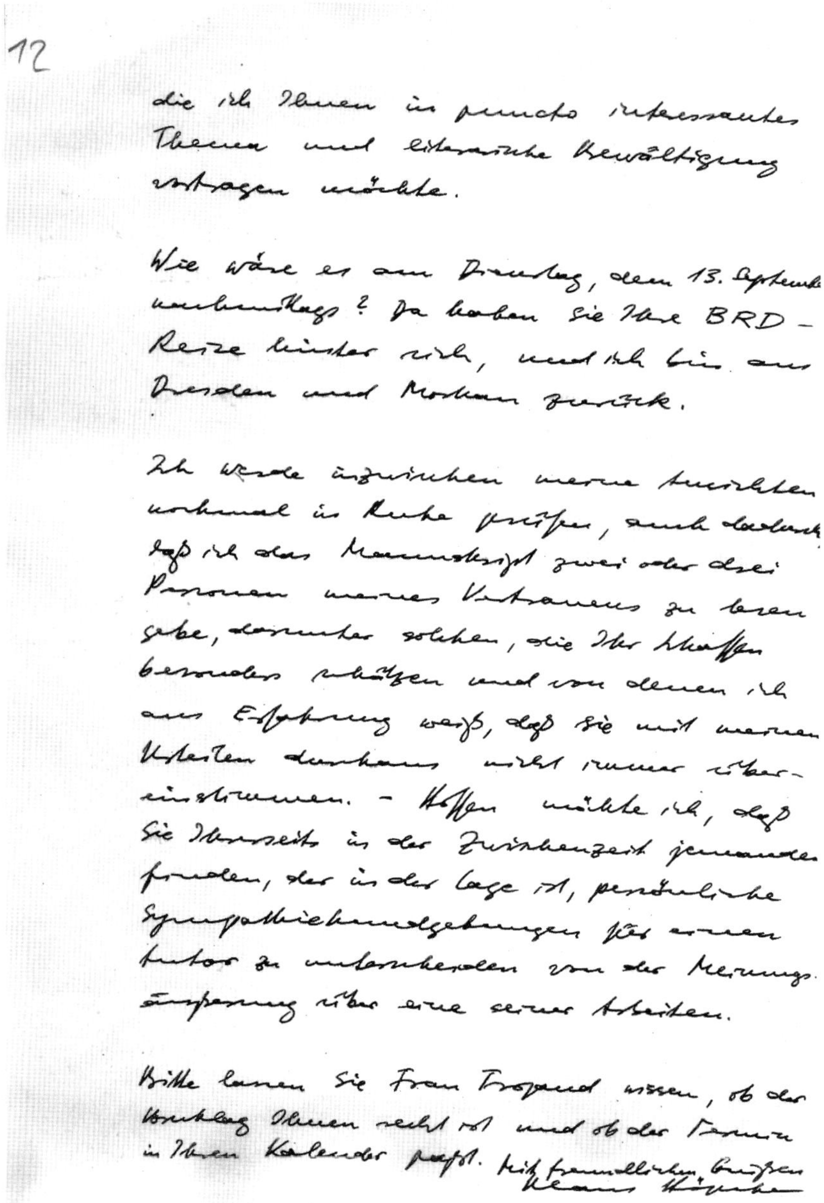

12

die ich Ihnen in puncto interessantes Thema und literarische Bewältigung vortragen möchte.

Wie wäre es am Dienstag, dem 13. September nachmittags? Da haben Sie Ihre BRD-Reise hinter sich, und ich bin aus Dresden und Moskau zurück.

Ich werde inzwischen meine Ansichten nochmal in Ruhe prüfen, auch dadurch daß ich das Manuskript zwei oder drei Personen meines Vertrauens zu lesen gebe, darunter solchen, die Ihr Schaffen besonders schätzen und von denen ich aus Erfahrung weiß, daß sie mit meinen Urteilen durchaus nicht immer übereinstimmen. – Hoffen möchte ich, daß Sie Ihrerseits in der Zwischenzeit jemanden fanden, der in der Lage ist, persönliche Sympathiekundgebungen für einen Autor zu unterscheiden von der Meinungsäußerung über eine seiner Arbeiten.

Bitte lassen Sie Frau Trojand wissen, ob der Vorschlag Ihnen recht ist und ob der Termin in Ihren Kalender paßt. Mit freundlichen Grüßen
Klaus Höpcke

Handschriftlicher Brief von Klaus Höpcke an Jurek Becker, 1 Bl., 2 S.

MINISTERRAT DER DEUTSCHEN DEMOKRATISCHEN REPUBLIK
MINISTERIUM FÜR KULTUR
STELLVERTRETER DES MINISTERS

108 BERLIN 13.9.1977
Clara-Zetkin-Straße 90

Herrn
Jurek B e c k e r

1034 B e r l i n
Dirschauer Straße 12

Lieber Jurek Becker!

Wie verabredet, treffen wir uns heute.
Wegen Ihres Verhaltens während Ihrer Reise in die BRD frage ich mich allerdings, welchen Sinn ein Gespräch über Ihr neues Manuskript eigentlich noch haben kann. Denn was soll ich vom Gedankenaustausch mit einem Menschen erwarten, der zu seinem Wort nicht steht? Mir erläuterten Sie in unserem Gespräch anläßlich Ihres „Spiegel"-Interviews Anfang August, den dort konzentriert anzutreffenden Einwänden gegen unsere Politik stünden viele Punkte gegenüber, in denen Sie mit uns eines Sinnes seien. Kaum aber auf BRD-Boden angekommen, versteigen Sie sich zu der im Interview mit der „Frankfurter Rundschau" Anfang September publizierten lächerlichen, zugleich ungeheuerlichen Behauptung, mit Ausnahme der Tatsache, daß die DDR von der Kapitalistenklasse und deren Herrschaft frei ist, sei Sozialistisches hier nicht anzutreffen, höchstens als „Skizze". Nun, gegen diese und andere bösartige Ausfälle, die Sie sich erlaubt haben, werde ich mich Ihnen gegenüber mit aller Entschiedenheit verwahren, wobei Sie diese Entschiedenheit nicht bloß als Ausdruck persönlicher Enttäuschung und Verärgerung über einen Wortbrüchigen deuten, sondern zugleich als Forderung auffassen sollten, die ich in meiner offiziellen staatlichen Funktion mit allem Nachdruck an Sie stelle: die Forderung, das verleumderische Treiben gegen unsere Gesellschaftsordnung und ihre Organe einzustellen. Ich wiederhole, was ich in unserer Zusammenkunft anläßlich des „Spiegel"-Interviews gesagt habe: Hören Sie auf zu glauben, Sie

verhielten sich mit Ihren Angriffen auf die DDR „untaktisch". In Wirklichkeit hat Ihr Verhalten deutlichen taktischen Bezug. Es ist an-, ja eingepaßt der von der Carter-Administration ausgehenden verschärften psychologischen Kriegführung gegen den Sozialismus und bedient bzw. reproduziert die in den bürgerlichen Publikationsorganen gängigen Schemata antisozialistischer Begriffsverwirrung.
Ausführlicher mündlich.

Was Ihr Manuskript betrifft: Wenn ich meine v o r Ihrem „FR"-Interview zu Papier gebrachten Überlegungen n a c h dem Interview habe abschreiben lassen, so geschah das mit einem tiefen Zweifel, der Frage nämlich, ob die mir von Ihnen gegebene Versicherung, Sie seien bereit zuzuhören, wenn es kritische Bemerkungen zu Ihrer Arbeit gibt, sich als genau so unhaltbar erweist wie das, was Sie mir zu Ihrer Haltung gegenüber unserem Staat erläutert hatten. Ohne diesen Zweifel ausgeräumt zu wissen, übergebe ich Ihnen dennoch meine Überlegungen und füge unkommentiert Bemerkungen hinzu, die ich von zwei außerhalb der literarischen Sphäre tätigen Kollegen erhielt, die ich gebeten hatte, Ihr Manuskript zu lesen. Der eine davon wußte, daß es sich um eine Arbeit von Becker handelt; der andere las das Manuskript ohne Deckblatt, hatte also keine Ahnung, wer der Autor ist.

In der noch nicht begrabenen – durch Sie allerdings geschwächten – Hoffnung, Sie könnten doch bereit sein, im Interesse Ihres Rufs als eines Literaturschaffenden literarisch weiter zu a r b e i t e n sage ich Ihnen einerseits Rat zu, sofern er gewünscht und gebraucht wird, und versichere Ihnen andererseits genau so unmißverständlich, daß ich mich bei der Beurteilung einer literarischen Arbeit und der Möglichkeiten ihres Erscheinens oder Nichterscheinens von Andeutungen verlags-, kultur- oder überhaupt politischen Drucks aus dem Westen nicht beeindrucken lasse.

Mit freundlichen Grüßen: Klaus Höpcke

3 Anlagen

Schreiben des Stellvertretenden Ministers für Kultur der DDR Klaus Höpcke an Jurek Becker. Typoskript, 2 Bl.

Ministerium für Kultur der DDR
Stellvertreter des Ministers
Herrn Klaus Höpcke

Berlin, 19.9.1977

Sehr geehrter Herr Höpcke,

seit ich nach unserem Gespräch am 13. September wieder in meinem Zimmer bin, beschäftigt mich eine Frage: wie es kommt, daß mir ein Brief überreicht wird, obwohl der Absender doch weiß, daß ich ihm zehn Minuten später gegenübersitzen werde, und daß er mir dann alles, was in dem Brief geschrieben steht, selbst sagen kann. Die einzige Erklärung, die ich sehe, läßt es mir geboten scheinen, mich ebenfalls schriftlich in dieser Angelegenheit zu äußern.

In Ihrem Schreiben nennen Sie mich einen Wortbrüchigen. Abgesehen davon, daß mich ein so grober Name gewiß nicht freut, versuche ich vergeblich zu ergründen, welches denn das Wort war, das ich Ihnen gegeben habe, und ich kann und kann es nicht finden. Daß ich Ihnen an der Ostsee dem Sinne nach sagte, neben den im „Spiegel" von mir formulierten Meinungsverschiedenheiten gäbe es selbstverständlich viele Punkte, in denen ich mich diesem Staat sehr verbunden fühle – das können Sie doch nicht allen Ernstes als ein Versprechen aufgefaßt haben, mich niemals wieder zu den anderen Punkten zu äußern?

Ich kann gut verstehen, daß Sie mit meinen in der „Frankfurter Rundschau" dargelegten Ansichten nicht einverstanden sind; da Sie die Kulturpolitik unseres Staates mit zu tragen und zu vertreten haben, ich sie aber in manchen Punkten für verfehlt halte, ist ja eben diese Differenz der Standpunkte ein Gegenstand meiner Äußerungen gewesen. Ich bitte Sie aber, nicht den Anschein zu erwecken, als hätte ich mich Ihnen gegenüber zu irgendeiner Art von Stillschweigen verpflichtet und dann mein Wort gebrochen. Im Gegenteil bin ich der Ansicht, daß Meinungsverschiedenheiten unbedingt öffentlich ausgetragen werden müssen, auch und gerade in einem Staat wie dem unseren. Ich gebe Ihnen recht, wenn Sie mir entgegenhalten, westliche Zeitungen gehörten schließlich nicht zu unserer Öffentlichkeit; doch solange es in dieser Öffentlichkeit absolut keine Möglichkeit gibt, Ansichten wie die meinen zu artikulieren, erscheint mir eine solche – wie auch ich zugebe – bedenkliche Methode besser zu sein als die, ganz und gar zu verstummen.

Ich möchte Ihnen nicht verschweigen, daß ich den Ton Ihres Briefes und einige Formulierungen darin für bedrohlich halte. Ihre Behauptung, ich hätte mich mit meinem „verleumderischen Treiben gegen unsere Gesellschaftsordnung und ihre Organe" der „von der Carter-Administration ausgehenden verschärften psychologischen Kriegführung gegen den Sozialismus an-, ja eingepaßt" – eine solche Behauptung ist nicht weit entfernt von dem Vorwurf, ich sei ein Agent. Ich verfüge über genug Phantasie, mir vorzustellen, welche Konsequenzen ein solcher Vorwurf nach sich ziehen könnte, zumal die jüngsten Monate ja nicht eben arm an Demonstrationen in dieser Hinsicht waren. Gleichzeitig will ich Ihnen aber versichern, daß ich Drohungen für ein ungeeignetes Mittel halte, um Meinungsverschiedenheiten aus der Welt zu schaffen.

Während unseres Gesprächs am 13. September, das der Übergabe Ihres Briefes folgte, sagte ich Ihnen, ich wollte mich nach dem „Frankfurter Rundschau"-Interview bis auf weiteres nicht mehr in westlichen Massenmedien äußern. Diese Zusage möchte ich hiermit zurücknehmen. Nicht etwa deswegen, weil ich ein neues Interview verabredet hätte oder eins zu geben beabsichtigte, sondern weil es mir, nachdem ich die Angelegenheit gründlich durchdacht habe, unangenehm ist, in einem solchen Wort zu stehen. Es ist mir um so unangenehmer, da ich erleben mußte, wie Sie mich auch dann als wortbrüchig bezeichnet haben, als es überhaupt kein Versprechen gab.

Ich hoffe sehr, daß Sie, auch wenn Sie meine Ansichten nicht teilen, Verständnis für die Überlegungen aufbringen, die zu diesem Brief geführt haben.

Mit besten Grüßen
Jurek Becker

Schreiben Jurek Beckers an den Stellvertretenden Minister für Kultur der DDR Klaus Höpcke. Typoskript, 2 Bl.

Ministerrat der Deutschen Demokratischen Republik
Ministerium für Kultur
Stellvertreter des Ministers

108 Berlin
Clara-Zetkin-Straße 90
26.9.1977

Herrn
Jurek B e c k e r

1034 B e r l i n
Dirschauer Str. 12

Lieber Jurek Becker!

Ihr Brief vom vorigen Montag hat mich heute erreicht, und ich beeile mich, ihn zu beantworten, damit Sie nicht länger vergeblich zu ergründen versuchen müssen, „welches denn das Wort war", das Sie mir gegeben haben.

Ich meine, Sie hätten es sehr wohl selbst finden können. Denn das Wort, den im „Spiegel"-Interview konzentriert anzutreffenden Einwänden gegen unsere Politik stünden viele Punkte gegenüber, in denen Sie mit uns eines Sinnes seien (oder, wie Sie es in Ihrem Brief ausdrücken: in denen Sie sich diesem Staat sehr verbunden fühlen), – das dürfte doch auch Ihnen als ein Wort im Sinne des Ausdrucks für einen Standpunkt erkennbar sein. Als Versprechen, sich „niemals wieder zu den anderen Punkten zu äußern", konnte ich das nicht auffassen, habe ich es nicht aufgefaßt und fasse ich es auch jetzt nicht auf. Daß Sie allerdings mit den groben Worten, die Sie im Interview mit der „Frankfurter Rundschau" wählten, um die Situation in unserer Republik zu umschreiben („Skizze", „Unordnung", „Kriegskommunismus"), nicht mehr zu Ihrem oben zitierten Wort standen – meinen Sie allen Ernstes, daß dies zu merken so unendlich schwierig sei („kann und kann es nicht finden")?

Um Stillschweigen oder Nichtstillschweigen ging und geht es überhaupt nicht, sondern um die den wirklichen Verhältnissen widersprechende Substanz Ihrer Äußerungen. Darauf wiederum gehen Sie in Ihrem Brief nicht ein. Warum eigentlich nicht?

In bezug auf den Ton meines Schreibens vom 13. September waren Sie seiner Ursache in unserem Gespräch am gleichen Tag näher als jetzt in Ihrem Brief. Meine Antwort vorwegnehmend, sagten Sie etwas in dem Sinne: „Sie werden mir sagen, dann geben Sie nicht solche Interviews." So ist es.

Was aber die Beziehung Ihrer Äußerungen zu den gegen die sozialistischen Länder gerichteten Ambitionen der Carter-Administration betrifft, so muß ich darauf bestehen, daß Sie das, was ich Ihnen dazu gesagt, geschrieben und wieder gesagt habe, nicht auch noch entstellen. Ich machte Sie darauf aufmerksam und will nicht müde werden, Sie darauf aufmerksam zu machen, daß Ihre Bemerkung, Sie wollten sich künftig „untaktisch" verhalten, von Denken in Illusionen zeugt. Geändert habe sich, sagte und sage ich, der taktische Bezugspunkt. Vergleichen Sie doch einmal bitte selbst Ihre Äußerungen mit denen kapitalistischer Publikationsorgane. Nach wie vor der Kraft von Beweisen vertrauend, könnte ich mir vorstellen, daß Sie bei derartiger Lektüre auch ohne fremde Hilfe bemerken würden, wie Sie nicht selten die in den erwähnten Organen gängigen Schemata und Klischees antisozialistischer Begriffsverwirrung bedienen bzw. reproduzieren.

Die von mir in diesem Zusammenhang erhobene Forderung, Sie mögen das verleumderische Treiben gegen unsere Gesellschaftsordnung und ihre Organe einstellen, charakterisieren Sie erneut als „Drohung". Und das, obwohl in unserem Gespräch hinreichend klar wiederholt wurde, daß es sich um das handelt, was gesagt wurde: eine Forderung, und um nichts anderes. Wozu, Jurek Becker, benötigen Sie die Verdrehung?

Um zum Schluß Ihres Briefes zu kommen:
a) Vorweg eine Feinheit: Eine „Zusage" möchte ich Ihr Wort in dieser Sache, das Sie jetzt zurücknehmen, nicht nennen, denn wie Sie sich erinnern werden, habe ich Ihnen nichts Derartiges nahegelegt, sondern Sie sagten von sich aus, Sie versprächen mir ...

b) zur Sache: Ich nehme zur Kenntnis, daß Sie Ihre Versicherung vom 13. September, sich bis auf weiteres nicht mehr in westlichen Massenmedien zu äußern, zurücknehmen, weil es Ihnen unangenehm ist, in einem solchen Wort zu stehen. Nichtsdestoweniger erwarte ich, daß Sie Ausfälle gegen unseren Staat künftig unterlassen.

Daß Sie auf die Arbeit an Ihrem neuen Manuskript und auf die Ihnen übermittelten ausführlichen Überlegungen dazu mit keiner Silbe eingehen, war mir beim Lesen Ihres Briefes heute vormittag vollends unverständlich. Wieder erinnerte ich mich an ein Wort von Ihnen, gesprochen an der Ostsee: Vor allem anderen gehe es Ihnen um Ihre Arbeit als Schriftsteller, um die Literatur, die Sie schreiben. Doch wie mir das Ergebnis Ihres Gesprächs mit Verlagsleiter und Cheflektor des Hinstorff Verlages zeigt, das ich inzwischen erfahren habe, sollte ich mich – oder besser: Sie – fragen, welchen Wert solche Erinnerungen haben. Soll ich sie mir lieber auch aus dem Kopf schlagen?

Ich grüße Sie in tiefer Sorge um einen Schriftsteller, dessen Bücher ich, wie Sie wissen, schätze; in Sorge um einen Mann, den ich fragen möchte: Finden Sie nicht, daß Sie sich dafür zuständig fühlen sollten, zur Überwindung der Kollisionen zwischen Ihnen und unserer Republik auch selbst etwas zu tun? Oder gehören diese Kollisionen zu dem, was Sie neulich Ihr „Psychogramm" genannt haben und dem Sie nun leben wollen (ungeachtet der Tatsache, daß die Äußerungen, denen Sie den Namen „Psychogramm" gaben, Ihre Interviewantworten in der „Frankfurter Rundschau", „gelinde gesagt merkwürdig" anmuten und davon zeugen, daß Sie sehr lebensfremd oder sehr voreingenommen sind, wie Genosse Kurt Hager es vorige Woche ausgedrückt hat)?

Klaus Höpcke

Schreiben Jurek Beckers an den Stellvertretenden Minister für Kultur der DDR Klaus Höpcke. Typoskript, 2 Bl.

Hauptabteilung XX/7 Berlin, den 28.9.1977

V e r m e r k

Buchprojekt Jurek BECKERS beim Hinstorff Verlag Rostock

In Ergänzung seines Berichtes über seine Aussprachen mit dem Schriftsteller Jurek BECKER (vom 13.9.77) übergab der Stellv. Minister für Kultur, Gen. Höpcke, am 28.9.1977 beiliegende Kopien eines weiteren Briefwechsels zwischen Gen. Höpcke und BECKER sowie eines Berichtes der Leitung des Hinstorff Verlages Rostock über ihr Gespräch mit BECKER vom 26.9.77.

Gen. Höpcke erklärte dazu, daß trotz aller Bemühungen seinerseits und seitens der Genossen des Verlages mit BECKER eine Situation entstanden ist, die man zu verhindern beabsichtigte. BECKER lehnt weitere, auch noch so geringe Veränderungen an seinem Manuskript „Schlaflose Tage" (alter Titel „Leben in der Luft") ab und macht dadurch eine Veröffentlichung des Buches in der DDR unmöglich.

Aus den Andeutungen BECKERS bezüglich seines Vertragsabschlusses mit dem Suhrkamp-Verlag Frankfurt/Main vermutet Gen. Höpcke, daß BECKERS neuer Roman vom BRD-Verlag zur diesjährigen Buchmesse in Frankfurt/Main (12.-17.10.77) mit der entsprechenden Propaganda der Öffentlichkeit vorgelegt wird.

Gütling
Hptm.

Vermerk des MfS. Kopie aus den Unterlagen des BStU. Typoskript, 1 Bl.

Ministerium für Kultur der DDR
Stellvertreter des Ministers
Herrn Klaus Höpcke

Berlin, 3.10.1977

Sehr geehrter Herr Höpcke,

Briefen haftet leicht der Geruch von Überflüssigem an, wenn nichts in ihnen enthalten ist, was der Empfänger nicht ohnehin schon weiß oder sich denken kann. Fassen Sie diesen Satz bitte als Selbstkritik auf und nicht nur als Vorhaltung. Also will ich, meiner Erkenntnis folgend, versuchen, Sie nicht mit Bekanntem zu langweilen, sondern nur solche Bemerkungen zu Ihrem Brief vom 26.9. zu machen, die Sie, wenn mein Gedächtnis mich nicht trügt, noch nicht aus meinem Munde kennen.

1. Sie mahnen mich, eine Forderung nicht mit einer Drohung zu verwechseln. Sie fragen: „Wozu, Jurek Becker, benötigen Sie die Verdrehung?" (Eine Frage, die ich auch schon wieder als bedrohlich empfinde, das nur nebenbei.)
Ich überlege: Welchen Sinn hat eine Forderung, zumal eine „mit allem Nachdruck" gestellte, wenn nicht Maßnahmen für den Fall ihrer Nicht-Erfüllung vorgesehen sind? Das ist doch sonst nicht die Art, in der eine Exekutive ihre Forderungen anzumelden pflegt. Wenn hinter einer Forderung absolut nichts anderes steht als der Wunsch, man möge sich nach ihr richten, dann könnte man sie auch eine Bitte nennen. Dann könnte ich zum Beispiel Sie bitten oder von Ihnen fordern, doch eine bessere Kulturpolitik zu machen, mit nicht größerer Aussicht auf Erfolg, als Ihre Forderung an mich haben wird.

2. Sie äußern Unverständnis darüber, daß ich in meinem Brief auf Ihre ausführlichen Überlegungen zu meinem Buchmanuskript nicht eingegangen bin. Für diese Ihre Überlegungen, deren Mühe mich beschämt, danke ich Ihnen aufrichtig. Ich versichere Ihnen, daß ich nicht zu meinem

Gespräch mit den Hinstorff-Leuten gegangen bin, ohne sie genauestens erwogen zu haben. Sie laufen in allen Details auf die Konstatierung verschiedener ideologischer Positionen hinaus, und die streite ich gar nicht ab. Eben diese Unterschiede vorzuweisen, das ist mir an dem Manuskript ja so wichtig.
Was das Gespräch mit Hinstorffs Verlagsleiter und Cheflektor betrifft, dessen Ergebnis Sie, wie ich Ihren Zeilen entnehme, als enttäuschend empfinden: Für mich war es auch enttäuschend, sehr. Es setzte den Schlußpunkt unter eine Arbeit, mit der ich große Hoffnungen verband. In Zukunft werde ich mich nicht mehr an Gesprächen beteiligen, von deren Resultat abhängt, ob ein Buch von mir erscheinen darf oder nicht. Anders formuliert, möchte ein solches Gespräch entscheiden, ob ich Schriftsteller bin oder nicht. Da ich diese Frage für entschieden halte, sehe ich keinen Sinn darin, sie immer wieder zu erörtern.

3. Ein Satz aus Ihrem Brief: „Um Stillschweigen oder Nichtstillschweigen ging und geht es überhaupt nicht, sondern um die den wirklichen Verhältnissen widersprechende Substanz Ihrer Äußerungen ...“
Wie können Sie nur sagen, daß es um Schweigen oder Nichtschweigen nicht geht? Es geht mir so sehr darum, daß ich gerade diese Frage für existentiell halte. Denn ich bin in unserem Land zu Stillschweigen verurteilt, auch wenn es für Sie darum nicht geht, auch wenn Sie diese Einzelheit als nebensächlich empfinden mögen.
Sie schreiben: ... die den wirklichen Verhältnissen widersprechende Substanz meiner Äußerungen ... Gerade das streite ich ab. Ich komme mir wahrheitsliebend vor, und diejenigen, deren Wort ausreicht, mich von öffentlicher Äußerung auszuschließen, scheinen mir die Tatsachen zu verdrehen. Wie könnte ich mich damit abfinden, wenn über meinen Kopf hinweg bestimmt wird, welche Behauptungen als wahr zugelassen sind und welche nicht?

4. Sie zitieren die Charakterisierung, mit der Herr Hager mich in seiner Ansprache vor dem Kongreß des Kulturbundes versieht. Wie Sie sich denken werden, habe ich das Interview für die „Frankfurter Rundschau“ nicht gegeben, um Herrn Hager eine Freude zu bereiten. Die Tatsache, daß er meine Ansichten als lebensfremd oder voreingenommen bezeichnet, kommt für mich also kaum überraschend; denn ich kritisiere eben die Verhältnisse, die er in seinem Referat „eine sozialistische Demokratie, eine Demokratie der Werktätigen, des am Aufbau der neuen sozialistischen Gesellschaft wirkenden, seine Macht ausübenden Volkes“ nennt.
So wie ich Herrn Hager nicht im geringsten das Recht absprechen will, meine Äußerungen zu verurteilen, so muß ich mich über die Folgen solcher Verurteilung beklagen, denn sie sind fatal für mich. Ich bin sicher, daß Herrn Hagers Worte bei der Leitung des Hinstorff Verlages binnen weniger Tage zu einem erstaunlichen Wandel der Ansichten geführt haben. Anders kann ich es mir nicht

erklären, daß Herr Fauth und Herr Simon, nachdem sie mir vor einiger Zeit die Zusage gegeben haben, mein neues Buch im Frühjahr 1978 zu publizieren, denselben Text jetzt „objektiv schädlich" nennen und es nicht mehr verantworten können, ihn zur Erteilung der Druckgenehmigung dem Zensor vorzulegen.
Ich wünschte, eine kritische Äußerung von mir hätte auch nur ein Zehntel solch rasanter Folgen.

Sie grüßen mich am Ende Ihres Briefes in tiefer Sorge. Das ist eine Sorge, die mich berührt, das will ich Ihnen gestehen, von der ich aber fürchte, daß sie ins Leere schlägt. Ob ich mich nicht selbst zuständig fühle, fragen Sie, zur Überwindung der Kollision zwischen mir und unserer Republik auch selbst etwas zu tun. Abgesehen davon, daß mir nicht klar ist, was Sie mit dem Wort „auch" meinen, und abgesehen davon, daß mir die Kontrahenten des Streits nicht richtig bezeichnet zu sein scheinen: die Republik und ich – muß ich Ihre Frage bejahen. Natürlich fühle ich mich dafür zuständig. Aber was soll ich denn anderes tun, als die Wahrheit zu sagen, so laut ich kann, oder, da selbstverständlich auch ich keinen Besitzanspruch auf Wahrheit geltend machen kann, das zu sagen, was ich für Wahrheit halte.

Mit besten Grüßen

Jurek Becker

Schreiben Jurek Beckers an den Stellvertretenden Minister für Kultur der DDR Klaus Höpcke. Typoskript, 3 Bl.

Berlin, den 28. Oktober 1977

I n f o r m a t i o n

Über die Aktivitäten des Schriftstellers Jurek BECKER im Zusammenhang mit seinem Buch-Manuskript „Schlaflose Tage" (ursprünglicher Titel „Leben in der Luft")

Am 13.6.1977 übergab BECKER dem Hinstorff-Verlag Rostock sein Buch unter dem Titel „Leben in der Luft" und forderte ultimativ
- die Begutachtung durch den Verlag innerhalb von vier Wochen und
- eine Erstauflage von 50 000-70 000 Exemplaren.

BECKER erklärte weiter, daß die übergebene Fassung des Manuskriptes sein „letztes Wort" sei und drohte im Falle einer Nichtveröffentlichung mit der Übergabe des Manuskriptes an den Suhrkamp-Verlag/BRD.

Der Leiter des Hinstorff-Verlages lehnte auf der Grundlage gefertigter Gutachten eine Veröffentlichung des Manuskriptes in der von BECKER vorgelegten Fassung ab, weil
- der Autor eine einseitige Darstellung des Verhältnisses von Individuum und sozialistischer Gesellschaft gibt und
- der reale Sozialismus für einen moralisch bewußt lebenden Menschen als unannehmbar dargestellt wird.

Am 20.7.1977 wurde BECKER deshalb in einer Aussprache durch den Leiter des Hinstorff-Verlages, Genossen Fauth, aufgefordert, Änderungen im Manuskript vorzunehmen, was er auch versprach.
In einer erneuten Aussprache am 9.8.1977 im Hinstorff-Verlag versprach BECKER, die Überarbeitung seines Manuskriptes bis Ende September 1977 abzuschließen.

Die daraufhin von BECKER vorgelegte überarbeitete Fassung des Manuskriptes enthielt lediglich eine geringfügige Abschwächung der dargestellten Aussage.

Da sich BECKER in einem Gespräch am 26.9.1977 zu weiteren Veränderungen nicht bereit erklärte, wurde ihm nach vorheriger Abstimmung mit dem Stellvertreter des Ministers für Kultur und Leiter der Hauptverwaltung Verlage und Buchhandel, Genossen Klaus Höpcke, durch den Leiter des Hinstorff-Verlages mitgeteilt, daß unter diesen Voraussetzungen eine Druckgenehmigung nicht erteilt werden kann.

Intern wurde dem MfS bekannt, daß BECKER während seines Aufenthaltes in der BRD vom 20.8.-10.9.1977 gemeinsam mit der Lektorin des Suhrkamp-Verlages/BRD, Elisabeth Borchers, das Manuskript im Hinblick auf eine Veröffentlichung in diesem BRD-Verlag überarbeitet hatte.
Im Ergebnis dieses Zusammenwirkens wurde von BECKER auf Empfehlung der Borchers die Umbenennung des Titels in „Schlaflose Tage" vorgenommen.
Gleichzeitig erfolgte zwischen BECKER und dem Suhrkamp-Verlag der Abschluß eines Vertrages, wonach „Schlaflose Tage" im Suhrkamp-Verlag Anfang 1978 erscheinen soll.

BECKER traf diese Vereinbarung mit dem Suhrkamp-Verlag ohne vorherige Abstimmung mit den zuständigen Organen der DDR, obwohl er bereits am 9.8.1977 ausdrücklich auf diese gesetzliche Pflicht hingewiesen wurde.

Ende August 1977 unterbreitete der Regisseur Frank BEYER dem DEFA-Studio für Spielfilme und dem DDR-Fernsehen gleichzeitig den Vorschlag zur Verfilmung des Manuskriptes „Schlaflose Tage". BEYER ging dabei davon aus, daß dieses als Buch Anfang 1978 im Hinstorff-Verlag erscheinen wird. Die Verfilmung wurde mit der Begründung abgelehnt, daß BECKERs Manuskript „nach seiner Konzeption und Struktur" in die Filmplanung nicht aufgenommen wird.
In einem „offenen Brief" an den Generalsekretär des DEFA-Studio für Spielfilme, Genossen Hans-Dieter Mäde, und in einer Aussprache am 10.10.1977, an der außer Genossen Mäde der Vorsitzende des Staatlichen Komitees für Fernsehen, Genosse Heinz Adameck, und der Genosse Hans Bentzin teilnahmen, beharrte BEYER auf seinem Vorhaben und bezeichnete die Ablehnung als Fehlentscheidung.

Information des MfS. Kopie aus den Unterlagen des BStU. Typoskript, 3 Bl.

S. 125-128: *Anfang des Romans „Schlaflose Tage". Typoskript mit handschriftlichen Korrekturen. (Im Besitz des Suhrkamp Verlags.)*

Wenige Wochen nach seinem sechsunddreißigsten Geburtstag, während einer Unterrichtsstunde, die bis dahin ohne ~~jede~~ Aufregung verlaufen war, spürte Simrock zum erstenmal im Leben sein Herz. Er erschrak heftig und brach einen Satz an ~~einer dafür~~ so ungeeignete~~n~~r Stelle ab, daß viele der Kinder einen Spaß witterten und ihm zu Gefallen lachten. Dabei war der Schmerz nicht groß, eher handelte es sich um einen sanften Druck, um die ~~vorsichtige~~ Andeutung eines Schmerzes, die, ~~wäre~~ hätte er sie an irgendeiner anderen Stelle seines Körpers ~~erfolgt~~ gespürt, kaum ~~Beachtung gefunden hätte~~ beachtet worden wäre. So aber kam Simrock sich vor wie jemand, der aus hellster Gesundheit ins Leiden ~~hinabgestürzt war~~ hinabstürzte, er klammerte sich an seinen Stuhl und wartete ~~auf dramatische Veränderungen.~~ Die Kinder beruhigten sich schnell, auch die weniger guten Beobachter erkannten, daß mit ihrem Lehrer etwas nicht stimmte, nur ein Mädchen hielt unverdrossen den Arm in die Höhe, denn es wollte den abgebrochenen Satz vollenden.

Simrock sagte den Kindern, er fühle sich nicht wohl, sie sollten sich ~~[illegible]~~ nach ihrem eigenen Gutdünken, jedoch leise beschäftigen. Sodann ~~Simrock~~ meldete er sich bei der Sekretärin ab und verließ das Schulgebäude. Einem Kollegen, der ihn auf dem Flur fragte, ob etwas nicht in Ordnung sei, antwortete er, nun schon lächelnd: "Nichts von Bedeutung, nur die Pumpe."

Er ging in ~~einen~~ den nahegelegenen Park und setzte sich auf den Rasen. Zwar ~~war das Betreten des Rasens~~ stand auf mehreren Schildern, [das Betreten des Rasens sei nicht statthaft,] ~~untersagt,~~ doch nahm man in diesem Park, wie er von gelegentlichen Besuchen wußte und auch jetzt wieder sah, das Verbot nicht [sonderlich] ~~sehr~~ ernst. [Der] Rasen war ihm lieber als eine der vielen freien Bänke, vom Rasen konnte man nicht herunterfallen; außerdem konnte er sich unbesorgt auf den Rücken legen, ohne gleich für betrunken oder ~~, von besonders diensteifrigen Polizisten, für~~ obdachlos gehalten zu werden.

Gesundheit, sagte sich Simrock, sei fürs Glück längst nicht so wichtig wie Krankheit für das Unglück, und er war unglücklich. In so jungen Jahren schon, dachte er. Mit Hilfe der Armbanduhr maß er seinen Puls und zählte einundsiebzig Schläge [in der] ~~pro~~ Minute. Dann merkte er, daß er mit dieser Zahl nichts anzufangen wußte; als Kind hatte er sich zum letztenmal den Puls gemessen, einundsiebzig Schläge konnten ebensogut beängstigend sein wie völlig normal. Simrock bedauerte [es, daß seine Gefühle nicht selten in Handlungen mündeten,] ~~seine Neigung zu Handlungen,~~ deren Sinn ihm ~~schon fünf~~ Minuten später [schon] nicht mehr klar war, ~~zu Handlungen von unbestimmten Gefühlen her~~. Er kannte diese Schwäche seit langem und litt ~~auch~~ manchmal [sehr darunter] ~~unter ihr~~, doch im Moment gab es Wichtigeres zu [denken] ~~tun~~, das Herz mußte zu einem Arzt. Aber er mochte sein Leben nicht in die Hände des freundlichen Pfuschers legen, der ihm stets widerspruchslos die Tabletten verschrieb, um die er ihn gerade bat, nicht einmal anhörenswerte Vorschläge traute er dem jungen Mann zu. Simrock wünschte sehr, einen Arzt ~~persönlich~~ [so] zu kennen, wie er den [Inhaber] ~~Besitzer~~ einer Spirituosenhandlung kannte, der ihm ~~häufig~~ besondere Weine unter dem Ladentisch hervorholte, französische oder ungezuckerte badische, die er als gewöhnlicher Kunde nie zu sehen gekriegt hätte. Von einem Arzt unter dem Ladentisch behandelt werden, dachte er, [und die Vorstellung belustigte ihn.] ~~wobei es ihn flüchtig freute, daß er sogar jetzt zu witzeln imstande war; kurz.~~

Er streckte sich aus und hielt eine Hand gegen die Sonne gerichtet, die ihm auch bei geschlossenen Augen zu hell war. Er dachte, es sei ein gutes Zeichen, daß sein Herz sich ruhig verhielt, obwohl er es beobachtete. Als er nach kurzer Zeit die Augen öffnete, blickte er in ein Hundegesicht, ~~das keinen Meter weit von ihm entfernt war~~. Für Sekunden schlug da das Herz vernehmbar heftig, doch ~~das wäre~~ [so hätte], beruhigte er sich sofort, nach solchem Schreck auch [ein] gesunde~~n~~ Herz[s]~~en~~ ~~passiert~~ [reagiert]. Eine schrille Altweiberstimme rief: "Pfui, Trixi!", worauf der Hund losrannte, als sei ihm plötzlich etwas äußerst Wichtiges eingefallen. Simrock hatte noch nie aus so geringer Höhe einen Hund laufen sehen, die Bewegungen kamen ihm komisch vor. Gleich darauf ~~war er über sich selbst verärgert, er sagte sich, in seiner Situation andauernd zu lächeln, als sei nichts geschehen, bedeute, die Sorglosigkeit auf die Spitze zu treiben. Er~~ versuchte [er sich], ~~alle~~ die Personen ~~in Gedanken zusammenzufassen~~ [ins Gedächtnis zu rufen], die seines Wissens ein Herzleiden hatten. ~~Zu diesem Zweck~~ [Leise] sprach er ~~leise~~ die Namen seiner Bekannten [2] und Verwandten [1] vor sich hin, in alphabetischer Reihenfolge; dann kämmte er die Stadt von Norden nach Süden durch, Bezirk für Bezirk, denn er wollte niemanden übergehen. Möglicherweise, hoffte er, ~~würden~~ [ließen] sich da oder dort Ratschläge einholen ~~lassen~~, lebens~~erhaltende~~ [wichtige] Informationen, er als Neuling war auf ~~die~~ Erfahrungen der ~~Etablierten~~ [alteingesessenen Kranken] angewiesen. Vielleicht sogar ließe sich erfragen, in welche Klinik er am besten gehen sollte oder zu welchem Arzt am besten nicht.

Doch wie systematisch er [auch] vorging, ihm fielen immer nur die Namen von Verstorbenen ein. Er dachte: Mein Gott, es kommt von allen Seiten auf einmal. Er sagte sich, er könne sich doch nicht jetzt schon aufgeben, dann dachte er: Vielleicht übertreibe ich auch ~~nur~~. ~~Er sah seine einzige Chance darin, daß er übertrieb.~~ Er hielt es für verständlich, in seiner Situation zu übertreiben, [er sah seine einzige Chance darin, daß er übertrieb.] ~~und~~ Nach der ersten Aufregung, sagte er sich, würde er vielleicht einen Weg zum Weiterleben sehen. Dann schlief er ~~erschöpft~~ ein und wachte erst wieder auf, als der Lärm der von der Schule heimkehrenden Kinder durch den Park rollte.

Simrocks Frau Ruth mußte lachen, als er sich, nachdem er ihr alles erzählt hatte, zu der Behauptung verstieg, der Vorfall bedeute einen Wendepunkt in seinem und somit auch in ihrem Leben und werde vermutlich ~~weiterreichende~~ Konsequenzen haben, [die weiterreichten,] als er im Moment absehen könne. Sie schüttelte ein paarmal den Kopf, daß er schon dachte, ihre ganze Antwort ~~auf seine Misere~~ bestehe aus sprachlosem Kopfschütteln. Dann fragte sie ihn: ~~warum er aus einer Mücke einen solchen Elefanten mache. Sie sagte~~ "Möchtest du wissen, wie oft mir das Herz schon wehgetan hat? Fünfzigmal oder öfter. Und zwar richtig, nicht bloß so, wie du es beschreibst. Das erstemal kurz nach Leonies Geburt, und seitdem hat es sich immer wieder gemeldet. Aber hast du je ein Wort von mir gehört?"

Simrock sagte: "Falls du jetzt meinst, ich bin dir dankbar, weil du mich mit deinen Sorgen verschont hast, dann irrst du. Ich fühle mich nicht verschont, sondern ~~uneingeweiht~~ [ausgeschlossen], vielleicht sogar hintergangen."

Er dachte, das sei gewiß übertrieben, aber es klinge ganz gut. Er dachte: Wahr ist immerhin, daß es eine Zeit gab, da ihre Herzschmerzen mich interessiert hätten.

Ruth sagte: "Ich wollte dir nicht vorwerfen, daß du nicht

Jurek, mein sehr lieber,
die zwei Tage seit wir uns sahn auf der Messe, hab ich Deine *Schlaflosen Tage* gelesen und freu mich über mich und noch viel mehr über Dich. O brother! wie kann aus so einem Schelmen solch ein Meisterwerk kommen? Ich hatte nur Deinen Lügenjakob gelesen und dachte, was soll ich mir nach diesem wunderbaren Buch den Geschmack versaun und nur aus Freundschaft auch noch Jureks nachfolgende Strafarbeiten antun. Ich hatte auch Schlechtes über Deinen Boxerroman gehört, und das Lesen macht mir sowieso so schnell eine Müdigkeit, die mich ärgert. Nun finde ich Deine *Schlaflosen Tage* eigentlich noch besser. Mit dem Jakob-Buch hast Du noch mal Heiterkeit ins Leiden dieses abgenuddelten Themas gebracht. Aber mit diesem neueren Buch hast Du ein neues Thema gefunden – oder das Neue an einem alten Thema: Selbstveränderung der Weltveränderer. Das ist genau der große politische Punkt, an dem jetzt viele gute gequälte Leute in der DDR angekommen sind. Und gerade in dieser Phase mag Dein Buch für die DDR noch mehr politische Sprengkraft haben als das Buch von Bahro.

Und der kleine Roman hat auch Qualitäten eines praktischen Ratgeberhandbuchs für Selbstveränderer. Was auf den Seiten 26 bis 29 steht, werde ich mir öfters mal durchlesen. Und auch die Regeln für einen guten Lehrer, die Du da zusammengetragen hast, sollte man auf ein festes Blatt drucken zum an die Wand pinnen. Das komische Wort Lebenshilfe fällt mir ein dabei. Und daß Du den Abstieg in die herrschende Klasse nicht verklärst noch verkatastrophalisierst, ist schön und wahrhaftig.

Von dem Buch müssen unbedingt ein paar Hundert Exemplare an DDR-Land gezogen werden. Viel wichtiger als meine neuen Schallplatten. Aber ich bin ja auch schon länger und fester hier im Westen.

Wenn Tines Vater nicht verfault ist, müßte grade ihm Dein Buch ein großes Glück sein. Dich hat er mir immer als positives Beispiel vor die Nase gehalten. Falls der Palastbaumeister das nach diesem Buch von Dir noch immer so denkt, hat er wirklich recht. Und ich will von Dir lernen, lernen und nochmals lernen.

Dein Wolf
23. Okt. 78

Maschinenschriftlicher Brief von Wolf Biermann an Jurek Becker, 1 Bl.

SCHRIFTSTELLERVERBAND
DER DEUTSCHEN DEMOKRATISCHEN REPUBLIK
Der Vorstand

1086 Berlin, Friedrichstraße 169 PF 1299
Telegrammadresse: Schriva Berlin
Bankkonto: BSK Berlin Nr. 6651-17-662
Postscheckkonto: Berlin Nr. 7199-53-5382
Betriebs-Nr. 00257 011
Telefon: 23 35029/35030

15. Juni 1990

Ihr Zeichen
Unser Zeichen

Lieber Jurek Becker,

der Schriftstellerverband der DDR ist in der Vergangenheit nicht selten Erfüllungsgehilfe einer verfehlten Politik gewesen. Der Außerordentliche Kongreß hat sich, nach schwieriger Debatte, für eine Erneuerung des Verbandes entschieden. Wir, der neugewählte Vorstand, sehen uns damit auch in der Pflicht, Schuld abzutragen gegenüber allen Schreibenden, die einstmals aus der DDR weggetrieben oder weggegrault worden sind. Wie dies tun? Praktische Schritte scheinen uns geeigneter als Beteuerungen. Ich möchte anfragen:

1. Halten Sie einen Gedankenaustausch von "Weggegangenen" mit "Hiergebliebenen" - etwa im Schriftstellerheim Petzow - für sinnvoll?
   Würden Sie daran teilnehmen?
2. Haben Sie Interesse, sich an einer Anthologie zu beteiligen, die Arbeiten der Weggegangenen versammelt und von einem hiesigen Verlag publiziert würde?
3. Würden Sie sich an einer Lese-Reihe (etwa im Januar/Februar 1991 in Ostberlin und anderen Städten der DDR) beteiligen?

Es wäre schön, wenn Sie - wenigstens für eins der Vorhaben - zusagten.

Mit guten Wünschen
Rainer Kirsch
Vorsitzender

Partei des Demokratischen Sozialismus **PDS** Parteivorstand
Kleine Alexanderstr. 28, Berlin 1020

Lieber Jurek Becker!

Zu Ihrer Wahl zum Mitglied der Akademie der Künste zu Westberlin beglückwünsche ich Sie herzlich.

Trotz mancher Konflikte und zum Teil grundsätzlicher Meinungsverschiedenheiten zwischen uns darf ich meine aufrichtige Gratulation mit der Hoffnung verbinden, daß das, woran sich partiell unsere Geister schieden: der Sozialismus, im Lichte jüngster Erfahrungen für Sie wie für mich als humane Vision so wenig erledigt ist wie das Christentum.

Ich wünsche Ihnen Schaffenskraft und Gesundheit.

Mit herzlichen Grüßen
Klaus Höpcke

Berlin, den 9. August 1990

Jurek Becker 1979.

Von Ost nach West

Jurek Becker
115 Berlin
Wilhelm-Blos-Straße 25
Telephon 52 750 55

12. Januar 77

Lieber Klaus,

es tut gut, Post solcher Art zu kriegen. Zum einen gefallen mir ja Deine Karten und Plakate tatsächlich sehr, zum zweiten ist es ein hervorragendes Gefühl zu wissen, daß in doch immerhin großer Entfernung jemand sitzt, dem Vorgänge hierzulande nicht gleichgültig sind. Und zwar auf dieselbe Weise nicht gleichgültig wie einem selbst.

Von hier gibt es eigentlich kaum etwas Neues zu berichten, was die einen für erfreulich halten und die anderen für ein schlechtes Zeichen. Ich selbst bin kein Sterndeuter, ich weiß nur genau, wie es mir geht, gut. Ich habe mich aus dem ganzen miesen Vorgang herauskatapultiert, indem ich heftig zu arbeiten angefangen habe. Ärgerlich, daß ich nicht schon früher auf diese Idee gekommen bin. Wenn Du in unsere Nähe bist, melde Dich ja – umgekehrt werde ich es auch tun.

Herzliche Grüße Dein Jurek Becker

Handschriftlicher Brief von Jurek Becker an Klaus Staeck. Original vom MfS einbehalten und an den Empfänger nicht weiterbefördert, 1 Bl. MfS-Akte zum operativen Vorgang „Lügner“. Original im Jurek-Becker-Archiv.

Klaus Staeck

Späte Antwort

Lieber Jurek, Im März 2002

wie antwortet man auf einen Brief, der Jahre unterwegs war? Aber was heißt in diesem Falle schon unterwegs? Er wurde unter konspirativen Umständen illegal aufgehalten, in Amtsdeutsch: sichergestellt, in Verwahrung genommen, wenn auch ohne Rechtsgrundlage. Denn er wurde schlicht entwendet von einer seinerzeit allgegenwärtigen staatlichen Institution, die vorgab, der vom ruhelosen Klassenfeind allzeit bedrohten Staatssicherheit zu dienen als Schild und Schwert der Partei mit einem Chef, der am Ende seiner Amtszeit im Zustand höchstgradiger Verwirrung fast flehentlich ausrief: „Ich liebe euch doch alle." Aber du kennst ja diese fürsorglichen Belagerer besser als ich, haben sie sich doch weitaus intensiver in dein und das Leben deiner Familie frech eingemischt, als sie es in meines jemals vermochten.

Jedenfalls sind diesmal weder Post noch Bahn, auf die zu schimpfen eines der letzten sicheren Gemeinschaftserlebnisse ist, für die überaus lange Laufzeit dieser Postsache verantwortlich. Dein Brief war ausreichend frankiert, über den Empfänger bestanden keine Zweifel, die Annahme wurde nicht verweigert. Er war also weder „unzustellbar", noch ein sogenannter „Irrläufer", der versehentlich in falsche Hände gelangt war.

Die verspätete Lektüre deines Briefes lässt auch unter Berücksichtigung der zeitbedingten Umstände keinen real staatsgefährdenden Inhalt erkennen, der eine klammheimliche Beschlagnahme auch unter Berücksichtigung einer fortschreitenden Paranoia der Staatssicherer hätte rechtfertigen können. Oder enthält er etwa doch versteckte Botschaften, die sich mir als gelerntem Westdeutschen mit biographisch belegter Ostvergangenheit partout nicht erschließen wollen?

Wenn es also keinerlei Belege oder auch nur Hinweise für einen selbst nach DDR-Recht strafrechtlich relevanten Inhalt deines Briefes gibt, bleibt die Zurückhaltung ein einfacher staatlich gedeckter Diebstahl. Auch wenn wir spätestens seit unserem gemeinsamen Freund Günter Grass wissen, dass der Fortschritt eine Schnecke ist – 25 Jahre Laufzeit für einen Brief von Berlin, Hauptstadt der DDR, nach Heidelberg sind einfach zu viel, zumal das Ministerium für Staatssicherheit mit all seinen hydrahaft wuchernden Untereinheiten seit nunmehr zwölf Jahren offiziell nicht mehr existiert. Oder sollte mein Plakatmotiv „Die DDR ist tot – es leben die Akten" gar keine satirische Zuspitzung, sondern immer noch die nüchterne Beschreibung einer fortgeschriebenen deutsch-deutschen Realität sein?

Immerhin verdanken wir der sprichwörtlichen Sammelwut deutscher Behörden jedweder Schattierung die nachhaltige Existenz deines Briefes. Die Zensoren hätten deine Zeilen ja auch einfach vernichten und das Verschwinden auf den Postweg oder die allgegenwärtige Höhere Gewalt schieben können. Möglicherweise betrachteten deine Betreuer den Brief ja auch als ein wichtiges Dokument der Zeitgeschichte, das es aus Gründen der Beweissicherung für alle Zeit aufzubewahren galt. Vielleicht sollten wir uns einfach ein wenig geschmeichelt fühlen, für wie wichtig wir für einen historischen Augenblick genommen wurden.

Jedenfalls hatten nach der Implosion der DDR die neuen Verwalter der Aktenberge als Rechtsnachfolger der schmutzigen Hinterlassenschaft ganze zwölf Jahre Zeit, um die ordnungsgemäße Zustellung deines Briefes zu veranlassen. Meine Anschrift ist immer noch die gleiche, ein möglicherweise angefallenes Nachporto hätte ich nach einem Blick auf den Absender gern entrichtet. Stattdessen wurde der Brief beim Studium deiner Stasi-Akten eher zufällig entdeckt, halte ich statt des Originals bisher nur eine Kopie in Händen. Als gelernter Jurist kann ich kaum der Versuchung widerstehen, um das Original einen ordentlichen Rechtsstreit vom nun gesamtdeutschen Jägerzaune zu brechen. Ich hoffe insoweit auf dein Verständnis, denn Ordnung muss sein.

Jedenfalls hoffe ich, dass meine Einlassungen dir Erklärung genug sind, dass ich auf deine freundlichen Zeilen nie geantwortet habe. Immerhin kannten wir uns damals gerade einmal vier Wochen. Die merkwürdigen Umstände unserer ersten Begegnung habe ich immer noch höchst lebendig in Erinnerung. Es gibt Daten, die man sich merkt. Es war der 7. Dezember 1976.

Fast immer, wenn ich mich mit meinem damals noch in Bitterfeld lebenden Bruder in Ostberlin traf, besuchten wir Stefan und Inge Heym in der festen Gewissheit, von der allgegenwärtigen Stasi aufmerksam beobachtet zu werden. Doch diesmal fuhren wir gar nicht erst nach Grünau. Am Telefon hatte uns Sohn Stefan wissen lassen, dass die Eltern bei Jurek Becker seien. Dort angekommen, fanden wir euch in einer sichtbar gedrückten Stimmung vor, die uns zunächst auf einen plötzlichen Todesfall schließen ließ. Jedenfalls kamen wir uns zunächst als arge Störenfriede vor, die nicht recht wussten, wie sie sich verhalten sollten. Diese Unsicherheit wurde noch verstärkt, als wir den Grund des schlechten Klimas erfuhren: Ihr wart am gleichen Tag aus der Partei der Arbeiterklasse ausgeschlossen worden. Ein Einschnitt mit Konsequenzen, gewiss. Doch ich als Westmensch, der ich nun einmal war, schwankte hin und her, ob ich zu diesem Ereignis gratulieren oder mein Beileid bekunden sollte.

Postkarte von Klaus Staeck, Nr. 18 b (1976) „der nächste Sommer kommt bestimmt".

November 1976: Blick auf das Kultusministerium
der DDR (Außenstelle Literatur)

Unsere späteren Begegnungen auf Westberliner Gebiet fanden jedenfalls sämtlich unter erfreulicheren Umständen statt. Eine der von dir im Brief erwähnten Postkarten, Eisberg mit dem Zusatz

„Blick auf das Kultusministerium der DDR", hat damals noch groß Furore gemacht. Die Stasi erklärte sie schnell zum Objekt der Begierde und begann eine recht abenteuerlich anmutende Schnitzeljagd, um möglichst viele dieser offenbar staatsgefährdenden Drucksachen wieder einzusammeln.

Es ist schon paradox, dass jenes mit dem Ende der DDR endgültig überwunden geglaubte krankhafte Staatssicherheitsdenken inzwischen wieder in den Bereich des Möglichen gerückt ist mit all seinen Verdächtigungen und Überwachungsphantasien. Du siehst, es gibt für uns wieder viel zu tun.

Es grüßt dich herzlich

Dein Klaus Staeck

168

A b s c h r i f t

An den
Minister für Kultur der
Deutschen Demokratischen Republik

Eingang im Ministerium
für Kultur 9. 11. 1977

Berlin, 7. November 1977

Sehr geehrter Herr Minister,

Seit geraumer Zeit lebe ich in Umständen, die mir von Tag zu Tag mißlicher erscheinen, unter denen ich nicht arbeiten kann und denen ich nicht länger ausgesetzt sein möchte. Ich halte es daher für eine naheliegende Lösung, die DDR zu verlassen.

Ich beantrage, daß mir ein Visum erteilt wird, das mir die Möglichkeit läßt, mich bis zum Jahre 1979 außerhalb der DDR aufzuhalten. Unter anderem will ich diese Frist nutzen, um ein Buch zu schreiben. Eingebettet in diese Zeit wäre ein Aufenthalt in den USA, wohin ich eine Berufung an das Oberlin-College in Ohio erhalten habe. Unverzichtbar für mich, im Falle der Erteilung eines solchen Visums, wäre es, daß ich innerhalb dieser Zeit beliebig oft in die DDR einreisen darf. Denn ich habe zwei Kinder hier, die ich hin und wieder sehen muß. Ich möchte zum 1. Dezember 1977 ausreisen dürfen.

Nach Ablauf des Visums, vielleicht auch früher, müßte es, so stelle ich mir vor, in einem Gespräch (mit wem auch immer) zu einer endgültigen Klärung darüber kommen, was weiter zu geschehen hat. Denn selbstverständlich sehe ich in einem solchen Verfahren keine endgültige Lösung; nur ein Provisorium, das dazu dienen könnte, aus einer festgefahrenen Situation herauszukommen.

Hochachtungsvoll
gez. Jurek Becker

Abschrift eines Schreibens von Jurek Becker an den Minister für Kultur der DDR. Kopie aus den Unterlagen des BStU. Typoskript, 1 Bl.

Jurek Becker

Max Kade German Writer-in-Residence

Ich finde, es ist ein starkes Stück, Veranstaltungen mit mir mit dem Bild des ~~[illegible]~~ Glöckners von

Notre Dame anzukündigen. Aber so malen die hier. Sie haben mich allerdings gefragt, ob ich lieber ein Foto haben will. Da hab ich doch dieses Bild genommen. Aber sozialistischer Realismus ist das nicht.

Public Lecture in English by Jurek Becker.

306 King Building
Saturday, April 15, 4:00 PM

Jurek Becker reads from his own works in German.

Max Kade German House
Saturday, April 15, 7:30 PM

Film "Jacob the Liar" with English subtitles based on the book by Jurek Becker.

Bryant Lecture Hall/Kettering
Tuesday, April 25, 7:15 PM and 9:00 PM

Ankündigung von Veranstaltungen mit Jurek Becker am Oberlin College in Ohio/USA 1978. Mit handschriftlichem Kommentar von Jurek Becker, 1 Bl. (Im Besitz von Rieke Becker.)

37

OBERLIN COLLEGE
OBERLIN, OHIO 44074

DEPARTMENT OF GERMAN AND RUSSIAN

3. MÄRZ 1978

Ihr meine Liebsten,

es ist Zeit für ein ausführliches Lebenszeichen. Hier in Oberlin hat für mich ja nun so eine Art Alltag angefangen. Die Arbeit, die ich für die Uni zu tun habe, macht mir kaum Mühe. Die Studenten sind irrsinnig freundlich und neugierig, und sie müssen an ihrem Wissen über deutsche Literatur nicht allzu schwer schleppen. Aber das ist absolut nicht tragisch, denn ich bin völlig überzeugt davon, daß man auch ohne solche Informationen in Ehren alt werden kann. Es macht jedenfalls Spaß, und in erster Linie arbeite ich an meinen Geschichten.

Oberlin ist eine kleine Stadt mit einem entschlossenen Stadtrat. In Oberlin sind verboten: Plastetüten, Getränke in Blechbüchsen, Getränke in Pfandflaschen, Alkohol. Stellt Euch das vor! Theoretisch klingt das ganz überzeugend. Die Folge ist nur, daß rings um Oberlin, unmittelbar hinter der Stadtgrenze, wo der König seine Macht verloren hat, ein Ring von Schnaps- und Wein- und Bierläden sich geschlossen hat. Auf diese Weise wird in der Stadt nicht weniger gesoffen als überall,

38

und hinzukommt, daß der Stadt eine Menge Steuern verlorengehen. Sie sind schon schwer am Überlegen, wie sie da wieder rauskommen.

Nach dem Ende in Oberlin (letztes Drittel Mai) fahre ich an ein paar andere Universitäten, dabei bleibt's. Aber über die Zeit danach bin ich mir nicht mehr so sicher. Ich wollte doch Urlaub in Kalifornien machen. Doch immer deutlicher wird mir, wie verflucht lang ein halbes Jahr ist, und Heimweh, und jetzt schon; wie soll das werden. Im Augenblick jedenfalls neige ich zu der Ansicht, daß ich nicht so lange bleiben werde, wie ich es ursprünglich vorhatte.

Mein Englisch ist inzwischen so gut, daß die Leute nicht mehr erkennen, daß ich aus Deutschland komme. Ich werde nur noch als Europäer identifiziert (Festland natürlich, nicht Großbritannien.) Wie gerne möchte ich Euch heute abend umarmen.

Noch eine Information für Willi: In ganz Amerika gibt es keine Zäune vor den Häusern, und deshalb sehen sie auch alle gleich aus.

Ich drücke Euch

Jurek

Handschriftlicher Brief von Jurek Becker an seine Freunde Maria und Willy Moese.
Vom MfS geöffnet, kopiert und weiterbefördert.
2 Bl., Kopien des BStU im Jurek-Becker-Archiv.

9/8

24. März 1978

Lieber Nicki

ich muß ja nicht immer an die olle Mutter schreiben. Es kommt mir schon ganz schön verflucht lange vor, wie lange wir uns nicht mehr gesehen haben. Wenn ich wieder zu Hause bin, müssen wir achtgeben, daß wir uns nicht so doll in die Arme fallen, daß wir uns irgendwas brechen.

Der Ort, an dem ich hier bin, ist ein kleiner Ort mit sehr vielen Studenten. Die sind unglaublich fleißig, und das steckt irgendwie an. Jedenfalls arbeite ich viel, das heißt ich schreibe. Ich hoffe sehr, daß Du bei dem Wort FLEISSIG diesen Brief nicht in den Papierkorb geworfen hast. Sehr gut!

Morgen fangen hier Ferien an, für eine Woche. Ich habe mir ein Auto gekauft, mit dem fahre ich ein bißchen rum. Da ich weiß, wie Dich sowas interessiert: das Auto ist ein Ford-Pinto, Baujahr 73. Die Karre ist so verrostet, daß sie jeden Tag 5 Pfund an Gewicht verliert. Spart man wenigstens Benzin. Die Geschwindigkeit spielt keine Rolle, denn überall in Amerika gibt es eine strenge Geschwindigkeitsbegrenzung von 55 Meilen pro Stunde, das sind etwa 90 km/h. Und das macht

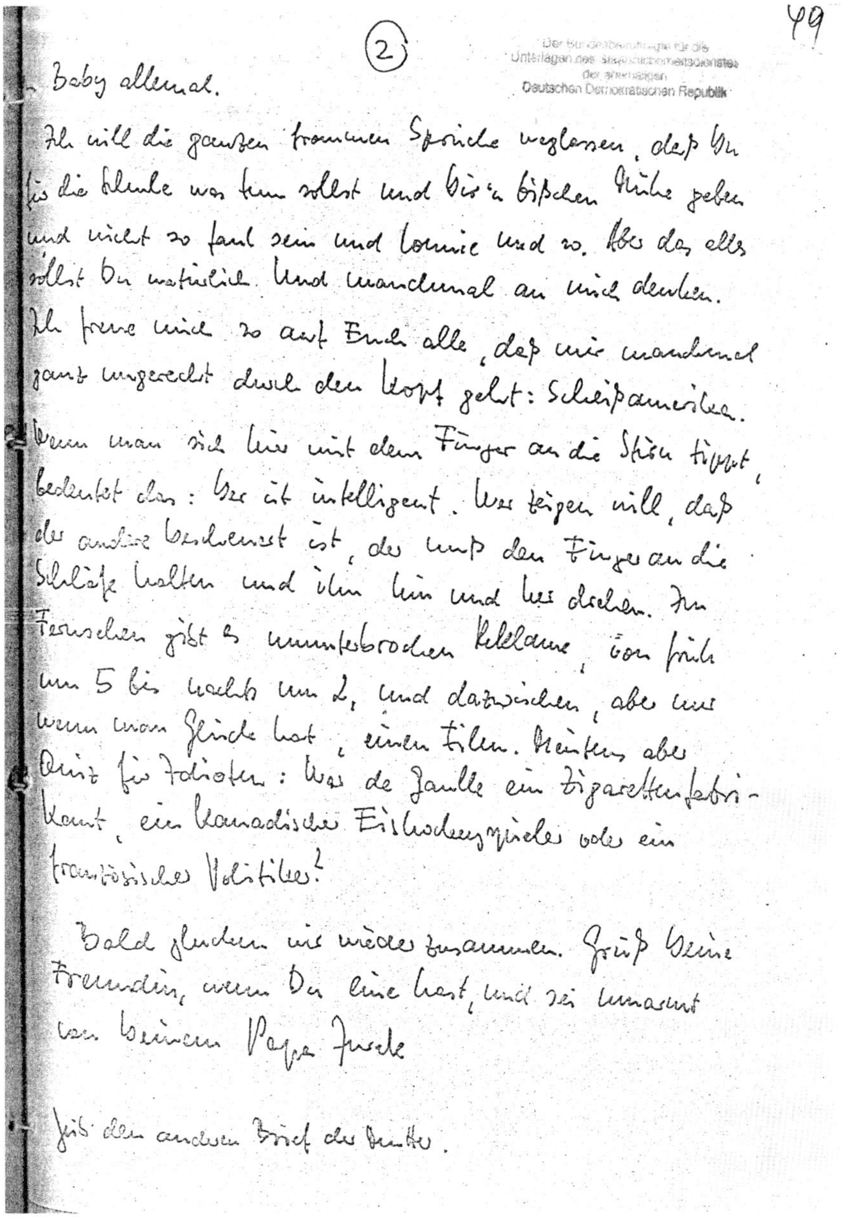
49

(2)

Baby allemal.

Ich will die ganzen frommen Sprüche weglassen, daß Du für die Blume was tun sollst und bißchen Mühe geben und nicht so faul sein und Lonnie und so. Aber das alles sollst Du natürlich. Und manchmal an mich denken.

Ich freue mich so auf Euch alle, daß mir manchmal ganz ungerecht durch den Kopf geht: Schleißameisen.

Wenn man sich hier mit dem Finger an die Stirn tippt, bedeutet das: Der ist intelligent. Wer zeigen will, daß der andere bescheuert ist, der muß den Finger an die Schläfe halten und ihn hin und her drehen. Im Fernsehen gibt es ununterbrochen Reklame, von früh um 5 bis nachts um 2, und dazwischen, aber nur wenn man Glück hat, einen Film. Meistens aber Quiz für Idioten: War de Gaulle ein Zigarettenfabrikant, ein kanadischer Eishockeyspieler oder ein französischer Politiker?

Bald glucken wir wieder zusammen. Grüß Deine Freundin, wenn Du eine hast, und sei umarmt von Deinem Papa Jurek

Gib den anderen Brief der Mutter.

Handschriftlicher Brief von Jurek Becker an seinen Sohn Nikolaus.
Vom MfS geöffnet, kopiert und weiterbefördert.
2 Bl., Kopien des BStU im Jurek-Becker-Archiv.

Dieter Noll

18. Mai 1979
Karl-Marx-Allee 70
1017 Berlin
Telefon: 275 31 68

An den
Generalsekretär
der Sozialistischen Einheitspartei Deutschlands

Genossen
Erich Honecker
p e r s ö n l i c h

108 B e r l i n
Haus des Zentralkomitees

Sehr verehrter Genosse Erich Honecker!

Angesichts der Hetzkampagne, die von den Feinden unserer sozialistischen Gesellschaft gegenwärtig mit ungewöhnlicher Intensität geführt und auch in unser Land hineingestrahlt wird, ist es mir ein Bedürfnis, Ihnen ein paar impulsive Zeilen zu schreiben. Denn der Gegner gibt ja mit unverschämter Anmaßung vor, im Namen vieler oder gar aller Schriftsteller unseres Landes zu sprechen. Davon, lieber Genosse Honecker, kann überhaupt keine Rede sein!

Die gesetzlichen Verordnungen, die sich gegen die subversive Tätigkeit der feindlichen Massenmedien richten, und die notwendige Konsequenz, die diesen Maßnahmen Respekt verschafft, wurden von mir und meinen Freunden mit Genugtuung zur Kenntnis genommen. Und ich möchte Ihnen versichern, daß die übergroße Mehrheit meiner Berufskollegen dies ebenso sieht wie ich. Einige wenige kaputte Typen wie die Heym, Seyppel oder Schneider, die da so emsig mit dem Klassenfeind kooperieren, um sich eine billige Geltung zu verschaffen, weil sie offenbar unfähig sind, auf konstruktive Weise Resonanz und Echo bei unseren arbeitenden Menschen zu finden, repräsentieren gewiß nicht die Schriftsteller unserer Republik. Die Partei kann auch überzeugt sein, daß die überall in den Betrieben arbeitenden Menschen unseres Landes die Maßnahmen unserer Regierung billigen und kein Verständnis dafür aufbringen, wie da ein kleiner Klüngel von sogenannten Literaten verzweifelt von sich reden machen will, indem er sich vor den Karren des Westfernsehens spannen läßt oder die Partei mit unverschämten offenen Briefen traktiert: Davon habe ich mich im

Gespräch mit meinen Lesern während der letzten Wochen allerorts, zwischen Prora und Meiningen, überzeugen können.

Die Mehrheit der Schriftsteller denkt hingegen wie ich: Wir sollten uns nicht durch dreiste Einmischung der bürgerlichen Journaille in unserer Kulturpolitik stören lassen. Und die Kulturpolitik des VIII. und IX. Parteitags ist uns kostbar und teuer, denn sie hat uns eine neue Dimension künstlerischer Schaffensfreiheit erschlossen. Wir – meine Kollegen und ich – werden bemüht sein, eine dieser Kulturpolitik adäquate neue Qualität tieferer künstlerischer Eigenverantwortung künftig immer besser zu zeigen und entschlossener zu verwirklichen, zum Wohl der kulturellen Weiterentwicklung dieses unseres Staates, dessen wachsende sozialistische Wirklichkeit unserem Willen und Wollen entspricht.

Sehr verehrter Genosse Erich Honecker, es ist viel Zeit vergangen, seit Sie mir einmal anerkennende Worte über meinen „Werner Holt" gesagt haben. Ich habe versucht, diese Zeit optimal zu nutzen, auch, wenn es zeitweilig still um mich geworden war. Heute nun, da mein neuer Roman den Bürgern unseres Landes vorliegt und einiges Interesse erweckt hat, gebe ich der impulsiven Regung nach, Ihnen diese Zeilen zu schreiben, damit Sie noch fester überzeugt sein können:
Meine Schriftstellerkollegen und ich sind und bleiben der Partei für immer in Treue verbunden.

Ich schließe mit den besten Wünschen für Ihr persönliches Wohlergehen
und bin

aufrichtig
Ihr

Dieter Noll

Maschinenschriftlicher Brief von Dieter Noll an Erich Honecker.
2 Bl. Bundesarchiv, Sign.: SAPMO-Barch DY 30/IV 2/2037/75.
Am 22. 5. 1979 in der Zeitung „Neues Deutschland" veröffentlicht.

138

Berlin, 25. Mai 1979

Werter Herr Noll,

es sollte Ihnen wenigstens doch zu denken geben, daß sich die Partei nun von Ihnen schon solche Briefe schreiben läßt, da Schriftsteller sich dazu offenbar nicht mehr finden. Leider muß man wohl verstehen, daß ein Vokabular wie jenes, dem Sie als junger Mann ausgesetzt waren, äußerst prägend für einen labilen Menschen sein kann; doch sollten Sie im Interesse einer Sache, die zu vertreten Sie so unglaubwürdig vorgeben, unbedingt ein anderes zu erwerben versuchen.

Mit freundlichen Grüßen

J. Becker

Handschriftlicher Brief von Jurek Becker an Dieter Noll, Original vom MfS einbehalten und an den Empfänger nicht weiterbefördert. 1 Bl., Original im Jurek-Becker-Archiv.

Ende des Jahres 1977 wurde mir, auf meine Bitte hin, die Möglichkeit eingeräumt, mich zwei Jahre außerhalb der DDR aufzuhalten und zu arbeiten. Ich schrieb damals, daß solche Regelung ein Provisorium ist, und daß nach Ablauf der Frist eine Festlegung für die Dauer getroffen werden muß. Diese Zeit ist nun herangekommen.
Um es gleich zu sagen: bei diesem Brief handelt es sich um einen Antrag, die DDR für lange Zeit zu verlassen. Es haben für mich die Schwierigkeiten, hier zu leben, während der vergangenen zwei Jahre nicht abgenommen, sondern sie sind, wie mir scheint, erheblich angewachsen. Es gibt Gesetze inzwischen, die mich zu einem Straftäter stempeln, es sei denn, ich wäre bereit, jedes von ihnen einzuhalten; und dazu bin ich entschieden nicht bereit. Da ich sehe, daß kaum Aussicht auf die Abschaffung solcher Gesetze besteht, da ich andererseits natürlich sehe, daß man mich nicht von der Einhaltung der Gesetze unseres Landes entbinden kann, weiß ich keinen anderen Ausweg. In der DDR zu leben, würde für mich bedeuten, genau diese erwähnten Schwierigkeiten zu einem Gegenstand meiner literarischen Arbeit zu machen; denn fast alles andere erschiene mir im Vergleich dazu unwichtig. Das würde, unausweichlich, zu einer noch schärferen Konfrontation führen. Davor fürchte ich mich. Die Bundesrepublik dagegen oder Westeuropa halte ich nicht für die geeigneten Plätze, von denen aus Kritik an den DDR-Verhältnissen geübt werden sollte; es gibt dort genügend eigenes Kritikwürdige.
Mit anderen Worten also – ich habe die Hoffnung verloren, Einfluß auf die Entwicklung innerhalb der DDR nehmen zu können. Doch das war in der Vergangenheit die Basis und die wichtigste Motivation meiner Arbeit.
Ich bitte darum, mir den Auszug aus der DDR zu genehmigen. Ich möchte einige Möbel und einigen Hausrat mitnehmen dürfen, es ist nicht allzuviel. Da ich zwei Söhne hier habe, möchte ich die Möglichkeit behalten, sie von Zeit zu Zeit besuchen zu dürfen, da es umgekehrt ja nicht geht.

Berlin, den 28. November 1979

Jurek Becker

Antrag auf Ausreise bzw. Visumserteilung.
Durchschlag eines Briefes an den Minister für Kultur der DDR, 1 Bl.

Jurek Becker 1979.

Mußte diese ~~Kuh~~ so früh zurückkommen und alles verderben, um ein Haar hätte ich es geschafft. ~~Alles~~ schien wie am Schnürchen zu laufen, die Gedanken hörten langsam auf, ~~und~~ es wurde Frieden. Aber nein, ausgerechnet an diesem Tag mußte Nebel sein, und alle Flüge ~~mußten~~ abgesagt werden, und sie ~~kam~~, anstatt für drei Wochen zu ihrer Schwester oder zu ihrer Cousine ~~abzuhauen~~, wie es geplant war, noch am selben Nachmittag zurück. Ich hätte mich natürlich mit ~~Dersache~~ nicht so zu beeilen brauchen. Ich hätte mir sagen können, ruhig Blut, Junge, wenn Diesache dreißig ~~jahrelang~~ Zeit gehabt hat, ~~dann~~ wirst du es auch noch ein paar Minuten länger aushalten. Immer wenn etwas schiefgeht, bin ich ~~der Größte~~ im Erklären, ~~wie man es hätte bessermachen können; ein paarmal bin ich dafür schon beinah umgebracht worden;~~ Ich könnte mich schwarzärgern, daß ich nicht vorher aus dem Fenster ~~gekuckt~~ habe. Himmelherrgott, ich hätte nur aus dem Fenster zu ~~kucken~~ brauchen, ~~und~~ schon wäre mir klargewesen, daß kein Flugzeug bei solch einem ~~Scheiß~~nebel starten kann ~~und daß die Passagiere nach Hause geschickt werden, bis der Nebel sich verzieht.~~ ~~Aber~~ erstens bin ich ~~gar~~ nicht auf diese Idee gekommen, ich hatte den Kopf voll ~~von~~ wichtigeren Dingen und zweitens ~~hätte mir die Idee, wenn ich sie gehabt hätte, nichts genützt, denn ich~~ hasse es, aus dem Fenster zu ~~kucken~~, darum ~~ging~~ es ja gerade. Ich wollte, wenn ich es ~~ein bißchen~~ hochtrabend ausdrücken darf, die Jalousie ein für allemal run-

-2-

terlassen.

Ich hatte alles bestens vorbereitet, was heißt vorbereitet, ich ~~hatte~~ ~~solches~~ Klebezeug gekauft, ~~und~~ Tür und Fenster damit dichtgemacht, und im letzten Augenblick war mir ~~noch~~ eingefallen, einen sogenannten Abschiedsbrief an meine Freundin und an meine Mutter zu schreiben. Möglicherweise war dieser Brief Schuld daran, daß aus der ~~ganzen~~ Sache nichts [redacted] geworden ist, ~~ganz~~ bestimmt war er es. ~~sogar,~~ ~~denn~~ Er hat mich mindestens eine halbe Stunde ~~gekostet~~. Wenn ich dreißig Minuten früher angefangen hätte, dann hätte ~~soviel~~ Nebel sein können, ~~wie es wollte,~~ die Alte wäre zu spät zurückgekommen. Aber ich mit meiner ~~verfluchten~~ Rücksichtnahme habe mich hingesetzt und den Brief geschrieben, als ob es nichts Wichtigeres zu tun gab. Ich habe geschrieben, daß sie sich keine Vorwürfe zu machen brauchten, mein Entschluß hätte nichts ~~das~~ ~~Geringste~~ mit ihnen zu tun, im Gegenteil, wenn sie beide nicht existieren würden, habe ich geschrieben, dann wäre ich ~~wahrscheinlich~~ schon viel früher dort ~~gewesen~~, wo ich heute ~~war~~. Dabei hätten sie sich sowieso keine Vorwürfe gemacht, ich ~~Idiot~~, die und Vorwürfe! Die hätten einen kleinen Stich gespürt, die hätten ein bißchen geheult, obwohl ich keinem raten würde, darauf seinen Kopf zu wetten. Und ~~sich~~ ein paar Tage lang gewundert, wie ~~jemand~~ sich freiwillig aus einer Welt davonmachen kann, die so prächtig ist und auf der es so großartige Leute wie sie gibt. Den Brief habe ich in die Diele gelegt und mit einem Gewicht beschwert, damit er, ~~falls~~ ~~irgendwann~~ die Wohnungstür aufgebrochen werden würde, nicht unter ein Möbelstück segelte und jahrelang unbemerkt ~~da~~lag.

Ich ging in die Küche, verklebte, wie gesagt, ~~die Fugen~~

Anfang von Jurek Beckers Roman „Aller Welt Freund". Typoskript mit handschriftlichen Korrekturen, 2 Bl. Erschienen 1982 im Suhrkamp Verlag.

Erinnerungen der Freunde

Jurek Becker 1983 als Stadtschreiber von Bergen-Enkheim.

Peter Härtling

Jurek zuliebe

Soll ich sagen: Blicke tauschen? Blicke wechseln? Wir haben uns angeschaut, lange. Es waren mehr als nur Augenblicke, und es gab keinen Tausch, keinen Wechsel: der eine schaute, wenn er überhaupt schaute, der andere ging in dem Schauen auf. Inmitten eines festlichen Trubels stellte sich für mich plötzlich eine Stille her, die nachwirkte, den Ort veränderte.

Im Hof des kleinen Hauses an der Borngasse in Bergen-Enkheim wurde der neue Stadtschreiber empfangen und gefeiert. Der Ort war mir vertraut. Ein paar Jahre zuvor hatte ich das Amt innegehabt, das nun Jurek Becker antrat. Ich freute mich, ihn wiederzusehen. Jedes Mal, wenn wir uns trafen, nahm ich Sätze mit, die mir in ihrer vertrackten Mischung aus Melancholie und Witz Rätsel aufgaben.

Als wir uns zufällig auf der Neckarbrücke in Tübingen über den Weg liefen, verabschiedete er mich, nachdem wir uns nicht sonderlich tiefsinnig unterhalten hatten, mit dem Wunsch: Also, mein Lieber, bis zum dritten Mal hier auf der Brücke. Wie kam er darauf? So weit ich mich erinnern konnte, hatten wir uns vorher nie auf der Brücke getroffen. Hatte ihn ein déja-vu genarrt oder war ich so vergeßlich? Den ganzen Tag plagte ich mein Gedächtnis, ohne Erfolg. Bis ich mich damit beruhigte (oder beunruhigte), in eine seiner Geschichten geraten zu sein.

An den im Hof hinterm Stadtschreiberhaus aufgestellten Tischen drängten sich die Gäste, doch Jurek entdeckte ich nicht unter ihnen: Er stand in der offenen Haustür, allein, nicht in Gedanken, eher etwas angespannt. Ich war drauf und dran zu ihm zu gehen, ihn zu begrüßen – da trafen sich unsere Blicke. Er nahm mich wahr und in seinen Blick auf. Es kann sein, daß er lächelte. Er schaute, und ich erwiderte seinen Blick, konnte gar nicht anders, denn ich geriet in eine Art Trance. Sie war mir nicht unangenehm, nicht peinlich. Ich scherte mich nicht um meine lärmende, gut gestimmte Umgebung. Ich schaute und las Blicke. Ich könnte – es wäre billig – Jureks große dunkle Augen traurig nennen. Das waren sie, fand ich, nicht. Sie hatten nur keinen Grund. Seine Blicke holten mich in eine Tiefe, in der Erinnerung zum Konzentrat wird. Er ließ es, mich in seinen Blick aufnehmend, zu, daß ich mir seine Geschichte erzählte. Und doch nicht zum Erzählen kam. Vielmehr seiner dem Witz verbündeten Melancholie inne wurde, indem er mir nach diesem unendlich lang scheinenden Austausch von Blicken auffordernd zunickte, ich zu ihm ging, wir uns begrüßten. Nicht ohne ein wenig befangen zu sein. – Der Abend wurde lang. Jurek probte seine Rolle als Stadtschreiber, und er spielte sie, wie sie ihm paßte, passen mußte: er entzückte und verwirrte zugleich. Über die Augen-Blicke haben wir nie gesprochen. Vergessen habe ich sie nicht.

1970 erschien „Jakob der Lügner" als erster Band der Sammlung Luchterhand, in der schönen, streng typografischen Ausstattung von Hannes Jähn. Ein Jahr zuvor war das Buch beim Aufbau-Verlag herausgekommen. Jakob, der Erfinder eines Radios und hoffnungsvoller Nachrichten, bereitete mich, ich bin mir im Nachhinein sicher, auf den Blick-Wechsel vor. Das Bändchen bricht mittlerweile auseinander, der Rücken ist mürb geworden. Aber ich werde es nie durch ein intaktes Exemplar ersetzen. Jurek zuliebe.

Jurek Becker 1983 in Bergen-Enkheim.

Wolf Biermann

Nur fünf Jahre nach seinem Tod: Erinnerung an Jurek, den Lügner

Warum ich meinen toten Freund, der sich nicht mehr wehren kann, einen Lügner nenne? Weil seine weltberühmt gewordene Geschichte „Jakob der Lügner" gelogen ist. Freilich gelogen im allerbesten, im allerwahrsten, also im genialen Sinne. Dunkle Andeutungen? Ach was!

Von seinem Vater, also dem „Tate", hatte Jurek die wahre Geschichte über einen Juden aufgeschnappt, der wohl so mutig, so verrückt oder verzweifelt war, daß er bei sich im Ghetto Lodz wirklich einen Radioapparat versteckt hatte und damit heimlich sogenannte Feindsender abhörte: Nachrichten über die Schlachten des Krieges – BBC London oder Radio Moskau – ermutigende Neuigkeiten über die Siege der Alliierten, insbesondere über den herbeigesehnten Vormarsch der Roten Armee an der Ostfront, denn wer sonst sollte womöglich die letzten verlorenen Juden aus Ghettos und Konzentrationslagern noch retten!

Es versteht sich: Der Besitz eines Radios im Ghetto kostete auf der Stelle das Leben. Alle anderen hatten auf Befehl ihre Geräte über den Judenrat an die Deutschen abgegeben.

In Jurek Beckers Roman aber besitzt der Held dieser wunderbaren Geschichte in Wahrheit gar kein Radio. Der Romanautor läßt seinen Helden sich also die Nachrichten vom ersehnten Näherrücken der Front einfach ausdenken. Jureks Jakob kolportiert also ein paar Vertrauten die immer wieder neu erfundenen Neuigkeiten und haucht den Elenden damit ein bißchen Trost, Hoffnung und Lebensmut ein.

Kurz: Daß dieser Jakob im Ghetto in echt ein Lügner war, ist eine echte Lüge.

Und wohl nur dieser geniale Einfall machte Beckers ersten Romanversuch zu einem Meisterwerk der Weltliteratur. Das klingt bombastisch übertrieben und ist doch wahr. Es gibt wohl kaum ein großes Land, in dessen Sprache dieses Werk nicht übersetzt wurde. Filme hat man nach dem Stoff gedreht. Und so wurde mein Freund, mitten in der größten DDR der Welt, über Nacht ein wirklicher Weltstar.

Diese klitzekleine Lüge vom Lügner hatte den Sohn überhaupt erst inspiriert, die ursprüngliche Geschichte des Vaters zu einer erschütternden Wahrheit zu verdichten. Becker erfindet eine Erfahrung neu, eine, die immer galt und immer gelten wird, solange Menschen so grausam zugrunde gehen: Die Verzweifelten und sogar die unrettbar Verlorenen brauchen eben noch bis zum allerletzten Atemzug die erfundene Hoffnung auf eine Überlebenschance. Das genau ist die melancholische und universale Botschaft, die Jurek Becker uns mit diesem Roman lieferte.

Aber ich will hier nicht den Literaturprofessor spielen, will lieber eine kleine Geschichte erzählen, die ich selbst schon fast vergessen hatte. Es beginnt mit einem meiner Lieder aus den Jahren, als wir noch verzweifelt hofften auf einen Sieg des wahren Kommunismus über die stalinistischen Kommunisten im „Sozialistischen Lager“, das den Namen „Lager“ im Sinne einer bombastischen freudschen Fehlleistung ja sich selbst gegeben hatte:

Es senkt das deutsche Dunkel
Sich über mein Gemüt
Es dunkelt übermächtig
In meinem Lied

Das kommt, weil ich mein Deutschland
So tief zerrissen seh
Ich lieg in der beßren Hälfte
Und habe doppelt Weh.

Ausgerechnet dieses kleine – ich muß es schon dreifach sagen: deutsche deutsche deutsche Lied wollte mein Freund Jurek Becker mal wieder in der Chausseestraße 131 hören, als er mich unmittelbar vor meiner Großen Reise über die Mauer zum Kölner Konzert im November 1976 besuchte.

Warum mir das auffällt und mich jetzt, zum ersten Mal nach fünfundzwanzig Jahren wieder durcheinanderbringt? Na, weil dieses typisch heinrichheinesche Leiden an Deutschland so eine meschuggene Krankheit ist, gegen die sich ausgerechnet viele deutsche Juden schwer wehren können. Sogar dieser ins Land der Täter verschlagene kleine polnische Jude Jerzy Bekker wurde als ausgewachsener Jurek Becker dermaßen von diesem deutschen Leiden erwischt.

Wir hatten einander unsere Lebensgeschichten in Ostberlin ja gelegentlich erzählt und fühlten uns in Tiefen verbunden, die wir wohl zum Glück gar nicht ausloten konnten. Ich hoffe, ich habe in meinem Gedächtnis nichts Wichtiges vergessen oder gar durcheinandergebracht.

Das aber weiß ich klipp und klar: Lieber als jüdische Juden und noch viel lieber als deutsche Deutsche wollten wir eigentlich nichts anderes sein als einigermaßen aufrichtige Menschen. Und das stolze Wort „Mensch“ hieß damals für uns: Kommunist sein! – ins Praktische übersetzt: gottbewahre kein national-sozialistischer .... sondern ein internationalistischer Menschheitsbefreier.

Unterhalb dieses Levels wollten wir gar nicht erst antreten.

So lebten wir in diesem Berlin, kommend aus entgegengesetzten Richtungen, wir waren von Ost her und von West aufeinandergetroffen.

Das wußten seine Freunde: Jurek war ein zerdeutschtes Polenkind aus dem Juden-Ghetto Lodz. Die Mutter starb dem Fünfjährigen dann im KZ Ravensbrück weg. Sein Tate war nach Auschwitz verschleppt worden und geriet dann von dort aus, das passierte in den letzten Tagen des Krieges, in ganzes Leben lang so vor, als hätte ich vergessen, den Hosenschlitz zuzumachen.

Zweimal im Monat fuhr mein Vater von seinem Städtchen, das kaum größer als ein Dorf war, in die Kreisstadt. ~~Die Fahrt kostete einen hal~~ Es muß in der ersten Hälfte der zwanziger Jahre gewesen sein, die Fahrt kostete einen halben Rubel. Der Fahrkartenverkäufer war ein Jude, der Zugschaffner ebenso; wenn man zum Bahnhöfchen kam, fragte man den Verkäufer, ich glaube er hieß Mardochaj, ob heute kontrolliert würde. Sagte er 'nein', dann gab man ihm 15 Kopeken, später dem Schaffner, wenn er zum Kartenknipsen kam, nocheinmal dieselbe Summe und hatte so zwanzig Kopeken gespart; die Bestechung war auch noch für die Rückfahrt am Abend gültig. Sagte der Fahrkartenverkäufer aber 'ja', mußte man wohl oder übel eine Karte kaufen: denn der Kontrolleur war immer ein Antisemit und ließ sich nicht bestechen, jedenfalls nicht von Juden.

Mein Vater erzählte mir von einem Bekannten aus seinem Ort mit Namen Henrik Taub, der eines Tages in die Kreisstadt wollte und dem Fahrkartenverkäufer seine Frage stellte. Der sagte 'ja', es komme heute Kontrolle, so mußte Taub ~~die~~ eine Karte kaufen. In Wirklichkeit kam aber keine Kontrolle, Mardochaj

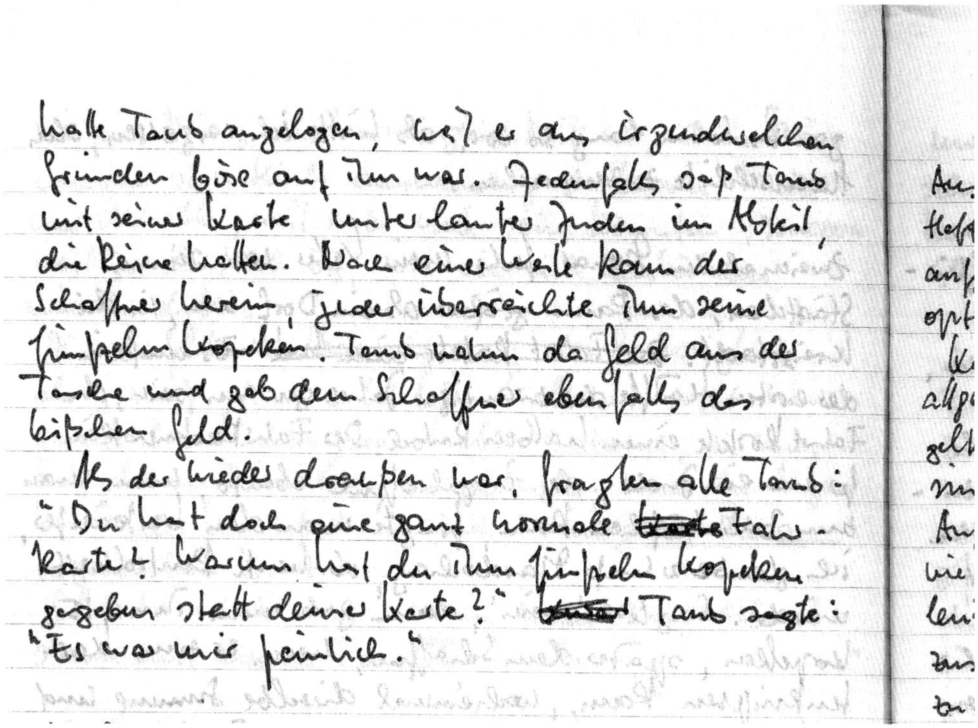
hatte Taub angelogen, weil er aus irgendwelchen
Gründen böse auf ihn war. Jedenfalls saß Taub
mit seiner Karte unter lauter Juden im Abteil,
die keine hatten. Nach einer Weile kam der
Schaffner herein, jeder überreichte ihm seine
fünfzehn Kopeken. Taub nahm das Geld aus der
Tasche und gab dem Schaffner ebenfalls das
bißchen Geld.
Als der wieder draußen war, fragten alle Taub:
„Du hast doch eine ganz normale ~~Karte~~ Fahr-
Karte! Warum hast du ihm fünfzehn Kopeken
gegeben statt deiner Karte?" ~~[illegible]~~ Taub sagte:
„Es war mir peinlich."

Handschriftliche Skizze in einem Notizbuch von 1986, 1 Bl., 2 S.

das Konzentrationslager Sachsenhausen im Norden von Berlin. Und genau dort hatte er am Ende der Nazizeit wie in einem blutigen Realo-Märchen, seinen kleinen Jungen – ich vermute: zu Tode betrübt – glücklich wieder gefunden.
Vater und Sohn sind dann in der DDR wohnen geblieben. Der Vater Mordechai Bekker hatte damals nichts anderes vor, so erzählte es Jurek, denn als ein Deutscher in Deutschland unauffällig zu leben. Er änderte zu diesem Zwecke seinen Namen in Max Becker und fälschte sogar seine Geburtsstadt um in Fürth. Seinem kleinen Jerzy verpaßte er den eingedeutschten Vornamen Georg. Und mit diesem christlichen Drachentöter- und Kreuzfahrer-Namen sollte sein Sohn fortan ein ganz normaler Deutscher werden und so das ganze Elend der frühen Stacheldrahtjahre einfach vergessen.
Aber dieser Georg blieb dann doch ein Jurek und wurde sein kurzes Leben lang nie so eindimensional deutsch wie sein sorgenvoller Vater es sich erhofft hatte.
Das klingt auf den ersten Blick alles düster. Aber keine Sorge: In Jureks Gesellschaft wurde mehr gelacht als geweint, mehr gespottet als gejammert. Er trug in seinem skeptischen Herzen, so kam es mir vor, eine todtraurige Lebenslust, über deren Quellen nicht räsoniert wurde.

In meiner Lebensgeschichte aber lief all das wie umgekehrt. Mein Vater kam nicht aus dem KZ Auschwitz zurück. Die Bomben der Alliierten auf Hammerbrook in Hamburg beschädigten im Juli 1943 zum Glück auch die Vernichtungsbürokratie der braunen Endlöser. Das Durcheinander rettete mich womöglich – als einen „Mischling Ersten Grades" – vor der Deportation. So geriet ich mit all den rein arischen „Ausgebombten" als abgebrannter Hamburger Junge nach Deggendorf in Niederbayern. Meine Mutter hatte schon in den Jahren der Nazizeit nur noch ein Lebensziel: Ich sollte bitte! am Leben bleiben, damit ich, wie sie es pathetisch nannte, meinen Vater räche. Deutsch war ich also gratis von Geburt, ich sollte ein Kommunist werden, werweiß: ein Robin Hood der Weltrevolution.
Als ich mit 16 Jahren diese abenteuerliche Karriere begann und in die DDR übersiedelte, hatte ich mein Holzschwert als Drachentöter schon dabei: die Gitarre. Ich wußte nur noch nicht damit als Poet zu kämpfen. Jurek Beckers Waffe in dem Streit, den Heinrich Heine den ewigen Freiheitskrieg der Menschheit nennt, war der Bleistift und wurde bald das Schreibmaschinengewehr des Prosaschriftstellers.
So trafen wir uns als Studenten am Philosophischen Institut der Humboldt-Universität. Er galt als ein launiger Bruder Lustig. Er geriet also in die Romaneschreiberei, ich erfand mir den Beruf des Liedermachers. Jurek war früh in die Partei eingetreten – mich aber hatten die wachsamen Obergenossen als Mitglied der SED lieber gar nicht erst aufgenommen. Er wurde vom Schriftstellerverband schikaniert – und ich war inzwischen als vogelfreier „Staatsfeind" verboten. So etwa war die Konstellation, als wir uns um den 9. oder 10. November 1976 am Erkertischchen

in der Wohnung Chausseestraße 131 gegenüber saßen, also unmittelbar vor meiner Schicksalsreise gen Westen.

Bevor wir das emotionsgeladene Für und Wider meiner Tournee durch das unbekannte Land des bundesdeutschen Klassenfeindes so rational wie möglich hin und her überlegten, sang ich ihm also diese acht altmodischen Zeilen vor und legte dann die Gitarre wieder in den Kasten. Typisch bei Becker: Irgend eines meiner übermütigen Spottlieder hatte er also nicht hören wollen! Kein Wunder: Ein provokanter Spottvogel war dieser Jurek selber, dazu brauchte er keine Pasquille vom Biermann.

Aber gerade weil er mehr tapferen Witz hatte als irgendwelche aufmüpfigen Mucker, die immer nur scharf waren auf meine „scharfen Sachen", liebte er womöglich dieses zerrissene Liedchen.

Jurek konnte nämlich ermessen und mit sarkastischem Grinsen genießen, wie ungehörig in beiden damaligen Deutschländern die innige Liedzeile „mein Deutschland" in den entnazifizierten Nachkriegsohren ankommen mußte.

In Ostberlin freilich aus anderen Gründen als in Westberlin.

In der DDR widerte die Partei-Ideologen allein schon das bedrohliche Wort „Deutschland" an, denn es stülpte sich wie ein falscher Riesenhut über zwei verfeindete Köpfe. Ein korrekter DDR-Bürger nahm das Wort Deutschland nicht in den Mund, schon gar nicht im schändlichen Über-Alles-Zweierpack: Deutschland Deutschland ... „Deutschland" – das war ja der Sprachgebrauch der Bourgeoisie, so sangen die Bonner Revanchisten und NATO-Kriegstreiber die verdorbene Nationalhymne mit ihrem reaktionären Alleinvertretungsanspruch.

Das böse Unwort „Deutschland" kleisterte nach offizieller DDR-Denke den Bruch im innerdeutschen Klassenkampf zu, es bedrohte die verbissene Partei-Doktrin von der Existenz zweier souveräner deutscher Staaten, ja: zweier deutscher Nationen auf deutschem Boden, ja im Grunde grundverschiedener deutscher Völker.

In der westlichen Bundesrepublik bot sich das gleiche Bild, allerdings grad seitenverkehrt: Im Westen störte den aufgeklärten linken Geschmack bei solch einem Liedchen über Deutschland das winzige Wörtchen „mein": ein sentimentaler Kitsch das!

Besonders antifaschistisch geläuterte Exnazis, von denen manche konvertierten Eiferer die Dornenkrone der Schande des III. Reiches schon wie einen Lorbeer trugen, mußte das pervers innige Possessivpronomen bei „mein Deutschland" gradezu ankotzen. Literaten, die ihre antichauvinistische Lektion nach '45 brav geschluckt und verdaut hatten, empfanden die Zeile „Das kommt, weil ich mein Deutschland ..." als eine peinlich nationalistische Sentimentalität. Manche Genossen genossen die Teilung unseres Vaterlandes wie eine wohltuende Züchtigung durch den hegelmarxistischen Weltgeist.

Dialektisch trainierten Witzbolden wie Becker aber gefiel vorzüglich der paradoxe Schluß, wenn ich die beiden unsäglichen Zeilen sang:

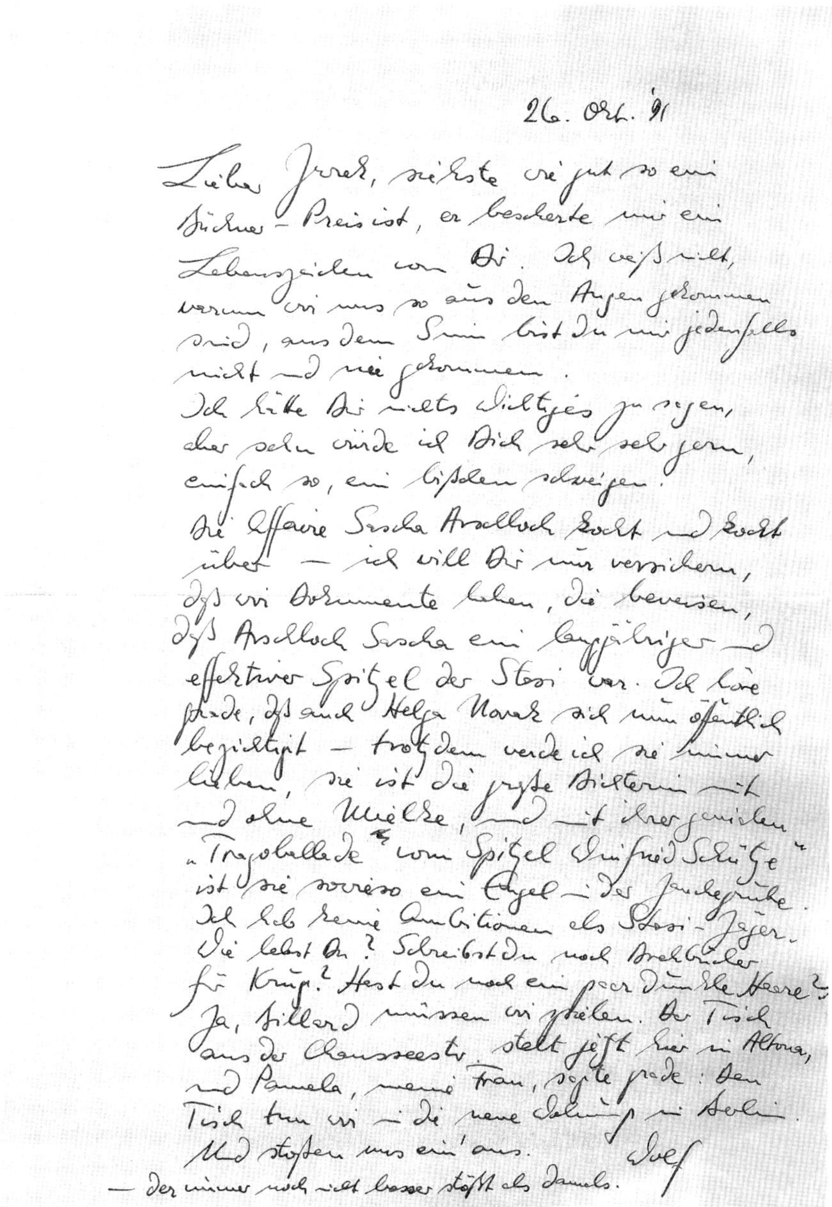

26. Okt. 91

Lieber Jurek, siehste wie gut so ein Büchner-Preis ist, er bescherte mir ein Lebenszeichen von Dir. Ich weiß nicht, warum wir uns so aus den Augen gekommen sind, aus dem Sinn bist Du mir jedenfalls nicht und nie gekommen.

Ich hätte Dir nichts Wichtiges zu sagen, aber sehen würde ich Dich sehr sehr gern, einfach so, ein bißchen schweigen.

Die Affaire Sascha Arschloch kocht und kocht über — ich will Dir nur versichern, daß wir Dokumente haben, die beweisen, daß Arschloch Sascha ein langjähriger und effektiver Spitzel der Stasi war. Ich höre grade, daß auch Helga Novak sich nun öffentlich bezichtigt — trotzdem werde ich sie immer lieben, sie ist die größte Dichterin mit und ohne Mielke, und mit ihrer genialen „Tragoballade" vom Spitzel Winfried Schütze" ist sie sowieso ein Engel in der Jauchegrube.

Ich hab keine Ambitionen als Stasi-Jäger.

Wie lebst Du? Schreibst Du noch Drehbücher für Krug? Hast Du noch ein paar dunkle Haare?

Ja, Billard müssen wir spielen. Der Tisch aus der Chausseestr. steht jetzt hier in Altona, und Pamela, meine Frau, sagte grade: Den Tisch tun wir in die neue Wohnung in Berlin.

Und stoßen uns ein' aus. Wolf

— der immer noch nicht besser stößt als damals.

Handschriftlicher Brief von Wolf Biermann an Jurek Becker, 1 Bl.

„Ich leb in der beßren Hälfte / Und habe doppelt Weh ..."
Auch hierauf reagierten Ost- und West-Köpfe geteilt im zerrißnen Vaterland. Das provokante Wortpärchen „beßre Hälfte" ärgerte dabei mehr die gut antikommunistischen Bürger im Westen, weil die sich ohne einen Hauch intellektueller Skrupel für automatisch überlegen hielten.
Aber diese kecke Behauptung „besseres Deutschland" empörte natürlich auch solche DDR-Bürger, die es leidvoll besser wußten und die deshalb nichts lieber wollten, als das Arbeiter- und Bauernparadies verlassen.
Aber wiederum das Reizwort: „... ich habe doppelt Weh" reizte im Osten die parteifrommen Sittenwächter: Wieso kann ein junger, der Zukunft zugewandter DDR-Bürger, der in der Epoche sich weltweit verschärfender Klassenkämpfe das historische Glück hat, auf der einzig richtigen Seite zu leben, wie kann also ein realsozialistischer Lüürikker überhaupt dermaßen unfroh sein. Das war ideologische Wehrkraftzersetzung! Das böse Wort vom „doppelten Weh" signalisierte den wachsamen Kunstpolizisten ja schon eine Art konterrevolutionären Pessimismus! Die schönen schlechten Anfangszeiten, wo Brecht den Becher in der DDR noch halb ironisch für ein Gedicht loben konnte, in dem es immerhin in dialektischer Attitüde heißt: „Deutschland, meine Trauer / Du mein Fröhlichsein ... " waren vorbei.
Uns aber machte das Wort vom besseren Deutschland, das die Schweinepriester der Partei ärgerte, einen Heidenspaß. In diesem Punkte waren nämlich Jurek und ich mit den meisten unserer sehr verschiedenen Freunde in Ostberlin einer Meinung: In der DDR war der Alltag zwar schwerer, aber doch historisch gesehn: gewichtiger. Was wir da durchmachten, das waren eben, wie Brecht es poetisch nannte, nach den revolutionsromantischen „Mühen der Gebirge" nun die Schindereien ermüdender Aufbauarbeit, also die „Mühen der Ebenen".
Wir kamen uns also armseeliger vor, aber auch reichseeliger. Der Streit um den wahren Kommunismus gegen die stalinistischen Genossen machte uns oft verzweifelt, aber eben auch glücklich. Unser Leben war bedrohter im Osten. Aber, wie Hölderlin sagt: das Rettende wuchs auch. So etwa klopfte unser Herz, so sprang unser rotes Schaukelpferdchen in der Brust.
Unsere nur scheinbar schlechtere deutsche Hälfte hielten wir für die „bessere", denn die größte DDR der Welt war trotz allem Haß und Hohn des Westens in unseren Augen das Land der großen Zukunft. Warum? Mein Gott und mein Marx! ... weil es in den so genannten Volks-Demokratien des Sozialistischen Lagers, das glaubten wir mit menschheitsretterischer Inbrunst, trotzalledem die historische Chance auf eine echte Freiheit gab. Ja, wir spekulierten als treublochsche Utopisten auf ein soziales Paradies, von dem man in der verdorbenen kapitalistischen Ausbeutergesellschaft noch nicht mal mehr träumen konnte.

Weil von dieser höheren kommunistischen Freiheit aber leider, leider! immer noch so gar nichts zu spüren war, quälte uns dieser Mangel mehr als andere. Und weil wir zudem mehr als andere geprügelt wurden, tat ketzerischen Kommunisten wie uns dieses DDR-Deutschland halt „doppelt weh". So trösteten wir uns, stachelten einander an, und so zogen wir uns am Schopf unserer marxistischen Illusionen aus dem Sumpf der murxistischen Wirklichkeit. Was nämlich außerdem das östliche Deutschland in unseren Augen trotzalledem „besser" machte als die verlockenden Länder des freien Westens, das waren ausgerechnet die kommunistischen Tagträume unserer Literaten und Dichter.

Was sollten uns schon die bürgerlichen Bleienten vor der Mauer und die poetischen Blechvögel in den Käfigen der literarischen Salons der westlichen Welt! Unsere antistalinistischen Spatzen und edelkommunistischen Adler im Osten aber beflügelten das falsche Hoffen auf einen „Sozialismus mit dem menschlichen Antlitz" von Alexander Dubcek im Prager Frühling.

WIR UND NICHT SIE! nannte Volker Braun, im echt falschen Stolz auf die DDR, seinen Gedichtband, indem er dem alten Klopstock, dem Fan der Französischen Revolution von 1789, poetisch den Hals umdrehte. Zu uns in der DDR gehörte schließlich der Shakespeare dieses Jahrhunderts, der Brecht! Uns gehörte überhaupt die Zukunft! Die hatten da drüben im Westen der Welt ja auch keinen Jurek Becker hervorgebracht, die hatten der deutschen Literatur keinen jüdischen Schelmenromancier geliefert wie wir.

Dabei hat dieser Becker dann ja nicht nur mit seinem „Jakob der Lügner" einen Wurf geliefert. Mich ärgert es immer wieder, wenn irgendwelche literarischen Fleischbeschauer ihren Gütestempel nur auf diesen Geniestreich stempeln und dann alle anderen Becker-Romane als zweitklassig einstufen.

Bei mir ist jedenfalls Jureks nicht so berühmt gewordenes Buch „Bronsteins Kinder" mindestens so berühmt! Er erzählt da die Geschichte dreier Shoa-Überlebender in der DDR, die im Ostberliner Kiez einen faschistischen Folterknecht aus ihrem einstmaligen KZ erwischen. Das ist die story: Der Jude Bronstein und zwei seiner Leidensgenossen kidnappen auf eigene Faust den ehemaligen SS-Mann, der im KZ gemordet und gefoltert hatte. Der tiefere Grund, warum sie diese juristische Schmutzarbeit nicht den sogenannten Stasi- und Justiz-Organen der DDR überlassen, ist der erschütternde Punkt in dieser Geschichte.

Die drei höchst ungeschickten Selbstjustizler fesseln also den ertappten Nazischergen an ein Eisenbett und foltern nun systematisch in ihrer abgelegenen Datscha diesen Verbrecher. Die Story ist für einen Hollywood-Stoff vielleicht zu DDR-piefig. Diese unerhörte Geschichte von eigentlich staatstreuen jüdischen Menschen in dem rotpreußischen DDR-Staat mit seinem verlogenen Antifaschismus, erschüttert mich jedenfalls noch tiefer als die wunderbare Legende von dem Lügner im Ghetto. Auch seelisch sitzt einem das DDR-Hemd eben näher als der Rock.

Mit dem Roman „Bronsteins Kinder“ liefert Jurek Becker ein deutsches Sittengemälde, dessen Anblick manchen *Wieder*vereinigungs-Deutschen zudem helfen könnte, die verquälte psychologische Ökonomie der sogenannten Ossis zehn Jahre nach der *Wider*vereinigung tiefer zu durchschauen.
Der Titel dieses Romans über den Juden Bronstein heißt mit gutem Grund „Bronsteins Kinder“, weil es die Kinder dieses Überlebenden sind, die die humane Substanz ihres verwüsteten Vaters weitertragen in diese Welt. Diese eigentlichen Helden nämlich sind es, die mit unerbittlicher Liebe dem verheerenden Haßkrampf ihres kaputten Vaters sich widersetzen. Und weil es echt romanhaft im platten Leben wie in diesem hochkarätigen Roman zugeht, können solche Kids dann selber auf längere Sicht leider auch nicht ohne tiefe Wunden und Verstümmelungen davongekommen sein.
Es ist ein Jammer, daß Jurek Becker uns dermaßen früh allein gelassen hat. Ich wüßte gerne, was er dazu sagen würde, wenn er die inzwischen auch schon wieder altgewordenen Kinder seiner erfundenen Kunstfigur Bronstein heute in Ostberlin in Natur erleben könnte. Sei es, daß Einzelne aus dieser nächsten Shoa-Generation nach dem Fall der Mauer fluchtartig auswanderten, etliche nach Israel, oder aber in Ostberlin ausgeharrt haben und nun verbiestert die PDS wählen. Beispiele beider Roman-Variationen kenne ich in der Realität.
Ich freue mich schon darauf, wenn Jurek und ich uns demnächst wiedertreffen. Wir werden einiges zum Lachen haben, manches zum Weinen. Und wenn er mich dann wie nebenbei das Wichtigste fragt: Du, was ist eigentlich inzwischen aus diesem Deutschland geworden? Dann lasse ich mir auf unserer vorübersegelnden Wolke von einem Engel da oben in der jüdischen Abteilung eine Weißgerber-Gitarre aus Markneukirchen heraufreichen und singe meinem Freund nochmal sein kleines Lieblingslied von unserem tief zerrissenen Land. Und dann segeln wir weiter.

S. 165-168:
Handschriftliche letzte Fassung von Jurek Beckers Roman „Bronsteins Kinder“.
Auszug, 4 Bl. (Im Besitz von Christine Becker.)

Hause gekommen, doch da hatte ich geglaubt, er käme vom Billardspielen. Vater war ein leidenschaftlicher Billardspieler.

Was hatten sie mit dem Mann vor? Wollten sie eine bestimmte Sache, von der ich nichts wußte, aufklären? Wollten sie ihn so lange verhören, bis er etwas gestand, das man dem Staatsanwalt übergeben konnte? Wollten sie ihm Angst einjagen, ihn quälen oder, der Himmel weiß wie lange, gefangenhalten? Oder war einem von ihnen die Idee gekommen, dachte ich mir ständig dazwischen, ihn umzubringen? Gordon Kwart bestimmt nicht. Er war ein gutmütiger, langweiliger Mensch, zehnter oder zwanzigster Geiger im Rundfunk-Symphonieorchester, der sich vor allem Unvorhergesehenen fürchtete und Ruhe für Glück hielt. Über den fremden Dritten wußte ich nichts, außer daß er ~~uns nicht traute~~ voll Argwohn war und einen mit Augen ansah, die mir geringschätzig vorkamen. Vater traute ich Gewalt-

-54-

tätigkeit nicht zu. Aber ich hatte Stunden vorher mitangesehen, wie er den Gefangenen erschreckend haßerfüllt und grob behandelt hatte. Würde ich ihm auch dann keine Gewalttätigkeit zutrauen, wenn er nicht mein Vater wäre?

Am Nachmittag hatte ich zwar vorgegeben zu wissen, was Neuengamme bedeutet, doch nun, in der Nacht, merkte ich, daß es nur ein böses Wort für mich war. Ich stand auf, nahm mir das Lexikon und las den kleinen Artikel. Die wenigen Zahlen darin lernte ich auswendig, wie ein Material, das mir in den nächsten Tagen ständig zur Verfügung stehen sollte, besonders die Zahl 82000. An Schlaf war immer noch nicht zu denken, so las ich auch noch die Artikel über ein paar andere Konzentrationslager. Ich war damit beschäftigt, bis ich Vater kommen hörte. Ich löschte das Licht, auf Zehenspitzen ging er den Flur entlang

-55-

und verschwand im Badezimmer. Selbstverständlich mußten sie Aufseher hassen. Selbstverständlich mußte es sie krankmachen, wenn so einer behauptete, damals sei ein anderes Recht als heute in Kraft gewesen und damit sagen wollte, er habe immer nur recht gehandelt.

Aber es gab inzwischen ja tatsächlich andere Gesetze, es gab Gerichte und die Polizei. Denen konnte man vorwerfen, was man wollte, nur nicht, daß sie mit ehemaligen Aufsehern zu nachsichtig waren. Warum gingen sie nicht hin, erstatteten Anzeige und verließen sich auf das, worauf doch eigentlich Verlaß war? Wozu sprachen sie überhaupt mit dem? Sie verstanden nicht, daß der in einer tausendfach überlegenen Position war: daß sie von dem Verhör zerfressen wurden, während er sich aussuchen konnte, welche Antworten er gab. Sie verstanden auch nicht, daß es ihnen keine Linderung brachte, wenn sie ihn

-56-

quälten. ~~Und was zwisch~~

Allerdings hatte ich keine Ahnung, was zwi-schen dem Aufseher und ihnen vorgefallen war. Vielleicht hatte er sie gereizt. Vielleicht hatte er sie ~~auf~~ unerträglich ~~Weise~~ herausgefordert, auf eine Weise, die ihm auch dann nicht zustand, wenn dreißig Jahre vergangen waren. Vielleicht sind sie verführt worden, weil die Gelegenheit so einmalig günstig gewesen ist.

Aber sie nahmen sich ein Recht heraus, das niemandem zustand, ~~sonst auch~~ selbst ihnen nicht. Und wenn er tausendmal mein Vater war: ich konnte doch nicht richtig finden, daß ehemalige Opfer sich ihre ehemaligen Peiniger griffen und mit ihnen machten, was sie für richtig hielten. Es war allein ihre Schuld, daß ich in dem stinkenden Zimmer nur mit dem Aufseher Mitleid hatte, nicht mit ihnen.

Peter Schneider

Jurek im Café

Das letzte Mal traf ich ihn in einem Café am Olivaer Platz. Es war einer jener Berliner Januartage, an denen der Abend schon am Morgen beginnt. Ich war nur für ein paar Tage in der Stadt, seit meiner Abreise nach Washington hatten wir uns nicht mehr gesehen. Der rasche Gang, die Augen, hellwach, neugierig, lachbereit wie ich sie kannte. Das Gesicht, als gehorche es einem anderen Tempo des Alterns, in den paar Monaten seit der letzten Begegnung zur Durchsichtigkeit abgemagert, es wirkte fast jungenhaft. Du hast zugenommen und ich ab, sagte er nach einem kurzen Blick auf mich und sah mich mit dem Lächeln an, mit dem er seine Zärtlichkeiten und seine Bosheiten verteilte. Es klang so, als seien beide Veränderungen der gleichen Aufmerksamkeit wert: auch, als wolle er mir und sich Ausdrücke der Teilnahme und des Erschreckens ersparen. Nicht, daß er sich weigerte oder genierte, Auskunft zu geben. Noch vor kurzem hatte er mir erzählt, er habe eine Dozentin, die ihn an eine amerikanische Universität einladen und seine Absage nicht annehmen wollte, mit seiner Antwort aus dem Gleichgewicht gebracht: Ich kann leider wirklich nicht. Ich habe Krebs. Soll man es etwa diskreter sagen, fragte er mich mit einem ironischen Blitzen in den Augen. Er erkannte seine Krankheit als eine tödliche Bedrohung an, aber er wollte ihr nicht mehr Raum als unbedingt nötig zugestehen. Er bot seine Kunst und seinen ganzen Mut auf, ihr die Schwere zu nehmen.

Er hatte Pläne. Die zwei Dutzend Drehbücher für die Fortsetzung von „Liebling Kreuzberg“ waren eben abgeschlossen, nun wollte er den neuen Roman schreiben, den er seit längerer Zeit im Kopf hatte. Einen Roman im Kopf haben hieß für ihn, den exakten Bauplan eines Gebäudes vor sich zu sehen – die zu verwendenden Materialien, die Ausstattung jedes Zimmers, die Namen, Eigenschaften und Schicksale seiner Bewohner. Er habe einmal, erzählte er mir, einhundert Seiten Exposé für einen Vierhundert-Seiten-Roman (wenn ich mich recht erinnere, für „Bronsteins Kinder“) entworfen, bevor er mit dem eigentlichen Schreiben begonnen habe. Ob er sich damit nicht den Raum für Überraschungen, unvorhergesehene Fügungen und Findungen beschneide, die sich erst beim Schreiben von Satz zu Satz einstellen? Ganz im Gegenteil, erwiderte er. Durch die ausführliche Vorarbeit schaffe er sich erst die Freiheit, am einzelnen Satz zu arbeiten. Die Energien des Schriftstellers dürften bei der literarischen Ausarbeitung nicht durch ungelöste dramaturgische Rätsel behindert oder aufgezehrt werden. Ich konnte sehen, wie er sich auf die neue Arbeit freute, „auf die ruhigere und langsamere Gangart des Lebens, zu der einen das Romanschreiben verführt“. Er freute sich auf den Roman mit der Leidenschaft eines Spielers, der sich von der Frage, ob ihm wohl genügend Kraft und Zeit bis zum Ende des Spiels bleibe, nicht abhalten läßt.

Jurek Becker beim Tischtennis, um 1950.

Spiel – ein leichtsinniges, ein unangemessenes Wort? Ich glaube, spielen ist für ihn eine höchst ernsthafte, eine würdige Art der Beschäftigung gewesen – nichts, was man nebenbei und nur so zum Vergnügen macht. Spielen, das war unter anderem ein Erkenntnisverfahren – Spielen mit Worten, Gedanken, Handlungsverläufen –, aber auch ein Mittel der Kommunikation mit Freunden und Feinden. Er liebte Spiele, und natürlich auch die, die vor allem der Zerstreuung dienen, Spiele mit Bällen und Karten zum Beispiel. Ich weiß es von den vielen Skatabenden in den achtziger Jahren mit Jurek und Thomas (Brasch), die immer auch Wettkämpfe im Witze-Erzählen waren und mich in der letztgenannten Disziplin zum bloßen Zuhörer machten, denn ich saß mit zwei Weltmeistern am Tisch. Was den Skat anging, war Jurek der niemals anerkannte, aber sich Abend für Abend bewährende Meister, der uns vor unserem Ehrgeiz warnte, um ganze Pfennige zu spielen. Freunde nimmt man nicht aus, auch wenn sie sich, durch Erfahrungen unbelehrt, dazu anbieten. Aber um zehntel Pfennige sollte es schon gehen, und die Sieg- und Verlustprämien mußten sofort und aufs Komma genau bezahlt werden. Ein Spiel, bei dem der Sieger nicht eindeutig ermittelt und belohnt wird, galt ihm nicht als Spiel.

In den neunziger Jahren haben wir hin und wieder Tennis gespielt. Er war ein unermüdlicher Läufer mit einem explosiven Antritt – „einer, der keinen Ball aufgibt" – und verfügte über eine trickreiche Tischtennishand. Aber er litt unter der Unvollkommenheit seiner Schläge und wollte nicht glauben,

DEMOKRATISCHE SPORTBEWEGUNG

BEREIT ZUR ARBEIT UND ZUR VERTEIDIGUNG DES FRIEDENS

EHRENURKUNDE

DEN 1. PLATZ

IM JUGEND DOPPEL KLASSE A

DER

INTERNEN TISCHTENNISMEISTERSCHAFTEN 1955

ERRANGEN

G. BECKER U. G. MIELKE

BSG EINHEIT WEISSENSEE

BERLIN, DEN 20. Jan. 1955

Betriebssportgemeinschaft „EINHEIT" Berlin-Weißensee

SPORTVEREINIGUNG EINHEIT

daß er mir genügend zu tun gab. Vielleicht wußte er einfach zuviel darüber, wie man es richtig macht, denn auch in dieser Sportart hatte er sich ein verblüffendes Fachwissen erworben. Ich erinnere mich an die Genugtuung, mit der er mir das kleine Fenster auf dem Schirm seines neuen Fernsehgeräts zeigte, jenes Guckfenster, in dem er ständig einen Sportkanal laufen ließ. Dieses Fenster erlaubte ihm den Überblick über das Weltgeschehen im Sport auch dann, wenn auf dem großen Schirm all das weniger Wichtige sein Interesse beanspruchte: Nachrichtensendungen, Vorabendserien, das „Literarische Quartett". Seine Vorlieben für Sport-Übertragungen waren fast ebenso breit gestreut wie das Angebot. Er war ein hochinformierter Fan für fast alles: Fußball, Tennis, Basketball, Baseball, Leichtathletik – allenfalls während des Rasenhockeys gönnte er sich eine Pause. Stundenlang konnte man sich mit ihm über das Jahrhundertmatch zwischen Pete Sampras und Jim Courier unterhalten, in dem Sampras – mitten im Satz – von der lebensbedrohlichen Erkrankung seines Trainers erfuhr und nur weinend über die fünf Sätze zum Matchende gelangte. Einmal hatte ihn „Der Spiegel" als Sonderberichterstatter zur Olympiade nach Seoul geschickt. Mit ironischer Ehrfurcht erzählte er von den zahllosen Monitoren in seinem Hotelzimmer, in dem er simultan ein Dutzend Wettkämpfe verfolgen konnte, und von der Schwierigkeit, ja Unmöglichkeit der Entscheidung. Er verarbeitete seine Sechzehn-Stunden-Tage in Seoul zu einem wahrscheinlich ultimativen Artikel, der leider nie erschienen ist. Irgendwo wurde in jenen Tagen ein Diktator gestürzt, ein Vulkan brach aus oder eine Politikerehe wurde geschieden – sein bereits gesetzter Artikel flog aus dem Heft.

Über Sport sprachen wir nicht mehr bei jenem Treffen im Café am Olivaer Platz, aber vom Reisen. Er erzählte von seinem Plan für eine Traumreise: Auf einem Schiff mit seiner Frau Christine und dem kleinen Sohn Johnny den Nil herunterfahren, aus dem Schatten eines Sonnenschirms, also eher im Vorbeifahren als zu Fuß oder im Kamelsattel, die Wiege der Menschheit besichtigen, ab und zu eine Postkarte schreiben, in sehr guten, sehr teuren Hotels übernachten und nachts den Sternenhimmel betrachten.

Diese Reise ist ihm von der rasch fortschreitenden Krankheit gestrichen worden. Er erkundigte sich nach meiner Arbeit in Washington. Sicher hast du dir dort ein bestimmtes Pensum vorgenommen, sagte er, sei dir nicht allzu böse, wenn du es nicht einhalten kannst. Vergiß nicht, daß du dort auch lebst! Dabei sah er mich an, als wünsche er, daß ich einen Rat beherzigen würde, den er selber vielleicht zu selten befolgt hat. Mir fielen die gemeinsamen Tage in St. Louis vor eineinhalb Jahren ein, unsere Ausflüge an den Wochenenden. Seine Ruhelosigkeit, wenn man auf einer Wiese am Mississippi lag und in die fremde Sonne blinzelte. Sich irgendwo hinzulegen, sich auszustrecken und zu räkeln, nichts zu sagen, nichts zu denken und zu tun, nicht zu wissen, wann man wohin aufbrechen würde – wie konnten Menschen sich freiwillig einer derartigen Folter unterwerfen! Später zeigte er uns ein Westerndorf auf einer Halbinsel des Flusses, das er mit seiner Frau auf einer früheren Reise entdeckt hatte, da wurde er wieder ruhig, da konnte er etwas tun. Er fotografierte uns vor einem Lastwagen, auf dessen Cinemascope-großer Längsseite mannshohe Bierdosen mit blauen und roten Labels aufgemalt waren: Old Milwaukee Light. Er lud uns zum Essen ein in das Hotel aus dem 19. Jahrhundert, kramte im Antiquitätengeschäft nebenan, drehte mit einer Sachkunde und einer Geduld, die ich nicht verstand, Spielzeugautos aus den zwanziger und dreißiger Jahren in den Händen und kaufte einige davon zu Preisen, die mir, dem Laien, als schierer Wucher erschienen. Es gab immer Probleme mit dem Gepäck wegen seiner Liebe zu diesen Autos, am liebsten hätte er wohl Schiffsladungen davon nach Berlin geschickt.

Als ich im Herbst jenes Jahres einer Recherche wegen die Konzentrationslager im Umkreis Berlins besuchte, darunter auch die Lager Sachsenhausen und Ravensbrück, war ich gezwungen, mir vorzustellen, daß er in diesen Baracken seine Kindheit verbracht hatte. Ich sah die Dokumentarfilme in den Kinoräumen, die Fotodokumente an den Wänden, las die Statistiken und Berichte über das Schicksal der Kinder in Ravensbrück und fragte mich plötzlich, ob es von ihm ein Foto aus jener Zeit gab. Ich hatte Angst, es unerwartet auf einer der Ausstellungswände zu finden, sagte mir, daß es, wenn dies der Fall wäre, vermutlich veröffentlicht wäre. Aber dann überlegte ich, ob er oder irgend jemand ein solches Foto, wenn es denn existierte, hätte identifizieren können. Er selber konnte nicht wissen, wie er damals ausgesehen hatte. Auf einem seiner Geburtstage antwortete er auf meine Frage nach seinem Alter, er wisse es nicht. Im Ghetto in Lodz hatte sein Vater ein höheres als das tatsächliche Alter angegeben, damit der Sohn für die Sklavenarbeit in den Arbeitslagern der SS in Betracht kam. Später hatte der Vater, vielleicht, weil er sich gezwungen hatte, das Geburtsjahr seines Sohnes vollständig aus seinem Gedächtnis zu streichen, dieses Rätsel nicht mehr aufklären können.

Irgendwann, viele Jahre nachdem wir uns kennengelernt hatten, habe ich Jurek nach seinen Erinnerungen an die Jahre im KZ gefragt. Er erinnere sich an fast gar nichts, erwiderte Jurek, allenfalls und schemenhaft an die Arbeit im Ghetto, er sah sich mit anderen Kindern Tabak in Zigarettenpapierhülsen stopfen. Von den Jahren danach, in Sachsenhausen und Ravensbrück, sei ihm nichts, nicht ein einziges Bild im Gedächtnis geblieben. Damals begriff ich etwas von der ungeheuerlichen Aufgabe der Phantasie in Jureks Werk. Mit seinem berühmtesten Buch „Jakob der Lügner" hat er nicht etwa seine Kindheit beschrieben, er mußte sich eine Kindheit im Ghetto erfinden, um derjenigen, die er selber erlitten hatte, nahe zu kommen. Vielleicht hat sein Genie zur Verkürzung und Zuspitzung, seine manchmal obsessive Neigung zur schmerzhaften oder befreienden Pointe mit der Arbeit an diesem schwarzen Balken zu tun, der ihm den Zugang zu den unfaßbaren Orten der Kindheit verstellte. Irgendwann habe er seinen Vater gefragt, erzählte er einmal, warum er ihn nach 45 nicht in die gemeinsame Heimat Polen zurückgebracht habe, statt nach Deutschland. Sage mir bitte, habe der Vater zurückgefragt, in welchem Land haben die Antisemiten den Krieg verloren? Ich wollte wissen, ob ihm der Vater wirklich in genau diesen Worten – in Gestalt einer historischen Pointe – geantwortet habe. Mit einem halben Lächeln gab Jurek zurück, er habe sich wohl erlaubt, den Satz des Vaters ein wenig zu redigieren.

So geschah es ihm, daß ihm seine Muttersprache verlorenging und er lernte, in der anderen, vom schwarzen Balken verstellten Sprache seine Literatur zu verfertigen. Bei der Literaturkritik hatte er es nicht leicht. Seine Texte wurden, sofern sie vom Holocaust und den Folgen handelten, zu rasch heilig gesprochen, die vielen anderen, die sich dem überwältigenden Thema nicht zuordnen ließen, nicht selten mit Befremden und gereizter Enttäuschung aufgenommen. Seine Erfahrungen und Begabungen eigneten sich wohl nicht für die „neue Subjektivität“ und nicht für die neue Reinlichkeit und deren Verbote, die von der „endgültigen Überwindung des Realismus“, vom „Ende des Erzählens“, von der „reaktionären Funktion der Pointe“ und vom „Schreiben über das Schreiben“ sprachen. Man kam wohl auch nicht damit zurecht, daß er, ein Überlebender des Holocaust, unter anderem ein großer Unterhaltungskünstler war und kraft dieser Begabung ziemlich viel Geld verdiente. Jurek Becker, wohl einer von den fünf oder sechs Autoren seiner Generation, an die man sich in zwanzig und hundert Jahren noch erinnern wird, hat seit seiner Ankunft im Westen – also seit immerhin zwanzig Jahren – keinen der größeren Literaturpreise erhalten. Ich bin nicht sicher, ob die Juroren der deutschen Literatur begriffen haben, was mit dem Tod dieses Schriftstellers verlorenging. Er hat – fast in einem Solo-Aufstand – etwas in die neuere deutsche Literatur zurückgebracht, was ihr seit fünfzig Jahren fehlt – die Leichtigkeit, den melancholischen Witz, die intellektuelle Schärfe und jene wunderbar schwebende Sentimentalität, mit der deutsche Juden seit Jahrhunderten die Sprache und Literatur dieses Landes aufgepfeffert haben. Aber die Geschichte vom unfreiwilligen Meister einer Sprache, von der er als Kind vor allem die Schreckenswörter hörte, hat fast ein tröstliches Ende. Das deutsche Publikum hat diesen leichthändigen, irgendwie oder angeblich „undeutschen“ Realisten wie kaum einen anderen Schriftsteller geliebt.

„Auf Wiedersehen“, sagte ich, als wir uns auf der Straße umarmten. Er sah mich an, eher forschend als traurig, als wolle er wissen, ob ich mir diese beiden Worte, bevor ich sie aussprach, auch gut überlegt hätte.

Klaus Poche

Jurek Becker

... sagte mal jemand vor zig Jahren in einer vertrauten Runde und einfach so, ohne Ziel und ohne Häme: „Red' doch mal über dich, Jurek", da stand der auf und verließ lächelnd das Zimmer und kehrte erst dann zurück, als er rausgefunden hatte, daß man sich längst über ein anderes Thema hermachte. Jurek wußte über Jurek am besten Bescheid, er sah keine Veranlassung, das Ratespiel durch etwaige Hinweise abzukürzen ...

... was er über sich und von sich wissen lassen wollte, das hat er alles schriftlich hinterlassen, er ist also nachzulesen. Alles ‚Nachgereichte' über ihn sind Mutmaßungen, mögliche Fehleinschätzungen, Episödchen, er kann sich doch nicht mehr wehren gegen Ablehnung oder Vereinnahmung, er kann nicht widersprechen, nicht korrigieren, nicht mal kommentieren, an sowas konnte er schon immer ‚kaputtgehen', na okay, nicht auf der Stelle und direkt kaputt, aber immerhin, in dieser Richtung etwa und zumindest ...

... er mochte Öffentlichkeit, er suchte Anerkennung, Aufmerksamkeit, er genoß sie auch. Aber dann suchte er immer weniger, noch viel weniger genoß er, schließlich entzog er sich jedem größeren Publikum, das lief so lautlos. Nur unter wenigen seiner ehemaligen engsten Freunde reicht es heute, wenn einer seinen Namen nennt, sie dem Namen abruptes Schweigen und hilflose Blickwechsel folgen lassen. Das ist so viel, mehr als alle noch so wohlgemeinten Nachrufe. Nachrufe fand er schon immer Scheiße ...

... vor fast vierzig Jahren habe ich ihn kennen und bald schon lieben gelernt wie einen kleinen und einen großen Bruder, er suchte Schutz, und er gab Schutz. Seit fünf Jahren liegt er auf dem Friedhof von Sieseby (wenn ich ihn hätte ärgern wollen, hätte ich vom FRIEDHOF ZU SIESEBY geschrieben), er wollte nicht in Berlin sterben und da auch nicht begraben sein. Die wahren Gründe hat er mir verschwiegen, eine seiner letzten Bosheiten, schließlich wußte keiner wie er so genau, daß ich ein Leben lang für mich auf der Suche nach einem letzten Ort war, möglichst Hauptallee, die sonntäglichen Besucher. Er hat sich auf einem Seitenweg niedergelassen ...

... „Dein Pech, Alter", höre ich ihn sagen, natürlich amüsiert, sein Lächeln dazu, die verschmitzte Trauer in seinen Augen. „Also", sage ich, „du bist doch wieder nur mal vorangegangen, wir alle kommen nach". „Bitte, nicht alle", höre ich's aus Sieseby flehentlich. Vielleicht auch ich nicht, er wurde ja nie so deutlich. „Bis ganz gleich, Alter", beendete er seine Telefonate. Er möge mir verzeihen, aber in meinem Alter sagt man lieber „bis bald und wer weiß wo, alles andere später, Alter, du bist ja mittlerweile auch über sechzig. Also bis bald" ...

Jurek Becker bei einer Lesung 1983.

Lesen und Reisen

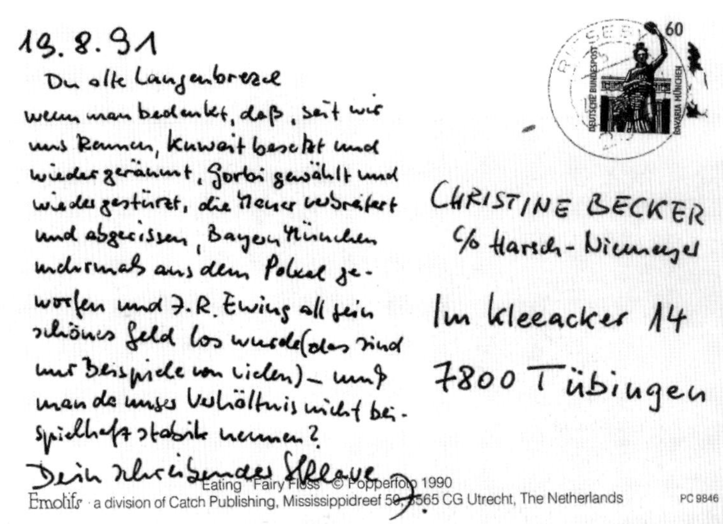

19.8.91

Du alte Laugenbrezel
wenn man bedenkt, daß, seit wir
uns kennen, Kuweit besetzt und
wieder geräumt, Gorbi gewählt und
wieder gestürzt, die Mauer verbreitert
und abgerissen, Bayern München
mehrmals aus dem Pokal geworfen und J. R. Ewing all sein
schönes Geld los wurde (das sind
nur Beispiele von vielen) – muß
man da unser Verhältnis nicht beispielhaft stabil nennen?
Dein schreibender Sklave J.

CHRISTINE BECKER
c/o Harsch-Niemeyer
Im Kleeacker 14
7800 Tübingen

60 DEUTSCHE BUNDESPOST BAVARIA MÜNCHEN

Eating "Fairy Floss" © Popperfoto 1990
Emotifs · a division of Catch Publishing, Mississippidreef 50, 3565 CG Utrecht, The Netherlands PC 9846

19.8.91

Du alte Laugenbrezel
wenn man bedenkt, daß, seit wir
uns kennen, Kuweit besetzt und
wieder geräumt, Gorbi gewählt und
wieder gestürzt, die Mauer verbreitert
und abgerissen, Bayern München
mehrmals aus dem Pokal geworfen und J. R. Ewing all sein
schönes Geld los wurde (das sind
nur Beispiele von vielen) – muß
man da unser Verhältnis nicht beispielhaft stabil nennen?

Dein schreibender Sklave J.

Jurek Becker und Christine 1985.

30.8.92

Du alter Bratenwender,
heute habe ich im Fernsehen
gehört, daß wegen der vielen
Reibereien erwogen wird,
die deutsche Wiedervereinigung rückgängig zu machen.
Ich habe das doch hoffentlich nicht falsch verstanden?

Dein vor Sehnsucht
halluzinierender
Jurek

23.9.92

Du alte Hörbrille,
zu Hannover gibt es nicht mehr
zu sagen, als daß es eine riesige
Fußgängerzone ist, um die herum
tausende Autos ihre Runden drehen,
auf der vergeblichen Suche nach einem
Parkplatz. Hin und wieder verliert
einer die Nerven und prescht zwischen
die Passanten – mein Gott, gibt das
dann immer ein Gespringe.

Halbguten Mutes, voller Liebe
Jurek

Jurek Becker 1983.

29.9.92

Du alter Kostenvoranschlag,
Essen kannte ich ja nun
schon. Der Preßlufthammer
vor dem Hotel, der trübe
Himmel, die aufgerissene
Fußgängerzone, die Millionen
Wurstbuden – alles wie früher.
Und auch, daß Du nicht hier
bist, ist nicht neu. Ich
glaube, beim nächstenmal
lasse ich Essen weg.

Dein Hauptbewunderer
J

5.11.92

Du alte Vorsatzlinse,
gestern, bei der Lesung, hat mich
einer gefragt, wie ich mich als
polnischer Jude in dieser Zeit in
Deutschland fühle. Ich habe ihn gefragt, wie er sich als taube Nuß in
Deutschland fühlt, aber dann ist
die Sache nicht weiter vertieft
worden. Du siehst, hin und
wieder gibt es doch etwas Abwechslung.

Dein tiefempfundener
J.

Jurek Becker als Gastdozent für Poetik an der Goethe-Universität in Frankfurt am Main 1989.

6.11.92

Du altes Ozonloch,
Trier ist eine wirklich interessante Stadt. Sie wurde vor 2000 Jahren von Karl Marx gegründet, dem zu Ehren heute noch ein Viadukt die Stadt durchzieht. Auch gibt es an jeder zweiten Ecke ein Marx-Denkmal, allerdings trägt er immer ein Römer-Kostüm. Ist das nicht seltsam?

Dein Quitscher
Jurek

12.11.92

Du alter Doppelwhopper,
Stuttgart, mehr gibt es eigentlich nicht zu sagen. Ich sitze im Café und bin nicht mehr auf der Stern-Bestsellerliste. Begreifst Du das – einfach verschwunden! Wie können Menschen anderen Menschen soetwas antun? Gehört eine solche Sache nicht zu ai? Auf alle Fälle werde ich bei der Lesung heute abend darüber reden, nur darüber.

We shall overcome!
J.

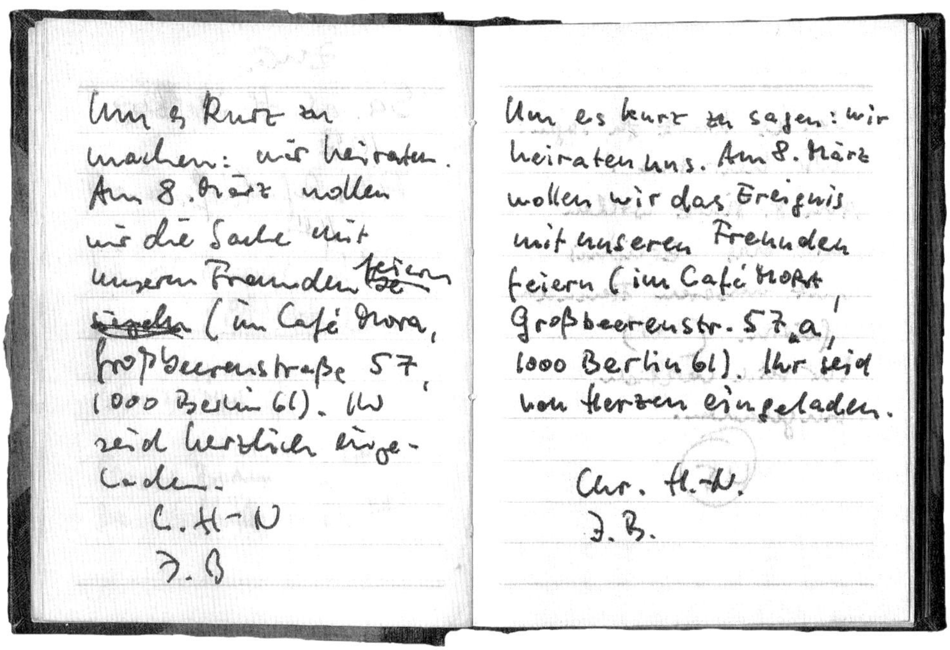

Um es kurz zu machen: wir heiraten. Am 8. März wollen wir die Sache mit unseren Freunden feiern ~~zu begehen~~ (im Café Mora, Großbeerenstraße 57, 1000 Berlin 61). Ihr seid herzlich eingeladen.
C. H-N
J. B

Um es kurz zu sagen: wir heiraten uns. Am 8. März wollen wir das Ereignis mit unseren Freunden feiern (im Café Mora, Großbeerenstr. 57a, 1000 Berlin 61). Ihr seid von Herzen eingeladen.
Chr. H.-N.
J. B.

Jurek und Christine Becker. Hochzeitsreise, Paris 1986.

S. 182:
Jurek Becker und Christine Ende 1984.

Text der Einladungskarte zur Hochzeitsfeier 1986. Handschriftlicher Entwurf im Notizbuch. 2 Bl.

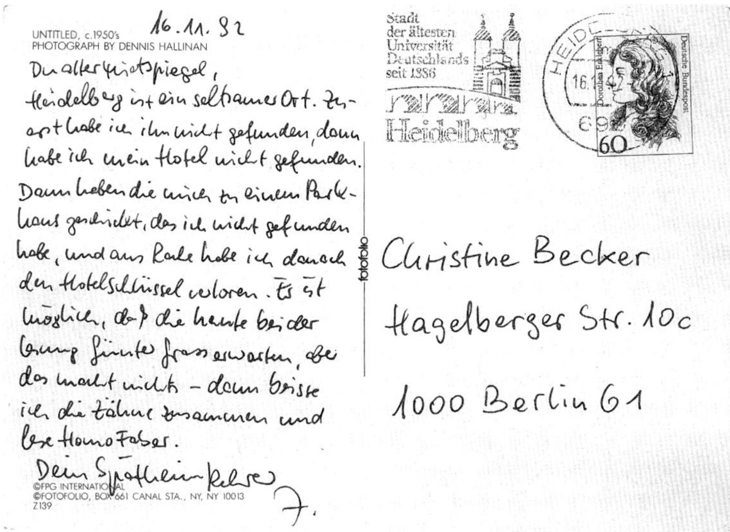
UNTITLED, c.1950's
PHOTOGRAPH BY DENNIS HALLINAN
16.11.92
Du alter Mietspiegel,
Heidelberg ist ein seltsamer Ort. Zuerst habe ich ihn nicht gefunden, dann habe ich mein Hotel nicht gefunden. Dann haben die mich zu einem Parkhaus geschickt, das ich nicht gefunden habe, und aus Rache habe ich danach den Hotelschlüssel verloren. Es ist möglich, daß die heute bei der Lesung Günter Grass erwarten, aber das macht nichts – dann beisse ich die Zähne zusammen und lese Homo Faber.
Dein Spätheimkehrer
J.
©FPG INTERNATIONAL
©FOTOFOLIO, BOX 661 CANAL STA., NY, NY 10013
Z139
fotofolio
Stadt der ältesten Universität Deutschlands seit 1386
Heidelberg
HEIDELBERG 16.11.92
Deutsche Bundespost 60
Christine Becker
Hagelberger Str. 10c
1000 Berlin 61

16.11.92

Du alter Mietspiegel,
Heidelberg ist ein seltsamer Ort. Zuerst habe ich ihn nicht gefunden, dann habe ich mein Hotel nicht gefunden. Dann haben die mich zu einem Parkhaus geschickt, das ich nicht gefunden habe, und aus Rache habe ich danach den Hotelschlüssel verloren. Es ist möglich, daß die heute bei der Lesung Günter Grass erwarten, aber das macht nichts – dann beisse ich die Zähne zusammen und lese Homo Faber.

Dein Spätheimkehrer
J.

21.10.93

Du alte Vorwarnstufe,
in Augsburg wohne ich in einem Gästehaus St. Ullrich (frag mich nicht warum), das von der katholischen Kirche betrieben wird. An der Wand hängt eine Hausordnung, wonach FRAUENBESUCHE auf den Zimmern verboten sind. Ich werde mich an der Rezeption erkundigen, warum die Schwulen es so viel besser haben sollen als unsereins. Ist doch sonst nicht Johannes Pauls Art.

D. D. h. l. Jurek

Jurek Becker
1990.

11.10.95, Swansea

Du neidlose Anerkennung,
an der Universität wundern sie sich
hinter vorgehaltener Hand, daß die
Leute in der DDR bei ihrer Eroberung
durch das westdeutsche Empire so
wenig Widerstand geleistet haben. Wenn
ich dann sage, sie würden sich schon
deswegen nicht wehren, weil sie unbedingt zu den Westdeutschen
wollten, schüttelt es die Waliser, und
sie wechseln schnell das Thema,
weil sie schwer daran zweifeln,
ob man meinen Aussagen
trauen kann.

Bis gleich, Du Buttercremetorte,
J

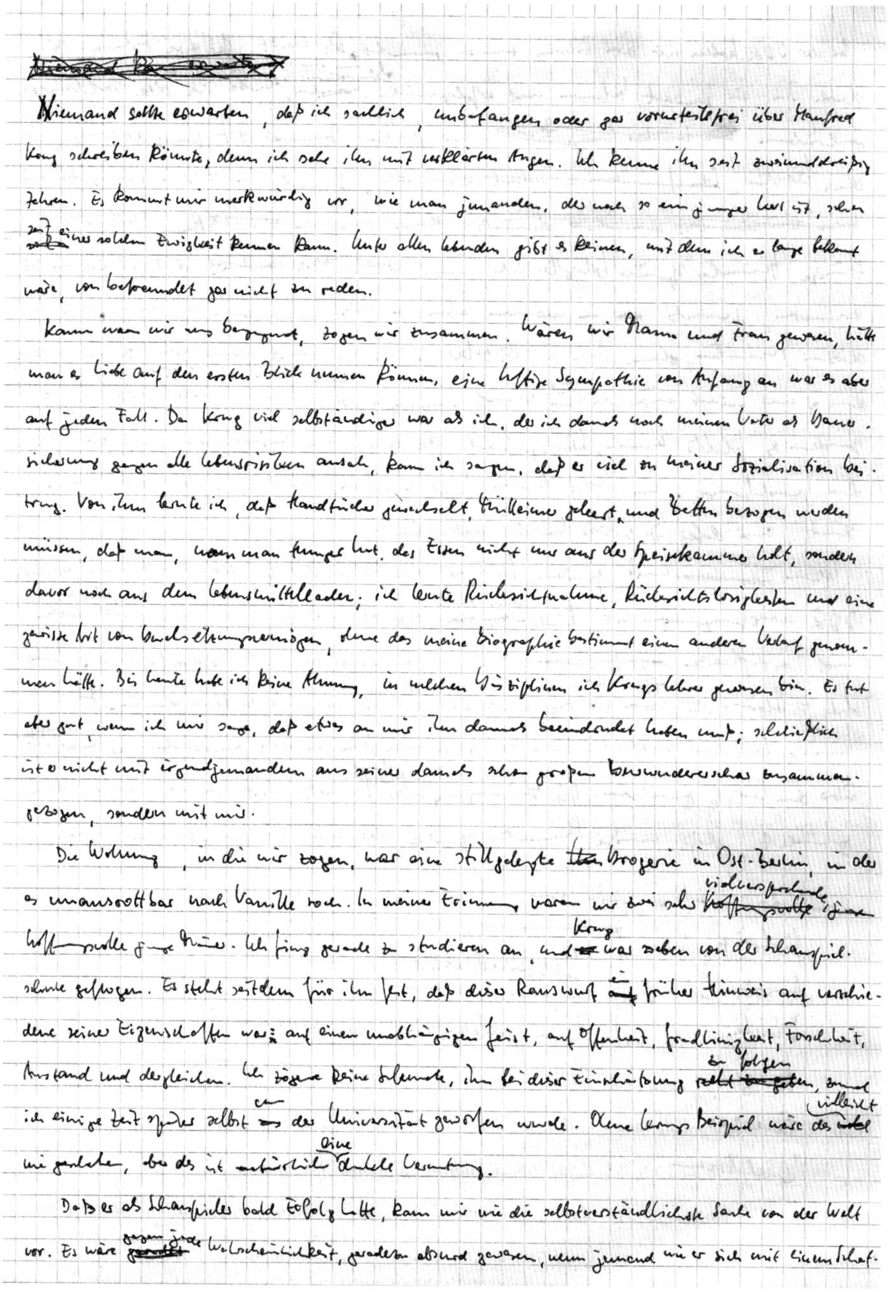

Niemand sollte erwarten, daß ich sachlich, unbefangen oder gar vorurteilsfrei über Manfred Krug schreiben könnte, denn ich sehe ihn mit verklärten Augen. Ich kenne ihn seit zweiunddreißig Jahren. Es kommt mir merkwürdig vor, wie man jemanden, der noch so ein junger Kerl ist, schon seit einer solchen Ewigkeit kennen kann. Unter allen Lebenden gibt es keinen, mit dem ich so lange bekannt wäre, von befreundet gar nicht zu reden.

Kaum waren wir uns begegnet, zogen wir zusammen. Wären wir Mann und Frau gewesen, hätte man es Liebe auf den ersten Blick nennen können, eine heftige Sympathie von Anfang an war es aber auf jeden Fall. Da Krug viel selbständiger war als ich, der ich damals noch meinen Vater als Versicherung gegen alle Lebensrisiken ansah, kann ich sagen, daß er viel zu meiner Sozialisation beitrug. Von ihm lernte ich, daß Handtücher gewechselt, Mülleimer geleert und Betten bezogen werden müssen, daß man, wenn man Hunger hat, das Essen nicht nur aus der Speisekammer holt, sondern davor noch aus dem Lebensmittelladen; ich lernte Rücksichtnahme, Rücksichtslosigkeiten und eine gewisse Art von Durchsetzungsvermögen, ohne das meine Biographie bestimmt einen anderen Verlauf genommen hätte. Bis heute habe ich keine Ahnung, in welchen Disziplinen ich Krugs Lehrer gewesen bin. Es tut aber gut, wenn ich mir sage, daß etwas an mir ihn damals beeindruckt haben muß; schließlich ist er nicht mit irgendjemandem aus seiner damals schon großen Bewundererschar zusammengezogen, sondern mit mir.

Die Wohnung, in die wir zogen, war eine stillgelegte Drogerie in Ost-Berlin, in der es unausrottbar nach Vanille roch. In meiner Erinnerung waren wir zwei sehr widersprüchliche, ganz hoffnungsvolle junge Männer. Ich fing gerade zu studieren an, und Krug war soeben von der Schauspielschule geflogen. Es steht seitdem für ihn fest, daß dieser Rauswurf ein früher Hinweis auf verschiedene seiner Eigenschaften war: auf einen unabhängigen Geist, auf Offenheit, Gradlinigkeit, Forschheit, Anstand und dergleichen. Ich zögere keine Sekunde, ihm bei dieser Einschätzung zu folgen, zumal ich einige Zeit später selbst von der Universität geworfen wurde. Ohne Krugs Beispiel wäre das vielleicht nie geschehen, aber das ist eine dunkle Vermutung.

Daß er als Schauspieler bald Erfolg hatte, kam mir wie die selbstverständlichste Sache von der Welt vor. Es wäre gegen jede Wahrscheinlichkeit, geradezu absurd gewesen, wenn jemand wie er sich mit einem Schaf-

Handschriftlicher Entwurf des Textes über Manfred Krug, 1989. 1 von 2 Bl.

Jurek Becker

Lebenslänglich Manfred Krug

Niemand sollte erwarten, daß ich sachlich, unbefangen oder gar vorurteilsfrei über Manfred Krug schreiben könnte, denn ich sehe ihn mit verklärten Augen. Ich kenne ihn seit zweiunddreißig Jahren. Es kommt mir merkwürdig vor, wie man jemanden, der noch so ein junger Kerl ist, schon seit einer solchen Ewigkeit kennen kann. Unter allen Lebenden gibt es keinen, mit dem ich so lange bekannt wäre, von befreundet gar nicht zu reden.

Kaum waren wir uns begegnet, zogen wir zusammen. Wären wir Mann und Frau gewesen, hätte man das Liebe auf den ersten Blick nennen können, eine heftige Sympathie von Anfang an war es aber auf jeden Fall. Da Krug viel selbständiger war als ich, der ich damals noch meinen Vater als Dauersicherung gegen alle Lebensrisiken ansah, kann ich sagen, daß er viel zu meiner Sozialisation beitrug. Von ihm lernte ich, daß Handtücher gewechselt, Mülleimer geleert und Betten bezogen werden müssen, daß man, wenn man Hunger hat, das Essen nicht nur aus der Speisekammer holt, sondern davor noch aus dem Lebensmittelladen; ich lernte Rücksichtnahme, Rücksichtslosigkeiten und eine gewisse Art von Durchsetzungsvermögen, ohne die meine Biographie bestimmt einen anderen Verlauf genommen hätte. Bis heute habe ich keine Ahnung, in welchen Disziplinen ich

Manfred Krug und Jurek Becker Ende der 50er Jahre.

Krugs Lehrer gewesen bin. Es tut aber gut, wenn ich mir sage, daß etwas an mir ihn damals beeindruckt haben muß; schließlich ist er nicht mit irgendjemandem aus seiner damals schon großen Bewundererschar zusammengezogen, sondern mit mir.

Die einzige Wohnung, die wir fanden, war eine stillgelegte Drogerie in Ost-Berlin, in der es unausrottbar nach Vanille roch. In meiner Erinnerung waren wir zwei wunderbar hoffnungsvolle und vielversprechende junge Männer. Ich fing gerade zu studieren an, und Krug war soeben von der Schauspielschule geflogen. Es steht seitdem für ihn fest, daß dieser Rauswurf ein früher Hinweis auf verschiedene seiner Eigenschaften war: auf einen unabhängigen Geist, auf Offenheit, Gradlinigkeit, Forschheit, Anstand und dergleichen. Ich zögere keine Sekunde, ihm bei dieser Einschätzung zu folgen, zumal ich einige Zeit später selbst von der Universität geworfen wurde. Ohne Krugs Beispiel wäre das vielleicht nie geschehen, aber das ist nur eine dunkle Vermutung.

Daß er als Schauspieler bald Erfolg hatte, kam mir wie die selbstverständlichste Sache von der Welt vor. Es wäre gegen jede Wahrscheinlichkeit, geradezu absurd gewesen, wenn jemand wie er sich

Manfred Krug kurz vor seiner Ausreise aus der DDR 1977 mit den Freunden Willy Moese und Jurek Becker.

mit einem Schattendasein hätte begnügen müssen. Es wäre eine Verschwendung gewesen, die keiner sich leisten kann.

In der DDR haben wir zusammen zwei Filme gemacht. Das heißt, für zwei Filme, die durch ihn ein Gesicht bekamen und Erfolg hatten, habe ich die Drehbücher geschrieben. Im frühen Sommer 77 ging er weg, in den Westen. Einige Monate später folgte ich ihm. Ich kann mich nicht erinnern, jemals in meinem Leben so einsam gewesen zu sein wie in diesen Monaten, ohne ihn in Ost-Berlin. Das ist nicht übertrieben sentimental, denn es war nicht einfach nur ein Freund gegangen, den man erbärmlich vermißte, sondern es fehlte meinem Lebensgefühl, das von ihm miterfunden war, plötzlich die Grundlage. In West-Berlin fand so etwas wie eine Wiedervereinigung statt, und dabei ist es bis heute geblieben.

Wenn man sich mit zwölfjährigem Abstand die Frage stellt, warum er damals die DDR verlassen hat, kann man anstelle einer Antwort all die Schikanen und Lästigkeiten aufzählen, denen er ausgesetzt war. Eine solche Erklärung wäre richtig, und doch schiene sie mir zu kurz geraten. Meine

Jurek Becker und Manfred Krug 1996.

heutige Antwort würde lauten: Die DDR war ihm zu eng geworden, er war ihr über den Kopf gewachsen. Die Beilegung des damaligen akuten Streits hätte nichts mehr daran ändern können, daß wenige Minuten später der nächste ausgebrochen wäre. Und das hat er mit seinem Auszug sich und der DDR erspart.

Im Westen hat der Erfolg nicht gerade auf ihn gelauert, doch er kriegte ihn zu packen. Das wäre ja auch noch schöner, wenn er hier durch die Roste gefallen wäre, er mit seinen tausend Kunststücken. Zwar hat er Staat und Gesellschaftsordnung gewechselt, aber schließlich handelt es sich um dieselbe Welt. Er kam als ein vierzigjähriger Unbekannter an, steckte seine Nase ein paarmal ins Fernsehen, und schon war man ihm verfallen. Sicher würde er jetzt sagen: So einfach war es weiß Gott nicht. Aber ich behaupte: Doch genau so einfach war's!

Als wir das gemeinsame Projekt einer Fernsehserie ins Auge faßten, war er schon ein West-Star. Ich habe mich hingesetzt und mir vorzustellen versucht, was für ein Rechtsanwalt Krug wäre, wenn er Rechtsanwalt geworden wäre. Das Resultat hieß „Liebling Kreuzberg". Er ist also auf zweierlei Weise darin präsent: Zum einen als Darsteller einer Rolle, die ihm wahrscheinlich liegt, zum anderen als ständige Inspirationsquelle für einen Autor, der ihn immer vor Augen hatte, vor seinen verklärten.

Da sich viele Menschen für Krug interessieren, wird ein Buch über ihn wahrscheinlich auch auf Interesse stoßen, ein Buch mit Manfred Krug in der Hauptrolle. Dafür soll dies eine Art Vorwort sein. Ich habe noch nie ein Vorwort geschrieben, aber er ist sozusagen dabei, da kann mir nicht viel passieren. Was immer man unternimmt, mit ihm geht es meistens gut, mit ihm ist alles anders.

Vorwort zu: Berndt Schultz „Manfred Krug". Porträt des Sängers und Schauspielers. Bergisch Gladbach 1989.

25.3.86

Lieber Manfred,

es ist geradezu albern, wie sehr Du mir fehlst. Die ganze Heiraterei war natürlich eine gewaltige und lang anhaltende Ablenkung; aber nun ist sie vorbei, nun bin ich ein verheirateter Mann, und die Sehnsucht ist wieder da. In Zukunft brauchst Du mir nur zu drohen, daß Du für ein paar Monate wegfährst, und ich schreibe Dir, was Du willst. Nee, im Ernst: da lebt man bloß die paar lumpigen Jahre, und Du in der einen Wüste und ich in der anderen. Von ganzem Herzen wünsche ich Dir ein paar Prozent mehr Luftfeuchtigkeit (oder weniger?).

Zum Geschäftlichen. Liebling feiert, zu unserer beider Erstaunen, Triumphe. Die Zeitungen sind voll davon, feiern Dich und mich und uns, und die Einschaltquote ist irre. Gestern abend lief die letzte Folge: die Ansagerin fraß aus einer riesigen Schüssel rote Grütze (plötzlich hatte ich den Verdacht, Oetker steckt hinter dem Ganzen) und sagte, dies sei nun leider die letzte Folge, aber keine Angst, an der Fortsetzung würde schon gearbeitet, man werde sie rechtzeitig ankündigen. Das ist insofern ein starkes Stück, weil bis jetzt nicht die Spur eines Vertrages existiert und der Sender kein Wort mit mir über eine Fortsetzung gesprochen hat.

Nur Meissner hat mit mir bisher geredet. Er will einen Vertrag über 13 (dreizehn) Folgen mit mir machen. Am Geld liegt's nicht, aber ich will einiges vorher klären. Zum Beispiel die Regie-Frage. Schirk kommt nicht in Frage, mir gehen die Namen Frank Beyer (der es tun würde) und Itzenplitz (der es auch tun würde) im Kopf herum. Was hältst Du davon. Und vor allem: willst denn Du überhaupt? So viel und so lange und diese Riemen von Text? Gib mir doch ein Zeichen, denn die drängeln, und sehr viel Zeit ist ja auch nicht. Nebenbei bemerkt glaube ich, daß, wenn ich nun einen Vertrag abschließen würde, Deine Position beim Vertragaushandeln ganz gut wäre. Die scheinen zu allerhand bereit zu sein. Meissner sagt, weil das Projekt für den kleinen SFB zu teuer ist, wollen sich der WDR und der NDR daran beteiligen.

Ansonsten war unsere Hochzeit sehr schön. Ich war fröhlich wie selten, außer in den Gedenkminuten an Dich, die ich verabredungsgemäß immer wieder eingelegt habe. Selbst Unseld hat Dich vermißt.

Fühl Dich wohl und sei umarmt und geküßt
Jurek

Handschriftlicher Entwurf eines Briefes von Jurek Becker an Manfred Krug. 2 Bl.

Jurek Becker, Manfred Krug und Wolfgang Menge bei einer Talkshow in Berlin 1986.

Liebling Kreuzberg

Nicolas Becker

Jurek Becker als Unterhaltungskünstler

Die letzten 14 Jahre seines Lebens, fast während der ganzen Regierungszeit von Helmut Kohl, hat Jurek Becker an einem Werk gearbeitet, das ihm zwar gelungen schien, auf das er aber nicht so richtig stolz sein mochte: Liebling Kreuzberg, eine der erfolgreichsten und besten Fernsehserien des öffentlich-rechtlichen Ersten Programms, vielfach wiederholt und prämiert, eine Serie, die in den verschiedenen sozialen Schichten Deutschlands gleichermaßen Entzücken hervorrief und die Manfred Krug auch im Westen zu einer Kultfigur machte.

Jurek jedoch, der die Figur des Robert Liebling geschaffen hatte, wurde das Gefühl nicht los, das alles sei bloß Handwerk, das er zwar beherrsche und das ihm auch durchaus Spaß bereite, das ihm aber allenfalls die Mittel verschaffe, in Ruhe und ohne allzugroße finanzielle Sorgen ernsthafte Bücher, Literatur zu schreiben. Der Erfolg der Serie, so fürchtete er, werde die Wünsche der Produzenten und Sender nach einer Fortsetzung des Erfolges nur intensivieren und ihm die Zeit stehlen, die er sich für seine eigentliche Arbeit reserviert habe. In den erkämpften Intervallen, in denen er nicht an der Serie arbeitete, entstanden unter anderem „Bronsteins Kinder“ und „Amanda herzlos“.
Zwischendurch, auf dem Höhepunkt seines Erfolges nach der Wiedervereinigung wollte Jurek ganz mit Liebling aufhören. Er stimmte zu, daß Ulrich Plenzdorf seiner Figur „Robert Liebling“ weitere Abenteuer und Rechtsfälle andichten durfte, sogar einen Umzug an den Prenzlauer Berg.

Das Zwischenspiel Plenzdorf, der 13 Folgen schrieb, erwies sich insgesamt gesehen als wenig glücklich. Einmal weil Plenzdorf verständlicherweise kein Ghostwriter sein wollte und seine eigenen, vom Bisherigen abweichenden Konzeptionen verfolgen wollte, was bei gewohnheitssüchtigen Serienguckern stets ein Risiko darstellt, und weil einige der Vorzüge der Beckerschen Drehbücher erst angesichts dessen, was sein Nachfolger vorlegte, richtig deutlich wurden: Becker nämlich hatte die Philosophie der Serie, seine Botschaften nie in Volkshochschulmanier seinem Publikum mit schwerer Hand beizubringen versucht. Bei ihm ging es anders zu. Frontalunterricht und Zeigefinger gab es nicht. Dafür aber „beiläufiges Unterjubeln“, „Lernen durch Witz“ und „Pädagogik, die man nicht merkt“. Bei diesen Techniken der indirekten Beeinflussung kam ihm natürlich ganz enorm sein ungeheures Talent, realistische, leichte, in der sozialen Färbung wiedererkennbare Dialoge zu schreiben, zustatten.

Lernen sollte das Publikum die Ehrfurcht vor den Verfahrensvorschriften, daß in diesem Rechtsstaat nur unter ihrer Beachtung eine relative Wahrheit festzustellen ist, daß manchmal die Fragen „wer hat schuld?“ und „wird am Ende der Schuldige auch bestraft?“ nicht mehr so wichtig sind, daß der Bürger auch als Beschuldigter Subjekt des Verfahrens ist und daß es sich in jeder sozialen Lage zu kämpfen lohnt. Nebenbei hat Jurek auch einiges zur Verbesserung des sozialen Renommees des Anwalts getan: geldgieriger Winkeladvokat, Trickser lauten ja die gängigen Klischees. Auch Robert Liebling ist geldgierig. Und er ist grob. Aber er setzt sich für seine Mandanten bedingungslos ein, und er arbeitet nur mit legalen, wenn auch nicht stets mit standesgemäßen Mitteln. Die Hebung des Anwaltsrenommees durch Liebling Kreuzberg erschien dem Deutschen Anwaltsverein so eindrucksvoll, daß er Jurek 1988 die Hans-Dahs-Plakette für Verdienste um die deutsche Anwaltschaft verlieh, eine Ehrung, die zuvor noch nie einem Nichtjuristen verliehen worden war. Mir ist noch in Erinnerung, wie Jurek doch recht befremdet von der Zeremonie in München berichtete, die so wenig mit Liebling Kreuzberg zu tun hatte und bei der er als Ehrengast neben einem ungeliebten Innen- oder Justizminister zu sitzen kam und sich ständig fragen mußte, womit habe ich diese Gesellschaft verdient. Aber die Hebung des Ansehens der Anwälte lag Jurek nicht dauernd am Herzen. In Jureks Drehbüchern findet sich nicht nur die phänomenologisch korrekte Bezeichnung „Mietgehirne“, sondern auch die Antwort „er bewegt die Lippen“ auf die Frage „woran merkt man, ob ein Anwalt lügt?“.

Neben der Vermittlung dieser Inhalte ist es aber auch die Beschwingtheit Jureks, der sich gerade in der Anfangsphase freute, seinem Freund Krug eine Rolle auf den Leib zu schreiben, die ihn kritisierte, wie er war, und ihm gleichzeitig zu verstehen gab, daß er ihn genau so mochte, die das Besondere dieser Serie ausmacht. Sozusagen eine ellenlange Liebeserklärung.

1995 gelang es Otto Meissner, dem Siegfried Unseld der Fernsehserienproduktion, Jurek noch einmal zur Rückkehr zum Liebling-Kreuzberg-Projekt zu überreden. Er schrieb 17 weitere Folgen bis kurz vor seinem Tod. Mit ungeheurer Disziplin und Akribie wie beim ersten Drehbuch. Zunächst Stoffsammlung, Besuch von Gerichten, Gespräche mit Rechtsanwälten, Lektüre juristischer Bücher, Milieustudien. Dann feinsäuberlich eingetragen in kartonierte schöne Schreibhefte die einzelnen Fallgestaltungen, die er abhandeln wollte. Von meiner Seite mit juristischen Lösungen und dem entsprechenden Vokabular verproviantiert. Dann 4 bis 5 Wochen Klausur, lediglich unterbrochen von kurzen Anrufen, technisch-juristische Fragen betreffend. Schließlich ein Anruf „können wir heute Nachmittag Kaffee trinken, ich bin fertig“. Beim Kaffee erhielt ich dann jeweils das neue Drehbuch, dessen Dauer er Szene für Szene durch Vorsprechen bei laufender Stoppuhr gemessen hatte. Ich sandte ihm jeweils einige Tage später einen Vermerk, der sich darauf beschränkte, eine juristisch korrekte Terminologie und einen der Gerichtserfahrung entsprechenden Ablauf einzufordern und auch auf standesrechtliche Verstöße Lieblings/Krugs hinzuweisen. Letztere Bedenken wurden meist ignoriert, weil man Liebling/Krug angesichts ihres Charakters und der Erfordernisse der Dramaturgie nicht ständig zu standesgemäßem Verhalten zwingen könne. Ferner war es auch klar, daß Liebling aus Gründen dramaturgischer Farbigkeit nicht alle Mandantengespräche, wie normalerweise bei Rechtsanwälten üblich, in seiner optisch doch recht unergiebigen Kanzlei führen konnte. Liebling mußte hinaus in die Waschküche der Mandantin, zum Restaurant des beschuldigten Italieners, zum privaten Gärtchen des Gerichtsvollziehers. Als die Serie so gut lief, daß Jureks sparsame Schauplatzauswahl fast „unanständig" wirkte, sagte er zu mir: Wir brauchen unbedingt eine Auslandsreise, die Produktion wünscht das, Geld ist jetzt genügend da. Also schrieb er die Folge „Rom und zurück", in der Liebling einem in Italien unter falschem Namen lebenden Tierdompteur hilft, sich ohne lange Inhaftierung einem Strafverfahren wegen einer schweren, aber lange zurückliegenden Jugendsünde in Deutschland zu stellen.

Jurek, der stets davon beseelt war, seine Gäste, seine Zuschauer zu unterhalten, hatte noch mit einem anderen Problem zu kämpfen: Der Langweiligkeit der deutschen Hauptverhandlung, der Eintönigkeit des exzessiven Mündlichkeitsprinzips und dem Fehlen eines adversiellen Strafverfahrens wie in den USA, wo der Richter nicht wie in Deutschland alle Zeugen befragt und die Verhandlung leitet und über Schuld und Strafe urteilt, sondern nur die Verfahrensfragen entscheidet und nach dem Spruch der Jury allenfalls das Strafmaß bestimmt und demzufolge der Staatsanwalt und der Verteidiger die Inhalte des Strafprozesses bestimmen. Dieser Umstand führte dazu, daß insgesamt die Dauer der in „Liebling Kreuzberg" gezeigten Verhandlungsabschnitte relativ kurz ist und dafür zum Beispiel Flur- und Kantinengespräche mit Gerichtspersonen mehr Raum einnehmen. Außerdem blieb einem natürlich immer die Möglichkeit, auf Liebeshändel mit Staatsanwältinnen und begüterten, verheirateten Frauen auszuweichen, wenn die Prozesse gar zu strapaziös wurden.

Jurek hat ohne Zweifel den bekanntesten und beliebtesten deutschen Anwalt geschaffen. Er hat insgesamt 46 Folgen mit diesem Robert Liebling als Serienprotagonisten geschrieben. Das ist eine ungeheure Leistung, besonders wenn man bedenkt, daß diese Serie erstmals eine realistische, unangestrengte und demokratische Sicht auf den alltäglichen Rechtsstaat in die deutschen Haushalte trug. Nicht Curt Goetz und Dieter Borsche, sondern Jurek Becker und Manfred Krug, nicht „Rosen für den Staatsanwalt", sondern „Liebling Kreuzberg". Ein Spitzenprodukt der alten Bundesrepublik, geschaffen von zwei Künstlern, die aus der DDR stammten, hineinragend noch in das wiedervereinigte Deutschland. Eine Leistung, die sich neben großen Romanen, finde ich, durchaus sehen lassen kann.

Persönlich ist vielleicht noch eines anzufügen: Dem dominanten, autoritären, von Krug glaubhaft verkörperten Robert Liebling gesellte Jurek gleich in der ersten Folge einen jungen, leicht blassen, tüchtigen und korrekten Anwalt hinzu: Arnold. Das war dramaturgisch ohnehin geschickt, hatte jedoch auch einen biographischen Hintergrund: Ich war damals ein junger, sicherlich vergleichsweise auch blasser Sozius eines Anwalts, über dessen Dominanz und Durchsetzungsfähigkeit auch heute noch einiges in den Zeitungen zu lesen steht: Otto Schily. Jurek sagte mir später, als Arnold wieder die Berliner Bühne verlassen hatte und zunächst bei Plenzdorf durch eine Frau und dann durch den charismatischen Pelzer in Jureks letzten Folgen ersetzt worden war, seine Beobachtungen meines damaligen Verhältnisses zu Schily hätten ihn zur Figur des Arnold inspiriert, was im übrigen nicht heiße, daß Liebling irgendetwas sonst mit Schily gemein habe.

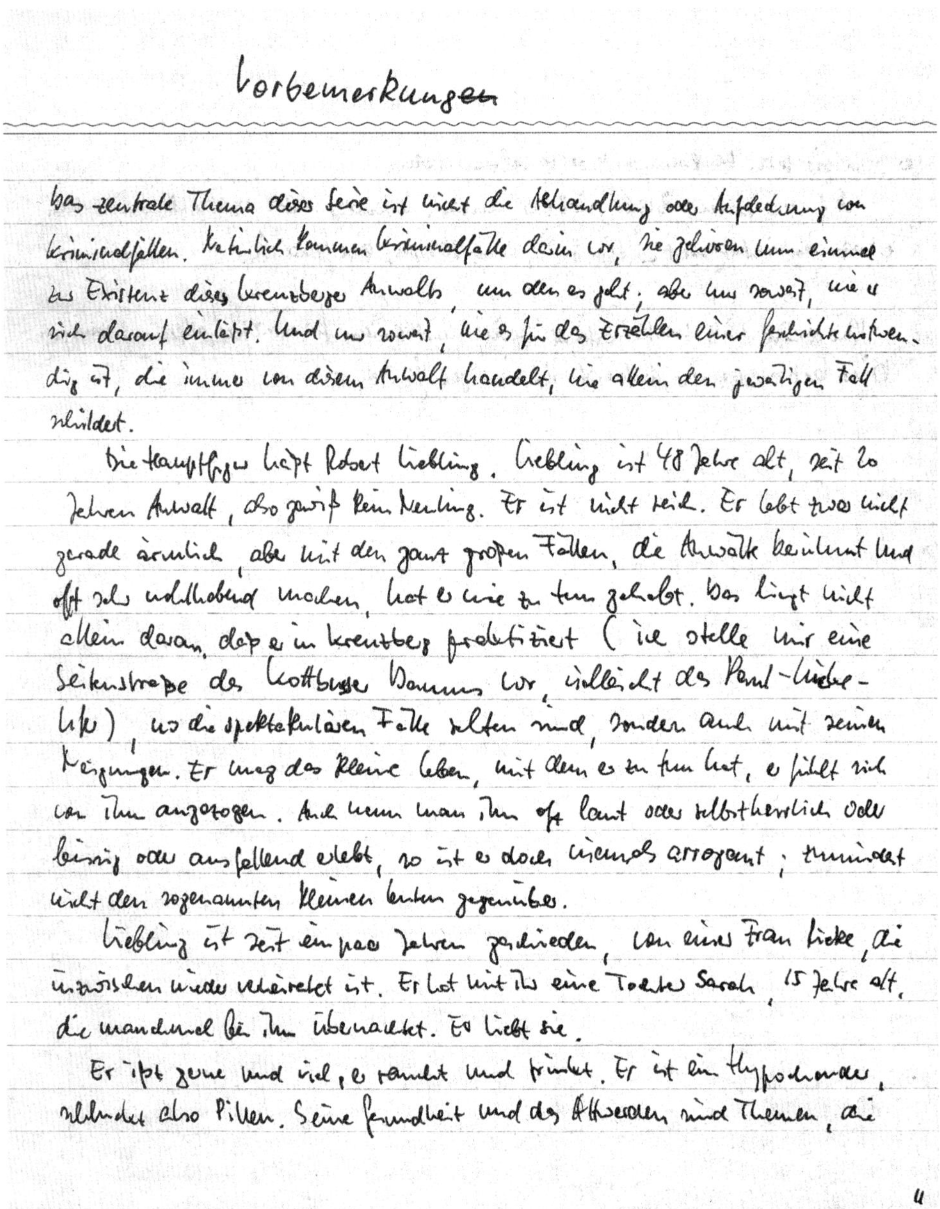

Vorbemerkungen

Das zentrale Thema dieser Serie ist nicht die Abhandlung oder Aufdeckung von Kriminalfällen. Natürlich kommen Kriminalfälle darin vor, sie gehören nun einmal zur Existenz dieses Kreuzberger Anwalts, um den es geht, aber nur soweit, wie er sich darauf einläßt. Und nur soweit, wie es für das Erzählen einer Geschichte notwendig ist, die immer von diesem Anwalt handelt, nie allein den jeweiligen Fall schildert.

Die Hauptfigur heißt Robert Liebling. Liebling ist 48 Jahre alt, seit 20 Jahren Anwalt, also gewiß kein Neuling. Er ist nicht reich. Er lebt zwar nicht gerade ärmlich, aber mit den ganz großen Fällen, die Anwälte berühmt und oft sehr wohlhabend machen, hat er nie zu tun gehabt. Das liegt nicht allein daran, daß er in Kreuzberg praktiziert (ich stelle mir eine Seitenstraße des Kottbusser Damms vor, vielleicht das Paul-Lincke-Ufer), wo die spektakulären Fälle selten sind, sondern auch an seinen Neigungen. Er mag das kleine Leben, mit dem er zu tun hat, er fühlt sich von ihm angezogen. Auch wenn man ihn oft laut oder selbstherrlich oder bissig oder ausfallend erlebt, so ist er doch niemals arrogant; zumindest nicht den sogenannten kleinen Leuten gegenüber.

Liebling ist seit ein paar Jahren geschieden, von einer Frau Lücke, die inzwischen wieder verheiratet ist. Er hat mit ihr eine Tochter Sarah, 15 Jahre alt, die manchmal bei ihm übernachtet. Er liebt sie.

Er ißt gerne und viel, er raucht und trinkt. Er ist ein Hypochonder, schluckt also Pillen. Seine Gesundheit und das Altwerden sind Themen, die

Handschriftliche Notizen zur Fernsehserie „Liebling Kreuzberg“, 1983. 2 Bl.

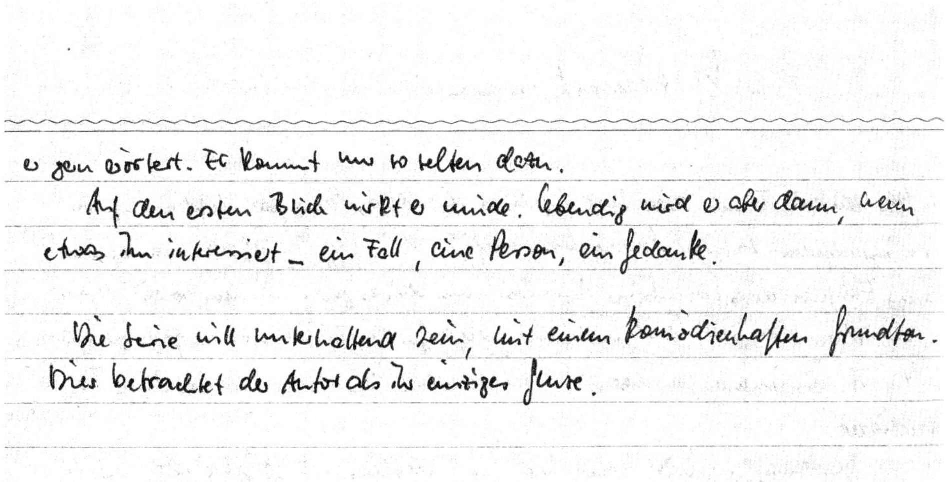
er gern erörtert. Er kommt nur so selten dazu.
Auf den ersten Blick wirkt er müde. Lebendig wird er aber dann, wenn etwas ihn interessiert – ein Fall, eine Person, ein Gedanke.

Die Serie will unterhaltend sein, mit einem komödienhaften Grundton. Dies betrachtet der Autor als ihr einziges Genre.

Vorbemerkung

Das zentrale Thema dieser Serie ist nicht die Abhandlung oder Aufdeckung von Kriminalfällen. Natürlich kommen Kriminalfälle darin vor, sie gehören nun einmal zur Existenz dieses Kreuzberger Anwalts, um den es geht; aber nur soweit, wie er sich darauf einläßt. Und nur soweit, wie es für das Erzählen einer Geschichte notwendig ist, die immer von diesem Anwalt handelt, nie allein den jeweiligen Fall schildert.

Die Hauptfigur heißt Robert Liebling. Liebling ist 48 Jahre alt, seit 20 Jahren Anwalt, also gewiß kein Neuling. Er ist nicht reich. Er lebt zwar nicht gerade ärmlich, aber mit den ganz großen Fällen, die Anwälte berühmt und oft sehr wohlhabend machen, hat er nie zu tun gehabt. Das liegt nicht allein daran, daß er in Kreuzberg praktiziert (ich stelle mir eine Seitenstraße des Kottbusser Damms vor, vielleicht das Paul-Lincke-Ufer), wo die spektakulären Fälle selten sind, sondern auch mit seinen Neigungen. Er mag das kleine Leben, mit dem er zu tun hat, er fühlt sich von ihm angezogen. Auch wenn man ihn oft laut oder selbstherrlich oder bissig oder ausfallend erlebt, so ist er doch niemals arrogant; zumindest nicht den sogenannten kleinen Leuten gegenüber.

Liebling ist seit ein paar Jahren geschieden, von einer Frau Rieke, die inzwischen wieder verheiratet ist. Er hat mit ihr eine Tochter Sarah, 15 Jahre alt, die manchmal bei ihm übernachtet. Er liebt sie.

Er ißt gerne und viel, er raucht und trinkt. Er ist ein Hypochonder, schluckt also Pillen. Seine Gesundheit und das Altwerden sind Themen, die er gern erörtert. Er kommt nur so selten dazu.

Auf den ersten Blick wirkt er müde. Lebendig wird er aber dann, wenn etwas ihn interessiert - ein Fall, eine Person, ein Gedanke.

Die Serie will unterhaltend sein, mit einem komödienhaften Grundton.
Dies betrachtet der Autor als ihr einziges Genre.

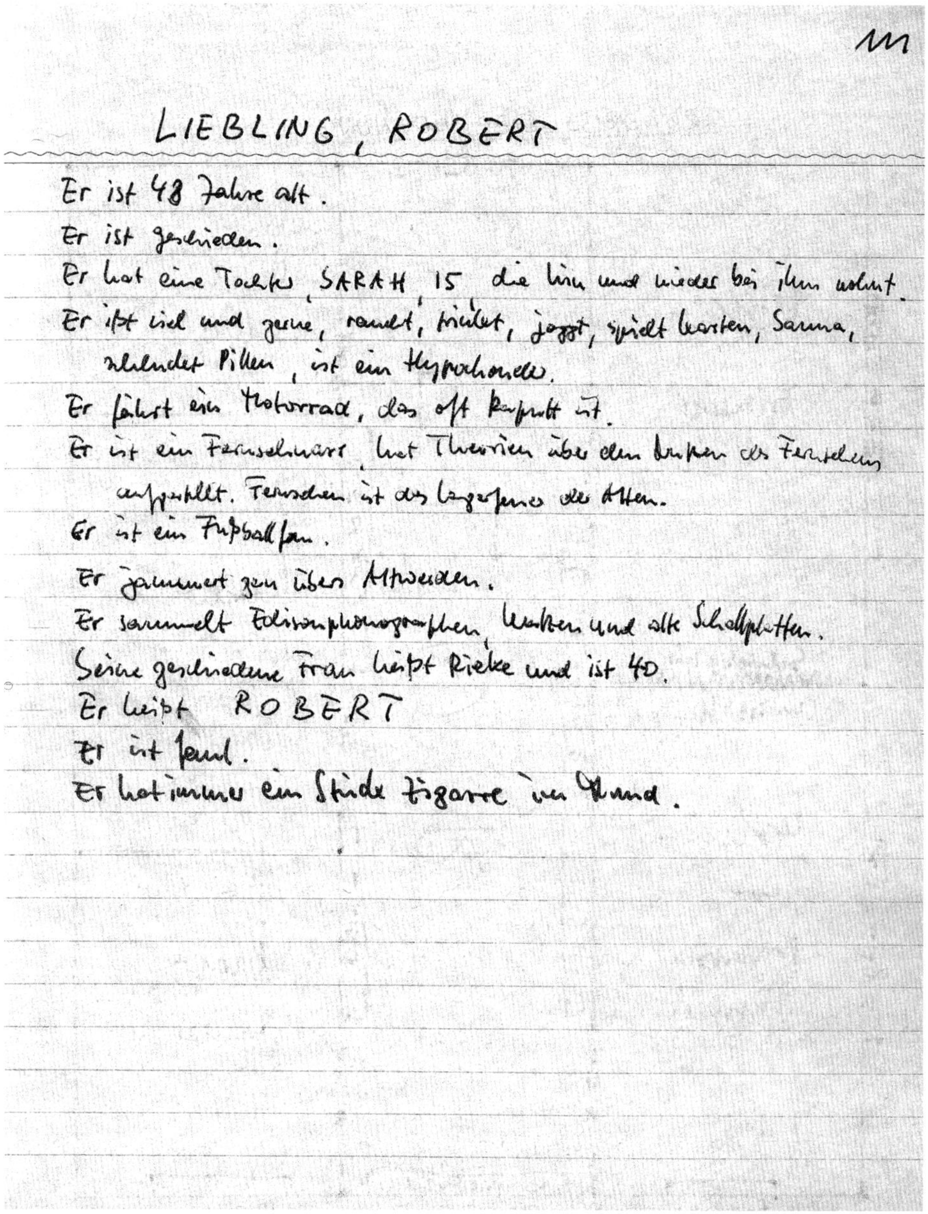

m

LIEBLING, ROBERT

Er ist 48 Jahre alt.
Er ist geschieden.
Er hat eine Tochter, SARAH, 15, die hin und wieder bei ihm wohnt.
Er ißt viel und gerne, raucht, trinkt, joggt, spielt Karten, Sauna, schluckt Pillen, ist ein Hypochonder.
Er fährt ein Motorrad, das oft kaputt ist.
Er ist ein Fernsehnarr, hat Theorien über den Nutzen des Fernsehens aufgestellt. Fernsehen ist das Lagerfeuer der Alten.
Er ist ein Fußballfan.
Er jammert gern übers Altwerden.
Er sammelt Edisonphonographen, Uhren und alte Schallplatten.
Seine geschiedene Frau heißt Rieke und ist 40.
Er heißt ROBERT
Er ist faul.
Er hat immer ein Stück Zigarre im Mund.

Handschriftliche Notizen zu „Liebling Kreuzberg“, 1983.
Beschreibung der Titelfigur. 1 Bl.

Manfred Krug 1987 als Rechtsanwalt Liebling.
Aus einem Album, Geschenk des Produzenten der Fernsehserie, Otto Meissner.

Ständige Personen

1. Paula Fink.
Sie ist Lieblings Sekretärin. 32 Jahre alt. Verheiratet. Sie hat dauernd Ärger mit ihrem Mann. Manchmal schläft sie in der Praxis, ohne daß Liebling es weiß. (Bis auf einmal: eine Folge fängt damit an, daß Liebling nachts in die Praxis kommt, und da ist sie.)
Sie weiß, wo alles liegt oder steht. Sie ist ein rhetorisches Genie. Sie gibt Liebling ungefragt Ratschläge für seine Plädoyers. Sie war noch nie vor Gericht. Sie rät Liebling ab, Fälle zu übernehmen (Nase), und er richtet sich gewöhnlich danach. (Bis auf einmal, auch damit fängt eine Folge an: Wie Mann kommt, sie ablehnt und er annimmt.)

2. Richard Grollmann.
Hausmeister des Hauses, in dem die Praxis liegt. Etwa 60 Jahre alt. Er trinkt gerne einen, natürlich. Ein Philosoph, ein totaler Philosoph. Wenn Liebling ein Problem hat, vor allem ein juristisches, lädt er Grollmann ein und bespricht mit ihm die Sache.

3. Arno Wolter.
Ein Rechtsanwalt, Anfang vierzig. Freund Lieblings, auch einer der Skatrunde. Arno Wolters Kopf ist voll von Präzedenzfällen. Er wird um dieser Eigenschaft willen auch nachts von Liebling angerufen. Er betet die Dinge im Schlaf runter.

4. Anna.
Anfang dreißig, Freundin von Liebling. Aber sporadisch. Sie ist Journalistin von Beruf, Lokalredaktion SFB. Sie redet viel. Sie hat schon 2 Ehen hinter sich. Ewig hat sie Pläne, wegzuziehen und sich zu verändern und ein ganz neues Leben anzufangen. Am liebsten mit Liebling.

5. Dodo.
Auch Anfang dreißig, auch Freundin von Liebling. Die beiden wissen selbstverständlich nichts voneinander (Anna <–> Dodo). Dodo ist Malerin, abstrakt. Ihr Leben ist voll von Vernissagen, Farben und Kunst. Sie bereist die Welt, hat einen reichen Vater und platzt vor Sex. Sie richtet Lieblings Wohnung ständig neu ein, überall hängt ein Bild von ihr. Haschisch.

6. Rieke.
40 Jahre alt, Lieblings geschiedene Ehefrau. Sie ist wieder verheiratet, Liebling kennt ihren neuen Mann aber nicht. Wenn sie sich sehen, dann meist wegen der Tochter Sarah. Rieke ist sehr neugierig und möchte möglichst alles über Lieblings Leben erfahren, vor allem über seine Frauengeschichten.

Darsteller der Fernsehserie „Liebling Kreuzberg", 2. Staffel, 1987.
V.l.n.r.: Michael Kausch als Anwalt Arnold, Friedrich Karl Praetorius als Rechtsanwalt Wittlich, Corinna Genest als Sekretärin Paula Fink, Manfred Krug als Anwalt Liebling, Anja Franke als Anwaltsgehilfin Senta Kurzweg.

7. Sarah.
Lieblings Tochter, 15 Jahre alt. Geht zur Oberschule. Sie will einmal Musik studieren, deshalb hat Liebling ein Klavier im Haus. Liebling fragt sie nach Riekes neuem Mann aus. Sarah ist schrecklich gebildet und schrecklich geschmackvoll. Sie würde niemals jemanden hintergehen, das nervt ein bißchen.

8. Siegfried Blau.
50. Kriminalobermeister. Freund Lieblings, auch einer aus der Skatrunde. Sehr dick, stell ich mir vor. Für ein gutes Essen kann man alles von ihm haben. Hilft Liebling manchmal mit Informationen aus. Liebling führt ihn dafür in ein teures Restaurant. Keine Bestechung natürlich, nur Freundschaft.

9. Köberlein.
Staatsanwalt. Mitte 30. Ein scharfer Hund. Liebling und er sticheln einander, wo sie nur können. Unter 4 Augen wird man sogar impertinent. Dabei ist Köberlein nicht auf den Mund gefallen. Er trifft auch, nicht nur Robert.

10. Dagobert.
Etwa 45, Besitzer eines Reisebüros. Der vierte Mann aus der Skatrunde. Ein Winzling, der unentwegt Staat, Regierung und Justiz beschimpft. Korruption und so. Er ist der beste Skatspieler und rasiert sie alle. Ein Winzling.

11. Putzfrau.
Eine Türkin. Sie macht zweimal in der Woche die Praxis sauber. Und einmal Lieblings Wohnung.

1 A. G. Arnold.
Junger Anwalt, 28. Eben mit Uni fertig. Will was lernen. Fängt gerade an bei Liebling. Er ist sehr fein angezogen, zumindest am Anfang. Und sehr korrekt. Verheiratet, ein Kind, seine Frau ist Studentin.

1 B. Senta Kurzweg.
20. Anwaltsgehilfin-Lehrling. Hat Abitur gemacht und ist seit 1 Jahr dort. Immer sehr modisch angezogen. Schüchtern, intelligent. Spielt Handball im Verein. Hat also auch mal eine Beule oder ein blaues Auge. Millionen Freunde.

Handschriftliche Notizen zu „Liebling Kreuzberg", 1983. Beschreibung der ständigen Personen. 5 Bl.

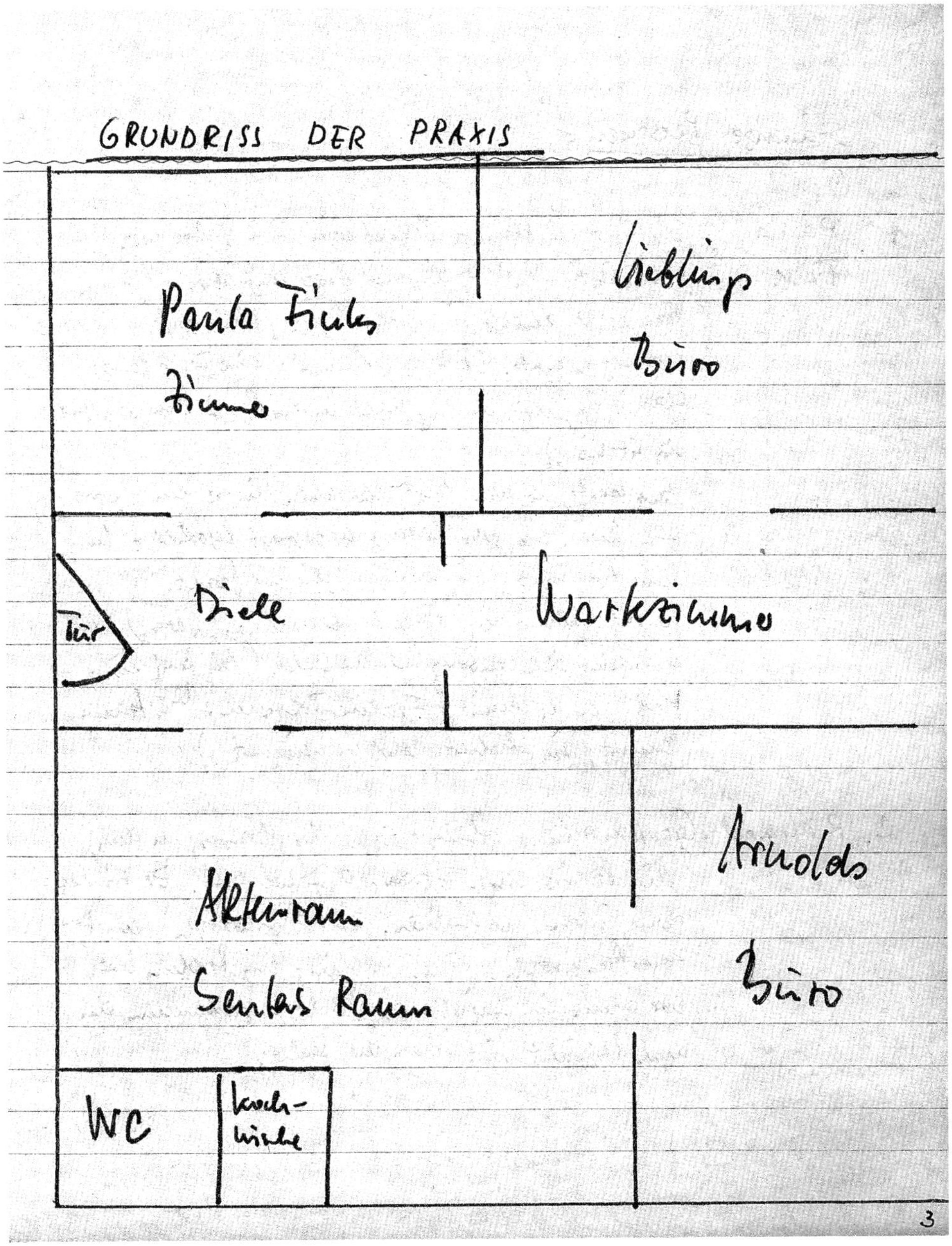

Skizze zu „Liebling Kreuzberg", 1983.
Grundriß der Anwaltsräume. 1 Bl.

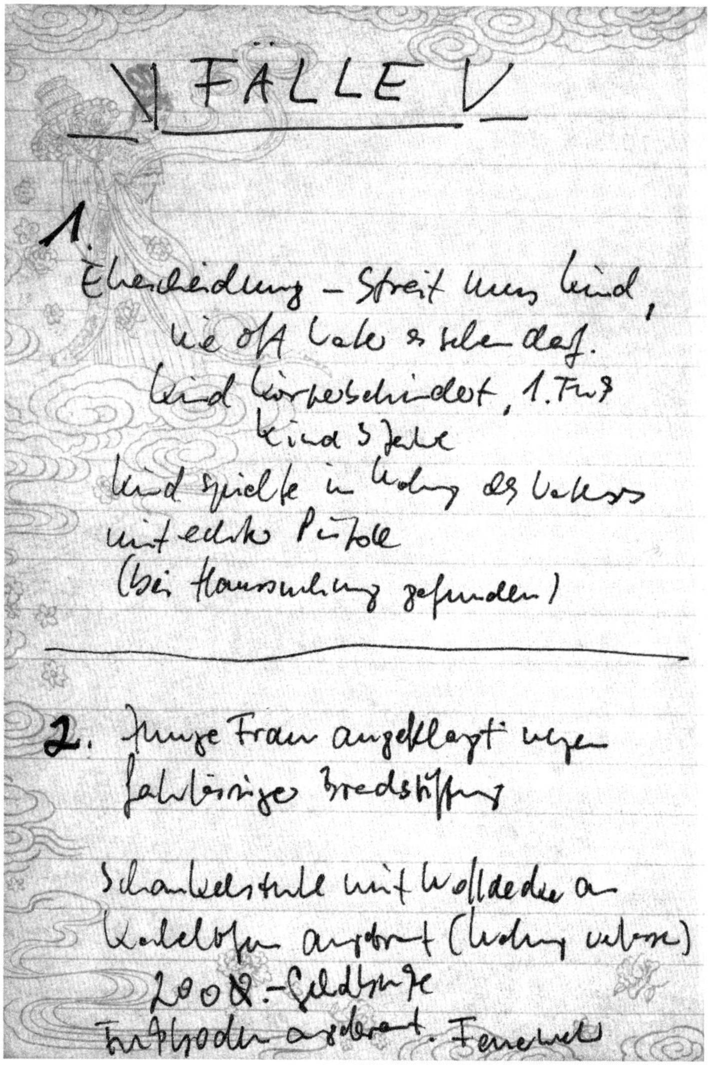

FÄLLE V

1. Ehescheidung – Streit ums Kind, wie oft Vater es sehen darf.
Kind körperbehindert, 1. Fuß
Kind 3 Jahre
Kind spielte in Wohnung des Vaters mit echter Pistole
(bei Hausdurchsuchung gefunden)

2. Junge Frau angeklagt wegen fahrlässiger Brandstiftung

Schaukelstuhl mit Wolldecke an Kachelofen angebrannt (Wohnung verbrannt)
200 DM-Geldbuße
Fußboden angebrannt. Feuerwehr

Handschriftliche Notizen zu „Liebling Kreuzberg", o. D.
Skizzierung von Fällen (Nr. 5 gestrichen). 4 Bl.

1.
Ehescheidung – Streit ums Kind,
wie oft Vater es sehen darf.
Kind körperbehindert, l. Fuß
Kind 3 Jahre
Kind spielte in Wohnung des Vaters
mit echter Pistole
(bei Haussuchung gefunden)

2.
Junge Frau angeklagt wegen
fahrlässiger Brandstiftung

Schaukelstuhl mit Wolldecke an
Kachelofen angebrannt (Wohnung verlassen)
200,– Geldbuße
Fußboden angebrannt. Feuerwehr

3.
Karl-Bonhoeffer-Nervenheilstätten
2 Russen leben dort seit 47,
können nur russisch.
Wollen gar nicht mehr raus.
(Richter müßte den Unterbringungs-
beschluß wieder aufheben.)

4.
Junger Mann hat seine Mutter gewürgt,
weil sie ihn mit Freundinnen beobachtet
hat.
Mutter zum sozialpsychiatrischen Dienst.
Junger Mann wird auf Beschluß des Amts-
gerichts in Klinik untergebracht.
Arzt läßt ihn nach 1 Woche laufen.
Ruft danach Amtsrichter an, um
Aufhebung der Unterbringung zu
beantragen. (Hätte eigentlich vorher
anrufen müssen, Aufhebung geht
aber sonst sehr unbürokratisch.)
Diesmal will der Richter den jungen
Mann aber vorher sehen.
Der ist aber schon auf Ibiza.
Arzt beichtet Richter. Kriegt An-
klage wegen Gefangenenbefreiung.

Wird freigesprochen, weil er behaup-
tet, der junge Mann sei nicht entlassen worden, sondern selbst gegangen.

5.
Mann ist zur Haft (8 Monate) nicht
angetreten. Bullen kommen. Frau läßt
sie rein (kleines Kind). Mann Unterhose.
Muß sich im Nebenzimmer anziehen.
Kommt mit Pistole zurück.
Zwingt Frau, die beiden mit Hand-
schellen am Sofa festzumachen. Haut
ab.
Wird Wochen später bei Frau verhaftet. Pistole geladen. Gibt an,
daß er inzwischen Munition gekauft hat.
Damals nicht geladen.
1 1/2 Jahre Knast zusätzlich.

6.
Mann vergewaltigt Frau.
Ehefrau zahlt der Frau von
ihrem Ersparten Schweigegeld.

Fernsehserie „Liebling Kreuzberg", 2. Staffel, 1987. Michael Kausch als Rechtsanwalt Arnold und Manfred Krug als Rechtsanwalt Liebling.

7.
X kommt 8 Jahre in Knast, weil er
O umgebracht hat.
Ich habe gesehen, daß nicht X es war,
sondern A.
Nach 6 Jahren wird X entlassen. Kriegt
raus: daß A es war und daß ich es
gesehen habe. Ich habe Angst vor
X' Rache.
Wiederaufnahmeverfahren, Entschädigung, (Schmerzensgeld (10,– pro Tag)
+ Vermögensschaden)
Ich soll als Zeuge aussagen. Gehe zu
Liebling: ob ich aussagen muß. Er:
Ja, sofern nicht verwandt.
Er: Warum Klappe gehalten.
Ich: Weil X mit meiner Frau gebumst.
Hinterher war's nicht mehr wie vorher.

8.
Türken
klären
lieber
alles
untereinander

Nicolas Becker
Dr. Reiner Geulen
Ferdinand v. Schirach
Rechtsanwälte

10719 Berlin
Schaperstraße 15

Herrn
Jurek Becker
12165 Berlin

24. Januar 1997

Lieber Jurek,

die 18. Folge ist, finde ich, die schönste und es sind ganz wenige Anmerkungen, die ich zu machen habe.

Auf Seite 32 müßte Wolter zutreffenderweise sagen: „Das Delikt heißt **Untreue**“ anstelle von „Unterschlagung“, wie es bei Dir heißt. Der Rechtsanwalt, der nicht unverzüglich auskehrt, begeht nämlich eine Untreue.

Auf Seite 98 fragt Pommerenke: „Amtsgericht Moabit“. Das ist eine unzutreffende Bezeichnung, die auch niemand je gebraucht. Entweder Du sagst „Kriminalgericht“ oder Du sagst einfach „Moabit“ oder Du sagst „Amtsgericht Tiergarten“, dann kann er nur beim Amtsgericht verurteilt worden sein, also nur in kleineren Dingen. Was auch noch ginge, wäre „Kriminalgericht Moabit“ zu sagen.

Seliger antwortet darauf „Ick bin immer nur am Tegeler Weg verknackt worden.“ Am Tegeler Weg werden, wie Du wahrscheinlich weißt, nur Zivilsachen verhandelt. Wenn Seliger es also sagt, ist es wahrscheinlich eine Lüge und er will damit nur sagen, daß er irgendwelche Zivilprozesse bisher verloren hat und nie verurteilt worden ist. Alle Verurteilungen zu Strafen, ob Amtsgericht oder Landgericht, finden im Kriminalgericht in Moabit statt. Ich weiß nicht genau, ob Du bei Seligers Bemerkung ihn wirklich Quatsch sagen lassen wolltest oder ihn lügen lassen wolltest oder ob das einfach nur ein Irrtum war.

Auf Seite 119 schlägt Pelzer unten vor, was alles zu machen ist. Dabei benutzt er die Worte „Klage wegen Untreue“, „Klage wegen Betrug, von den standesrechtlichen Konsequenzen nicht zu reden“.

Klage ist dieser zivilrechtliche Begriff, der Dir immer mal wieder unterkommt. Es müßte heißen: „Strafanzeige wegen Untreue“ und „Strafanzeige wegen Betruges“.

Auf Seite 120 schlägt Pommerenke vor, Frau Holstein einen Schuldschein über 35.000,-- DM auszustellen.

Nun mußt Du wissen, daß ein Schuldschein selbst nichts anderes beinhaltet, als daß Du noch einmal bekennst, jemand soundsoviel zu schulden. Aus einem Schuldschein kann man notfalls jedoch nicht vollstrecken und Du mußt auch mit einem Schuldschein Klage erheben und die Sache dauert dann immer noch so lange. Es mag ja sein, daß Pommerenke einen solchen absurden Vorschlag macht, einen Schuldschein auszustellen, was keineswegs geht, daß Pelzer sich damit einverstanden erklärt.

Pelzer müßte im Gegenzug zu dem Schuldschein das verlangen, was sozusagen eine Klage ersetzt. Das ist ein notarielles Schuldanerkenntnis von Pommerenke, in dem dieser sich der sofortigen Zwangsvollstreckung in sein gesamtes Vermögen unterwirft für den Fall, daß er nicht bis zu der ihm gesetzten Frist zahlt. Bei Personen, die eine Klage vermeiden wollen, wie hier Herr Pommerenke, weil nämlich dann die Untreue über die Zivilklage ans Licht kommen würde und das Landgericht ganz sicher diese Akten der Staatsanwaltschaft zuschicken würde, kommt als Ersatz nur das notarielle Schuldanerkenntnis in Frage, weil das eben genauso wie ein rechtskräftiges Urteil dann einen Titel bildet, aus dem vollstreckt werden kann. Der Notar kann eine vollstreckbare Ausfertigung seiner Urkunde erstellen, die man einem Gerichtsvollzieher geben kann und aus der vollstreckt werden kann.

Auf Seite 122 müßte, wenn Du meinem Vorschlag folgst und ich rate Dir das sehr dringend, es auch heißen statt „daß der Schuldschein sinnvoller wäre als eine Klage“, „daß das notarielle Schuldanerkenntnis sinnvoller wäre als eine Klage“.

Das ist schon alles. Ich finde diese Folge ansonsten besonders schön. Ich finde, daß Dir insbesondere die Charaktere von Herrn und Frau Ostrowski ganz entzückend gelungen sind. Es ist eine wirkliche Idylle.

Herzliche Grüße
Nicolas

Maschinenschriftlicher Brief von Nicolas Becker an Jurek Becker. 3 Bl.

Ein paarmal schon bin ich gefragt worden, wie mir als Romanautor beim Schreiben einer Fernsehserie zumute ist. Der Hintersinn dieser Frage war immer, auch wenn er nie ausgesprochen wurde: Wie fühlt man sich als einer, der doch für einen halbwegs seriösen Schriftsteller gehalten wird, bei dieser minderwertigen Arbeit? Wie wird man mit einem solchen Abstieg fertig?

Nach meiner Überzeugung ist den meisten Serien anzusehen, daß ihre Hersteller und wohl auch die Auftraggeber tatsächlich keine sehr hohe Meinung von ihrem Produkt haben. Als ich mich auf diese Arbeit einließ, habe ich selbstverständlich gehofft, in unserem Fall wäre das anders, und ich glaube es noch immer. Die Bedingungen sind günstig, sie sind sogar besser geworden, nachdem die ersten sechs Folgen einigen Erfolg hatten: die Kompetenzen sind verteilt, und die Beteiligten halten sich im großen und ganzen daran. Es sind keine Dramaturgen da, die als eine Art Fernsehpolizei unentwegt Verbesserungen anbringen zu müssen meinen; es ist ein Produzent da, der nicht mehr, aber auch nicht weniger tut, als gute Produktionsbedingungen zu schaffen; es gibt genau den Regisseur, den ich mir wünschte, der sich abplagt, Bilder für meine überreichlichen Dialoge zu erfinden und der es nicht für seine Aufgabe hält, alles zu glätten und in mildes Licht zu tauchen; es gibt einen Hauptdarsteller, mit dem ich seit dreißig Jahren befreundet bin und ohne den die Sache für mich undenkbar wäre.

Übrigens ist es für einen Schriftsteller keine Katastrophe, wenn er statt einiger tausend Leser einige Millionen Zuschauer hat. Der Preis darf nur nicht darin bestehen, daß er vorübergehend all das vergißt, was er sonst für richtig hält. Das tue ich nicht und werde mit meinem Abstieg daher ganz gut fertig.

Jurek Becker

Über 'Liebling' für ARD-Magazin
Jan. 88

Handschriftliche Fassung eines Artikels über die Fernsehserie „Liebling Kreuzberg“ für das ARD-Magazin, Januar 1988. 1 Bl.

Isabel Allende, Siegfried Unseld und Jurek Becker auf der Buchmesse in Frankfurt am Main 1986.

Siegfried Unseld

Auseinandergehen

Einführung in eine Lesung aus Jurek Beckers Roman „Amanda Herzlos"

Eines der Highlights zur Frankfurter Buchmesse 1992 ist Jurek Beckers „Amanda Herzlos". 1969 erschien sein erstes Buch „Jakob der Lügner"; es folgten sechs weitere Bücher. Dann katapultierten ihn die 27 Folgen von „Liebling Kreuzberg" in eine Popularitätswelle, und jede Folge traf ins Herz der deutschen Fernsehnation.

Warum er so lange keinen Roman geschrieben habe, wurde er gefragt. Törichte Frage, die 27 Drehbuchfolgen zu „Liebling Kreuzberg" schreibt man nicht in 27 Tagen. Becker gab demnach eine rasche Antwort: Er sei kein Schriftsteller, für den das permanente Schreiben eine Notdurft sei. Bei einem Roman liege die Anspruchsschwelle höher als beim Drehbuch. „Wenn ich mich schon mit einer fixen Idee zwei oder drei Jahre in einem Zimmer einsperre, dann muß ich überzeugt davon sein, daß es ein Jammer für die Menschheit wäre, wenn ich es nicht täte.“ Natürlich ist dies ironisch gemeint, und doch – dies hat er mit anderen Kollegen gemein – eine solche „Selbstüberhebung gehört zum unverzichtbaren Handwerkszeug des Bücherschreibens“.

Nun also der 7. Roman des Autors: „Amanda Herzlos“.

Das Besondere dieses Romans ist kurz zu beschreiben : Drei Männer auf der Suche nach der Frau des Lebens, und eine Frau, die diese Rolle übernehmen könnte – wenn sie bloß sich selber fände. Amanda, dies macht uns das Buch mit schöner Ironie deutlich, ist nicht herzlos, gewiß nicht, sie ist eine Querdenkerin, sie kollidiert mit ihren beiden Männern des Ostens, die sich angepaßt haben; ob es beim dritten Mal gut gehen wird, das steht dahin. Amanda ist beständig auf der Suche nach sich, auf der Suche nach einem Geheimnis, das sie selbst noch nicht kennt.

Amanda, schön, intelligent und unerbittlich gegen sich selbst. Eine Psychologin im Roman vermutet, sie sei so unzufrieden, daß jede Ehe darunter leiden müsse. Und Amanda sagt, sie leide an einer „äußerst seltenen Krankheit“ – nämlich „ehrgeizig“ zu sein „und zugleich die eigenen Fähigkeiten realistisch einschätzen“ zu können. Sie beginnt zu schreiben – einen Roman, aber ihre Männer, die vielleicht vom Schreiben etwas verstehen, meinen, er tauge nichts, er sei „literarische Hausfrauenarbeit“. Doch Amanda ist stark, ein Wunschbild wie ein Stachel im Leben der Männer.

Manche Kritiker haben Becker vorgeworfen, diese Amanda Zobel erscheine lediglich als Spielzeug in den Berichten der Männer und sei nicht lebendig präsent. Ich sehe dies anders. Der Leser hat das Vergnügen, den Menschen Amanda aus diesen Berichten herauszufinden und sich ein Bild von ihr für sich zu machen.

Der Roman besteht aus drei Teilen, aus drei Büchern, aus drei Romanen – wenn man so will. Die Scheidung, vom Mann Ludwig in die Wege geleitet; die verlorene Geschichte des Mannes Fritz; der Antrag von Stanislaus.

Die drei Männer sind die drei Ich-Erzähler; sie sind berufsverwandt; Ludwig Weniger Sportredakteur, Fritz Hetmann Schriftsteller, Stanislaus Doll Hamburger Rundfunkkorrespondent in Ost-Berlin – und Becker läßt sie erzählen. Im ersten Roman sucht der Sportredakteur für den Scheidungsanwalt seine Ehe nach Gerichtsverwertbarem ab; er versucht, seinen Anwalt mit Argumenten vor dem Gericht auszustatten.

Christine Becker, Jurek Becker und Siegfried Unseld auf der Buchmesse in Frankfurt am Main 1986.

Im zweiten Buch führt Becker, wie ich meine, souverän, Möglichkeiten des Erzählens vor und liefert eine angewandte Poetologie, frei nach Max Frisch: „Wie entferne ich mich aus der Wirklichkeit in Literatur und löse dort meine Probleme?" Sieben Jahre leben Fritz Hetmann und Amanda zusammen. Aus diesem Leben flüchtet Fritz Hetmann in das Schreiben einer Novelle über sein Leben mit Amanda, er flieht zu seinen Figuren, die nun Rudolf und Louise heißen. „Die Tage fielen vom Leben ab, wie Blätter im Herbst." Er wußte zwar, wohin die Novelle führt, jedoch: „Es kam mir nicht darauf an, auch noch die Prozedur des Auseinandergehens zu beschreiben."

Das dritte Buch handelt vom Hamburger Rundfunkkorrespondenten Stanislaus Doll, der zur Berichterstattung von West nach Ost gezogen war. Er begegnet Amanda und verfällt ihr sofort. Er schreibt ein Tagebuch, um seine Verliebtheit bekennen zu können. „Es könnte sein, daß ich mich heute verliebt habe, ich werde der Sache nachgehen." Er geht dieser Sache nach, so sehr, daß er glaubt, von einer Heirat nicht mehr absehen zu können. Im November 1988 heiraten sie.

Das Tagebuch reicht vom September 1987 bis zum 3. Januar 1989. Es ist die Zeit, da die DDR ins Schlingern und schließlich ins Koma gerät. Mit leichten ironischen Gesten charakterisiert Becker die DDR-Bürokratie; die Heiratserlaubnis muß erhandelt werden, und Stanislaus Doll sollte als Gegenleistung vielleicht doch ein wenig für den Staat spionieren. Als Doll von der Redaktion nach Hamburg zurückgerufen wird, steht der Umzug bevor. Wenn die Familie in Hamburg angekommen sein wird, fällt die Mauer – kein Wort davon im Roman.

Man hat dem Roman vorgeworfen, nicht politisch genug zu sein, er behandele die Vorgänge in der DDR harmlos. Wir erfahren aber gerade durch diesen Roman, wie die einen in der DDR der 80er Jahre lebten, wie die anderen leben mußten: „Als Opportunisten, als Dissidenten oder als scheinbar neutrale Beobachter." Becker klagt nicht an – er hat in keinem seiner Bücher auf politische Widersacher eingedroschen, doch der fast beiläufigen, unaufdringlichen, wie selbstverständlich anmutenden Behandlung von Lebensumständen verdankt der Roman sein Gelingen – auch als politisches Buch. Ob Spitzel oder Funktionär, es sind nicht Verbrecher, es sind Menschen, die sich dem System untergeordnet haben. Wie deutlich wird das Mißtrauen beschrieben, das sich in jegliches privates Leben eingeschlichen hat; Intellektuelle werden kritisiert, etwa wenn der Schriftsteller als cleverer Anwalt des eigenen Werks auftritt und es versteht, die Zensur für sich arbeiten zu lassen und Publikationsverbote im Osten beschwört, um im Westen desto erfolgreicher zu sein. In einer Rezension zu „Amanda Herzlos" heißt es, die DDR komme beinahe nicht vor. Einer, der es wissen muß, Günter de Bruyn, schreibt: „Was Becker hier bietet, ist eine kleine und meist auch feine DDR-Innenansicht, eine historische Miniatur also, die angesichts der deutschen Vereinigungsschwierigkeit viel Aktuelles hat."

„Amanda Herzlos" sei der erste Roman Jurek Beckers, der die Grenze zur Unterhaltungsliteratur schmerzlich überschritten habe, sagt die Literaturkritik. Ich bin nicht ihrer Meinung. Im Roman versucht Fritz Hetmann einmal, Amanda wegen ihrer Schreibversuche zu trösten: „Kaum ein Manuskript taugt etwas. Gelungene Manuskripte sind selten wie Goldadern." Warum darf ein Roman, der die schwierigen Beziehungen dreier schwieriger Männer zu einer auch nicht einfachen Frau darstellt, warum sollte ein Roman über die „Innenansicht" eines derart spektakulären Landes, nicht leicht lesbar sein dürfen? Ein schwierig zu lesendes Buch über eins der schwierigsten Kapitel deutscher Geschichte wäre, vermutlich, kaum zu ertragen. Mir soll Amanda Doll, geschiedene Weniger, geborene Zobel, uneingeschränkt willkommen sein. Warum ist in unserer Literaturkritik das Heitere so oft verpönt, und das Unterhaltende nur unterhaltend? Warum dürfen wir bei all der geschilderten gesellschaftskritischen Stimmung nicht auch lächeln? Wir durften die Buchmesse mit einer Ehrung für Octavio Paz beginnen, und für uns geht sie mit dieser Veranstaltung heute zu Ende. Ich möchte den Satz wiederholen, den ich bei unserer Ehrung für Octavio Paz schon einmal zitiert habe, ein Satz, den er bei der Entgegennahme des spanischen Cervantes-Preises gesprochen hat: „Cervantes lächelt: Lernen, frei zu sein, heißt lernen zu lächeln".

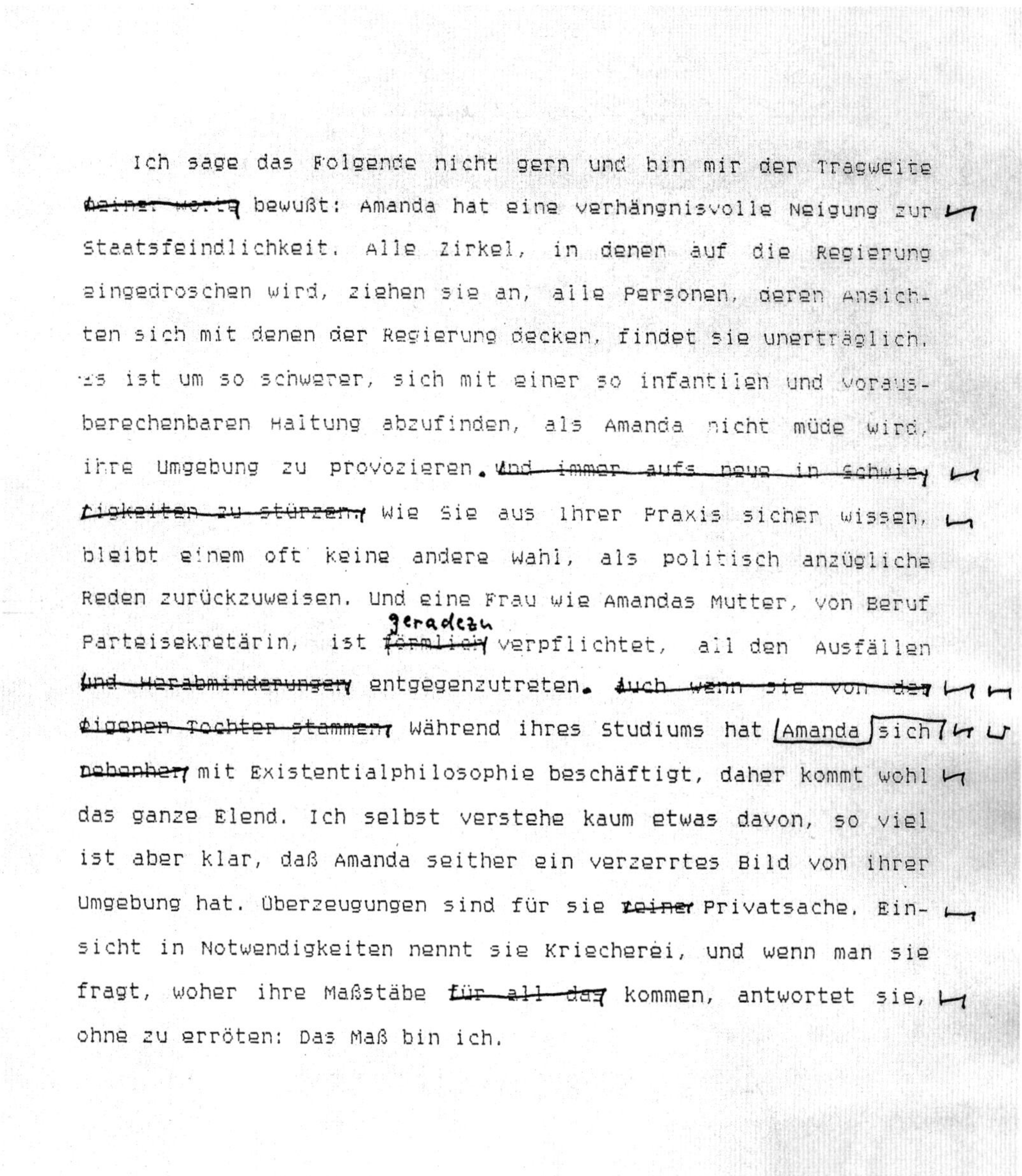

Ich sage das Folgende nicht gern und bin mir der Tragweite ~~deiner Worte~~ bewußt: Amanda hat eine verhängnisvolle Neigung zur Staatsfeindlichkeit. Alle Zirkel, in denen auf die Regierung eingedroschen wird, ziehen sie an, alle Personen, deren Ansichten sich mit denen der Regierung decken, findet sie unerträglich. Es ist um so schwerer, sich mit einer so infantilen und vorausberechenbaren Haltung abzufinden, als Amanda nicht müde wird, ihre Umgebung zu provozieren. ~~Und immer aufs neue in Schwierigkeiten zu stürzen.~~ Wie Sie aus Ihrer Praxis sicher wissen, bleibt einem oft keine andere Wahl, als politisch anzügliche Reden zurückzuweisen. Und eine Frau wie Amandas Mutter, von Beruf Parteisekretärin, ist ~~förmlich~~ geradezu verpflichtet, all den Ausfällen ~~und Herabminderungen~~ entgegenzutreten. ~~Auch wenn sie von der eigenen Tochter stammen.~~ Während ihres Studiums hat Amanda sich ~~nebenher~~ mit Existentialphilosophie beschäftigt, daher kommt wohl das ganze Elend. Ich selbst verstehe kaum etwas davon, so viel ist aber klar, daß Amanda seither ein verzerrtes Bild von ihrer Umgebung hat. Überzeugungen sind für sie ~~keine~~ Privatsache. Einsicht in Notwendigkeiten nennt sie Kriecherei, und wenn man sie fragt, woher ihre Maßstäbe ~~für all das~~ kommen, antwortet sie, ohne zu erröten: Das Maß bin ich.

Seite des Typoskripts „Amanda herzlos", mit handschriftlichen Korrekturen, 1992. 1 Bl.

Letzte Texte

Jurek Becker

Wenn alle Deutschen schlafen

30. Bild – Baracke der Zefirs

Marek liegt auf dem Bett, auf die Seite gedreht.
Sein Vater kommt zu ihm. Er sieht, daß etwas nicht stimmt. Er dreht Mareks Gesicht zu sich.
ZEFIR: Was ist los?
Marek stößt seine Hand zurück und dreht sich auf die andere Seite. Man erkennt, daß er Mühe hat, nicht zu weinen.
ZEFIR: Ärger gehabt?
Marek reagiert nicht. So liebevoll haben wir Zefir noch nicht erlebt. Er legt eine Hand auf Marek. Diesmal läßt der es sich gefallen.
ZEFIR: Soll ich dir eine Geschichte erzählen?
Marek schüttelt den Kopf.
ZEFIR: Oder was hältst du davon, wenn wir etwas spielen?
Wieder schüttelt Marek den Kopf.
ZEFIR: Hab' ich dir was getan?
Kopfschütteln.
ZEFIR: Paß auf – du bist der Ritter Lancelot und ich bin dein altes Roß! ...
Er wartet Mareks Antwort nicht ab, sondern greift ihn sich einfach und setzt ihn sich auf die Schulter. Marek wehrt sich, doch nicht allzu entschlossen. Zefir galoppiert mit Marek los.
ZEFIR: Wo wollen wir zuerst hinreiten? ... Wollen wir zuerst eine Schlacht kämpfen oder ein schönes Fräulein besuchen? ...
Marek reagiert wieder nicht, aber die Sache macht ihm inzwischen Spaß. Zefir reitet quer durch die Baracke, an Betten vorbei, auf denen die Juden liegen und dösen oder sich unterhalten oder nähen oder lesen oder Schach spielen oder einfach nur dasitzen. Manche sehen den beiden hinterher, belustigt oder auch befremdet.
Zefir reitet mit Marek zu einem Bett in Fensternähe, auf dem eine hübsche junge Frau sitzt und in einem Heft schreibt. Zefir bleibt vor ihr stehen und galoppiert auf der Stelle. Die junge Frau sieht vom Heft auf und scheint amüsiert zu sein.
ZEFIR: Schönes Fräulein – erlaubt, daß Ritter Lancelot Euch seinen ritterlichen Gruß entbietet ...
Sie nickt huldvoll. Darauf tut Marek so, als ziehe er tief seinen Hut vor ihr. Darauf verneigt sie sich züchtig.

Szene aus dem Fernsehfilm „Wenn alle Deutschen schlafen“, mit Benjamin Kaatz (M.) als Marek.

ZEFIR: Der Ritter hofft, es geht Euch wohl?
JUNGE FRAU: Ich kann nicht klagen. Danke.
ZEFIR: Das hört Lancelot gern. Auf Wiedersehen, verehrtes Fräulein, es zieht den edlen Ritter zu neuen Abenteuern.
Mareks strahlendes Gesicht.
JUNGE FRAU: Kommt wieder, Roß und Reiter ...
Ein Blick aus ihren dunklen Augen trifft Zefir.
Er muß weiterreiten, denn Marek gibt ihm die Sporen.
MAREK: Hüh, Pferd, hüh!
Sie galoppieren den Gang entlang.
ZEFIR, *ruft nicht zu laut*: Aus dem Weg! ... Aus dem Weg! ...
Zu Marek: Sieh, wie sie vor uns flüchten, das feige Volk! ...
Er galoppiert.

In einer anderen Gegend der Baracke kommen sie an ein Bett geritten, auf dem ein älterer Mann einen Strumpf stopft. Zefir reitet vor ihm auf der Stelle, der Mann sieht auf, keineswegs freundlich.

ZEFIR: Seid ihr bereit, Ritter Moische, den Kampf mit Ritter Lancelot zu wagen?

MOISCHE, *mürrisch*: Du solltest dich schämen, Zefir.

Zefir reitet eine Runde um Moisches Bett herum.

ZEFIR, *im Ton wie vorher*: Schämen? Wofür soll sich das Pferd eines so heldenhaften Ritters schämen?

Moische ist wütend, aber er flüstert, damit die anderen ihn nicht hören:

MOISCHE: Falls du es nicht gemerkt hast – wir sind hier nicht in einem Kindergarten! ...

Wieder galoppiert Zefir los, immer um das Bett herum.

ZEFIR, *zu Marek*: Habt Ihr's gehört, Lancelot – wir sind in keinem Kindergarten! ...

MOISCHE, *zornig*: Hast du völlig den Verstand verloren? Sie können uns jeden Augenblick umbringen! Entweder wir kommen nach Maidanek oder wir verhungern oder wir werden erschossen, und da führst du dich so unwürdig auf?!

Zefir hat die ganze Zeit nicht aufgehört, ums Bett zu galoppieren. Auch jetzt, während er antwortet, unterbricht er seinen Ritt nicht.

ZEFIR: Hältst du es für die bessere Idee, sich hinzulegen und auf den Tod zu warten, Ritter Moische?

Zwei Runden reitet er und wartet auf Antwort, doch Ritter Moische sagt nichts mehr. Schließlich ändert Zefir die Richtung und galoppiert davon.

Sie kommen zum eigenen Bett angeritten, das Pferd wirft den Reiter ab. Marek fällt aufs Bett, seine Laune ist glänzend. Zefir läßt sich neben ihn fallen, er ist verschwitzt und atmet schwer von der Anstrengung.

Szene aus dem Drehbuch „Wenn alle Deutschen schlafen", 1994.
Fernsehfilm nach der Erzählung „Die Mauer".

NICOLAS BECKER
Rechtsanwalt

10719 Berlin, Schaperstraße 15
Telefon (030) 8837071/72
Telefax (030) 8834525

15.01.96

Lieber Jurek

Endlich ungestört Radiohören + Fernsehen, nur unterbrochen von Besuchen netter Schwestern und einer noch netteren Gattin, über all helfende Hände, die einen abwechselnd wärmen, waschen etc. Man fragt sich warum diese Idylle nur um den Preis einer Operation zu haben ist. Ich dagegen sitze in meinem Büro und frage mich ob Honeckers Gefängnispriester einen Raubmord begangen hat. So ungerecht kann das Leben sein. Aber im Ernst: Ich denke an Dich, mehr kann ich angesichts des Besuchsverbots nicht tun.

Ich umarme Dich (ohne Mitleid aber von Herzen)

Nicolas

Deutsche Bank AG, BLZ 100 700 00, Kto.-Nr. 505 9225 · Postbank Berlin, BLZ 100 100 10, Kto.-Nr. 2842 72-105

Handschriftlicher Brief von Nicolas Becker an Jurek Becker. 1 Bl.

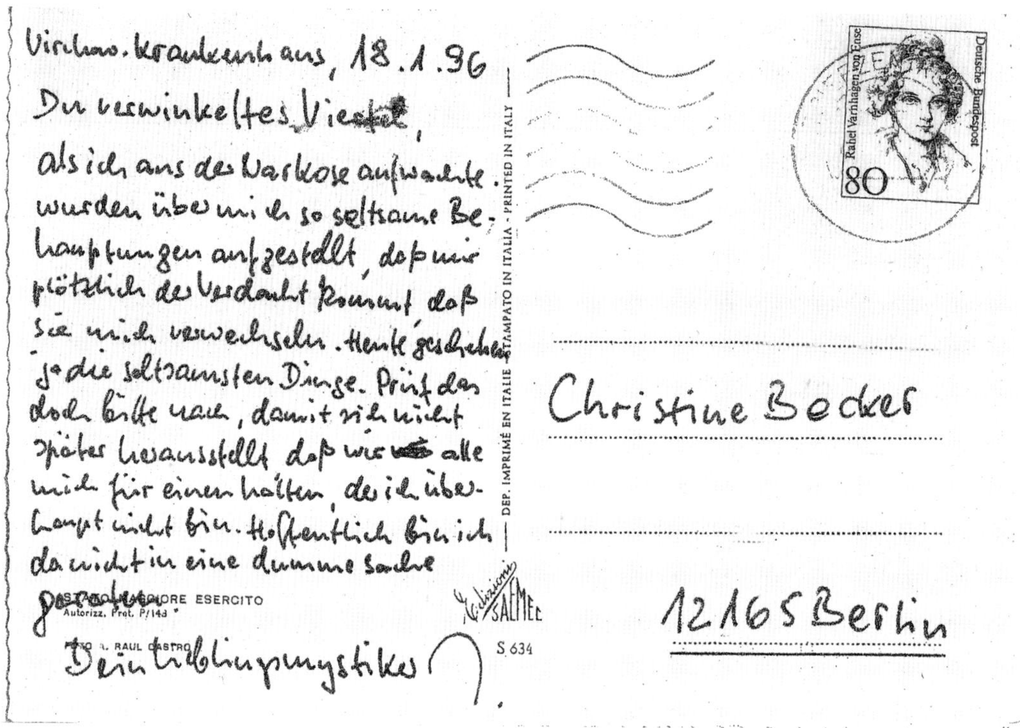

Handschriftliche Postkarten von Jurek Becker an Christine Becker.
(*Im Besitz der Empfängerin.*)

Virchow-Krankenhaus, 18. 1. 96

Du verwinkeltes Viertel,
als ich aus der Narkose aufwachte,
wurden über mich so seltsame Behauptungen aufgestellt, daß mir
plötzlich der Verdacht kommt, daß
sie mich verwechseln. Heute geschehen
ja die seltsamsten Dinge. Prüf das
doch bitte nach, damit sich nicht
später herausstellt, daß wir alle
mich für einen halten, der ich überhaupt nicht bin. Hoffentlich bin ich
da nicht in eine dumme Sache
geraten.
Dein Lieblingsmystiker J.

20.1.96, Virchow-Krankenhaus

Du gewisses Etwas,
die Chefärzte lassen sich von ihren Oberärzten einflüstern, was sie den Patienten sagen sollen, die Oberärzte von den Stationsärzten, die Stationsärzte von den Schwestern. Wenn ich jetzt noch rauskriege, wer den Schwestern etwas sagt, werde ich wissen, was auf so einer Station wirklich los ist. Kann es sein, daß die mich raffiniert aushorchen, und daß ich selbst am Ende derjenige bin, der aus dem Munde des Chefarztes zu mir spricht?

J.
P.s.: Ist es das, was Dein Vater einen circulus vitiosus nennen würde?

Virchow-Krankenhaus, 22.1.96

Du heilloses Durcheinander,
heute haben sie mir zu Mittag das Essen M 2 gebracht, obwohl ich ausdrücklich M 3 bestellt hatte. Als ich darauf hinwies, kam das der Schwester wohl ein wenig beckmesserisch vor. Da mußte ich ihr erklären, daß der Unterschied zwischen 2 und 3 eine der Säulen ist, auf denen die Welt ruht. Als sie aus dem Zimmer ging, hatte ich allerdings nicht den Eindruck, daß sie es eingesehen hatte. Aber ich will es mal einfacher sagen: Wenn der Unterschied zwischen Möhreneintopf und Putenschnitzel nicht mehr zählt, woran soll man sich denn da noch halten!

Dein J

Jurek Becker 1995.

4.5.96

Du unbedingter Gehorsam,
Dir brauche ich nicht zu erklären, auf welch seltsamen Wegen das Glück oft daherkommt. Den einen ereilt es plötzlich beim Anblick einer Immobilie, den zweiten beim Sieg über einen Widersacher, den dritten beim unschuldigen Lächeln eines Kindes, den vierten beim Blick auf den Kontoauszug. Wie froh kann da ein Mann sein, für den Du Immobilie, Widersacherin, Unschuld und Kontoauszug in einem bist.
Und ausgerechnet ich bin dieser Mann!

J

Jurek und Christine Becker 1996.

22.11.96

Du gezielte Indiskretion,
darf ich Dir, nur kurz und sozusagen
als Gedächtnisstütze, die Geschichte unserer
Beziehung erzählen:
Wir lernten uns während, wodurch
mein Leben einen neuen. Ich schlug Dir
vor, und zu meinem Glück. Die erste
Zeit war ein wenig, aber das änderte
sich bald. Nach drei Jahren fragte ich
Dich, und nach einigem Zögern. Und
dann, endlich, bescherte uns das Schicksal.
Seitdem leben wir alles in allem, und wenn
nicht kürzlich diese dumme Sache.

In Liebe   Jurek

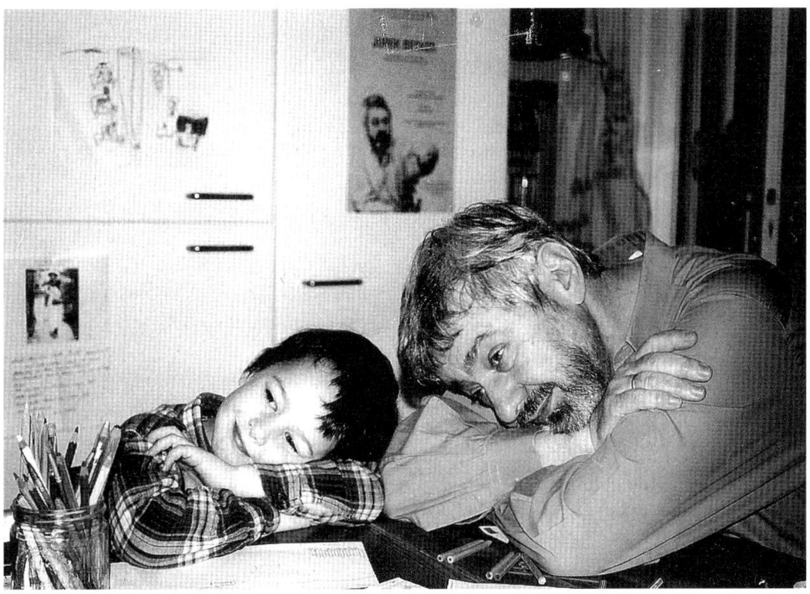

Jurek Becker mit seinem Sohn Johnny 1996.

25.11.96

Du kosmische Strahlung,

Holaho und Holahi,
hoch die Chemotherapie!
Die macht Laune, die macht Spaß,
und sie bringt auch manchmal was.

Macht die Metastasen kleiner.
Ach, der Prof, das ist mir einer!
Hat die Augen überall:
Chemo, Blutbild, Ultraschall

Als wär man bei der Bundeswehr,
gibt man sich gern für alles her.
Mal hilft es und mal geht's daneben.
Na ja, so ist die Chemo eben.

Dein Lieblingspatient J

Jurek Becker 1995.

3.12.96

Du geballte Ladung,
ich bin alt genug, um mit der Hauptlüge meines Lebens Schluß zu machen: So gut wie alle meine bisherigen Arbeiten sind geklaut. ‚Jakob' ist ohne ‚Pankraz der Schmoller' von Keller nicht zu denken; ‚Der Boxer' ist nichts anderes als eine Version von ‚Meine Tante, deine Tante', Autor hab ich vergessen; ‚Amanda' ist nichts anderes als ‚Die lustigen Weiber von Windsor'. Und selbst ‚Liebling' ist gestohlen; der Grundeinfall stammt aus dem Jahresbericht der VG Wort von 1984. Oder war es eine Überweisung der VG Wort? Jedenfalls ist mir nach diesem Geständnis leichter ums Herz, richte über mich mit Nachtschicht.

Dein J

11. Dez. 96

Du gesegnete Mahlzeit,
kürzlich ist mir meine Gute Fee erschienen und hat um ein paar Tage Urlaub gebeten. Ich habe das abgelehnt, ich brauchte sie gerade jetzt recht nötig, habe ich gesagt. Aber sie war so uneinsichtig und störrisch, daß ich sie gefeuert habe (bei Lichte besehen war sie doch, alles in allem, eine ziemliche Niete). Danach rief ich in einem Vermittlungsbüro wegen einer neuen Guten Fee an. Ich erwartete, auf eine lange Warteliste gesetzt zu werden, aber es bewarben sich sofort sieben Feen bei mir. Man glaubt gar nicht, wie leicht es heutzutage ist, eine Gute Fee zu finden. Hoffentlich können die Mädels auch was.

Dein J

15.1.97

Du schleichende Wirkung,
seit Tagen beschäftigt mich eine fundamentale Frage, deren Beantwortung von beinah existentieller Bedeutung ist. Man weiß: Wes Brot ich eß', des Lied ich sing. Das stimmt, das ist Marxismus, das haut voll rein. Nun esse ich aber, wie Du weißt, seit einiger Zeit kein Brot mehr. Was jetzt?

Dein verunsicherter J
P.s. Wes Nudelsuppe ich eß', des Lied ich sing, klingt einfach zu blöd.

22.1.97

Du offene Rechnung,
ich arbeite gerade an einem neuen Romankonzept, angeregt durch den Kosmos meiner neuen Erfahrungen: Türkische Putzfrau verliebt sich in deutschen Chefarzt. Der wiederum ist hinter einem russlanddeutschen Krankenpfleger her. Doch der arbeitet daran, seine geliebte ukrainische Verlobte von der Krim herzuholen. Schließlich läßt er sich mit dem Chefarzt ein, weil er sich von dessen Beziehungen Hilfe verspricht. Es gelingt ihm auch, das Mädchen herzuholen (Katjuscha); doch als sie von seiner homoerotischen Beziehung erfährt (von der türkischen Putzfrau), beendet sie das Verlöbnis und geht mit ‚Ärzte für den Frieden' nach Ruanda (sie ist Baggerführerin). Dort lernt sie den Sohn des Chefarztes kennen, und so schließt sich der Kreis des Lebens. Die Geschichte ist wohl noch nicht ganz fertig, aber ich glaube, ich bin auf dem richtigen Weg.

D D v   J

Ottilie, 30. 1. 97

Liebe Ti,

ich habe ein Problem, bei dem mir niemand raten kann. Nachdem ich mit „Liebling" fertig bin, muß ich mich für eins von drei Roman-Projekten entscheiden. Das erste würde mindestens drei Jahre (!) dauern, das zweite etwa zwei, und das dritte kaum mehr als ein halbes, es wäre eine längere Erzählung. Wenn ich der Statistik vertraue, sollte ich mich wohl für das dritte entscheiden. Aber wenn ich auf mein Herz höre (das ist natürlich Christine), für's erste. Das sind Entscheidungen!

In Liebe
Dein Jurek

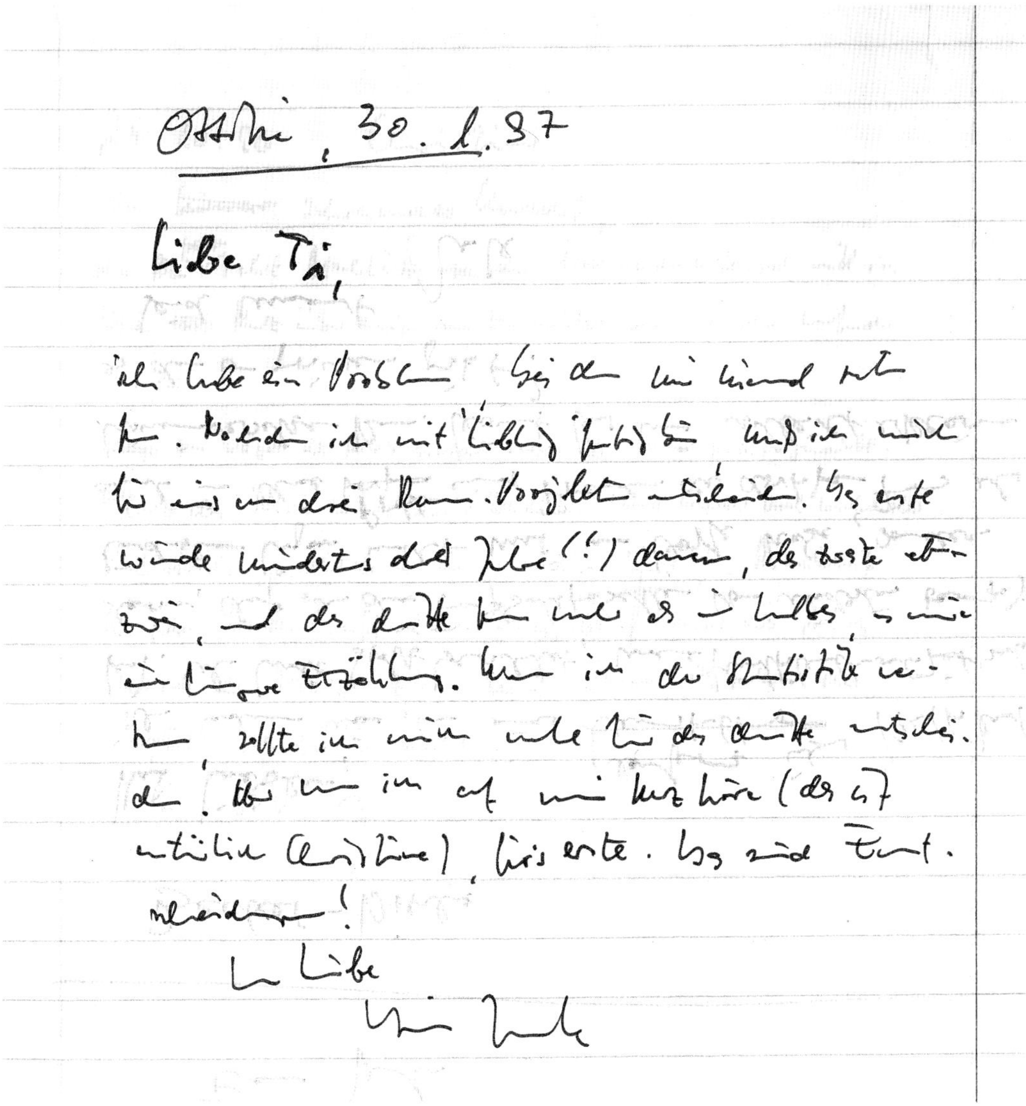

Handschriftlicher Entwurf einer Postkarte von Jurek Becker an Ottilie Krug, 1 Bl. Transkription S. 228.

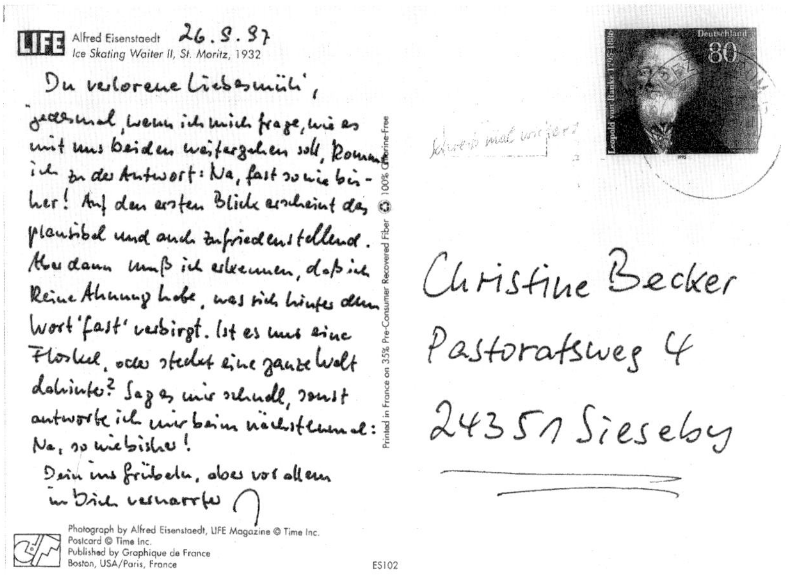
LIFE Alfred Eisenstaedt 26.2.97
Ice Skating Waiter II, St. Moritz, 1932

Du verlorene Liebesmüh',
jedesmal, wenn ich mich frage, wie es mit uns beiden weitergehen soll, komme ich zu der Antwort: Na, fast so wie bisher! Auf den ersten Blick erscheint das plausibel und auch zufriedenstellend. Aber dann muß ich erkennen, daß ich keine Ahnung habe, was sich hinter dem Wort 'fast' verbirgt. Ist es nur eine Floskel, oder steht eine ganze Welt dahinter? Sag es mir schnell, sonst antworte ich mir beim nächstenmal: Na, so wie bisher!
Dein ins Grübeln, aber vor allem in Dich vernarrter J

Printed in France on 35% Pre-Consumer Recovered Fiber 100% Chlorine-Free

Deutschland 80
Leopold von Ranke 1795–1886

Christine Becker
Pastoratsweg 4
24351 Sieseby

Photograph by Alfred Eisenstaedt, LIFE Magazine © Time Inc.
Postcard © Time Inc.
Published by Graphique de France
Boston, USA/Paris, France
ES102

Handschriftliche Postkarte von Jurek Becker an Christine Becker. (*Im Besitz der Empfängerin.*)

26.2.97

Du verlorene Liebesmüh',
jedesmal, wenn ich mich frage, wie es
mit uns beiden weitergehen soll, komme
ich zu der Antwort: Na, fast so wie bisher! Auf den ersten Blick erscheint das
plausibel und auch zufriedenstellend.
Aber dann muß ich erkennen, daß ich
keine Ahnung habe, was sich hinter dem
Wort ‚fast' verbirgt. Ist es nur eine
Floskel, oder steht eine ganze Welt
dahinter? Sag es mir schnell, sonst
antworte ich mir beim nächstenmal:
Na, so wie bisher!

Dein ins Grübeln, aber vor allem
in Dich vernarrter
J

Jurek Becker am Schreibtisch 1997.

Joachim Sartorius

Grabrede für Jurek Becker

Jurek Becker liebte Jazz. Ich glaube, er hätte an dem Blues, den Manfred Schoof gerade für ihn gespielt hat, seine Freude gehabt. Ich stelle mir vor, er hat solche Musik gehört, wenn er an seinen Romanen und Erzählungen schrieb, zuletzt an den Drehbüchern – und auch wenn er Postkarten schrieb. Denn er liebte es, Postkarten zu schreiben, an seine Frau, an seine Freunde, auch an mich. Als ich die ersten Postkarten erhielt, vor drei Jahren, wußte ich, sie sind kostbar, sie sind einer der Schätze, die ich habe. Das dachte ich – schon lange, bevor der Schatten der Krankheit auf ihm lag. In diesen kleinen Karten, in der vorgegebenen komprimierten Form ist der ganze Jurek Becker da. Sein Witz, sein Charme, seine Lust am Erfinden und Erzählen von Geschichten, seine Klugheit, sein ungeheures Wachsein.

Auch wird in diesen Postkarten schlagartig klar, warum wir ihn liebten, warum wir glücklich waren, ihn zu kennen. Eine Mischung aus großer Herzlichkeit, aus Güte und mitunter Scheu, eine Anteilnahme am anderen, die auch mit Ratschlägen nicht geizte, Ratschlägen, denen ich folgte, denn er hatte auch Autorität.

Auf eine dieser Karten schrieb er am 23. November 96:

„Lieber Achim, vielleicht interessiert Dich ein Blick auf meinen Lebenslauf, an dem ich gerade schreibe:

Ich wurde am, in, als einziges. Mein Vater war, meine Mutter. Bei Kriegsausbruch kam ich, wo ich bis zum. Nach Ende des blieb mein Vater mit mir, was ich bis heute nicht. Er hätte doch auch. Jedenfalls ging ich zur und wurde ein halbwegs normales. Das änderte sich, als ich den Beruf eines. Wenn ich auf mein bisheriges zurückblicke, dann muß ich leider sagen."

Wie in einer Hohlform schimmert hier seine Melancholie, seine Skepsis durch. Das Wichtigste, das, was ihn vielleicht erklären mag, hat er ausgespart. Wir müssen selbst seinen Lebenslauf ergänzen, vor allem mit seiner Kindheit, von der das Uneinnehmbare rührt, über das er selbst kaum sprach. Es sei ein Erinnerungsverlust eingetreten, sagte er stets.

Daß Jurek Becker nun tot ist, ist für uns alle unfaßbar. Das Ausmaß des Verlusts wird nach und nach, in Wochen, in Monaten in uns einsickern. Wenn etwas so unfaßbar ist, dann fragen wir unwillkürlich: Warum er? Warum ausgerechnet er? Wir wußten, daß er sehr krank war – auf den Tod krank. Es war ein Schock, dennoch. Warum er, der Integrität verkörperte, der glaubwürdig war wie kein anderer. Dessen Stimme fehlen wird. Warum er, und nicht ein anderer? Diese Fragen bedrängen uns, wenn ein Mensch stirbt, den wir verehren und lieben und den wir noch lange, lange brauchten.

Jurek Becker setzte uns in Gesprächen, in seinen Büchern an Orten ab, wo wir ohne ihn nicht hingelangt wären. Einige glückliche Einsätze unseres Lebens verdanken wir den Gestalten seiner Bücher.
Er besaß eine Weisheit, die sicher von jüdischen Quellen gespeist war, die ich aber auch im Sinne Montaignes verstehe, also eine Form der Lebensbejahung aus dem Bewußtsein, aus der Erfahrung der Brüche, der Irrwege, der Verluste jeder menschlichen Existenz, aber ebenso im Vertrauen, ja in der Gewißheit des für jeden Menschen bestimmten Glücks.
Und Jurek Becker hatte, bei allem rigorosen Anspruch gegen sich selbst, eine irrsinnige Begabung zur Liebe, zur Freundschaft, zum Glück. In einem Nachruf las ich ein paar Zeilen, die ich selbst gerne geschrieben hätte: „Er war ein Mensch, den man streicheln mochte; er war ein Schriftsteller, dessen Texte man lieben konnte; er war ein Aufrechter, dessen Haltung man bewundern durfte.“
Er war kein Prediger, auch kein Rechthaber. Er sprach von sich und den Zeitläuften, in denen er lebte, mit Ernst, mit Lauterkeit, aus erinnerndem Gewissen heraus. Dicht darunter saß aber der Schalk und, noch eine Schicht tiefer, vielleicht auch Rührseligkeit. Aber: Rührseligkeit, das ist etwas in der letzten Kammer des Herzens, so daß es keiner wirklich merkt. Ich stelle mir die Karte vor, die Jurek mir zum Abschied geschrieben hätte:

„Lieber Achim, ich wünsche mir vor allem, daß Du nicht sentimental wirst. Sag einfach, wie ich bin, ohne Umschweife. Du mußt keine zu große Anstrengung machen.
Es ist, wie es ist.
Wir fahren, wohin wir fahren.“

Gehalten am 21. Mai 1997 in Sieseby an der Schlei.

Vita

1937
Am 30. September in Lodz (Polen) geboren. Kindheit im 1939 errichteten Ghetto von Lodz und in den Konzentrationslagern Ravensbrück und Sachsenhausen. Tod der Mutter in Sachsenhausen.

1945
Übersiedlung nach Berlin, zusammen mit dem Vater. Erlernen der deutschen Sprache und Schulbesuch.

1955
Abitur. Anschließend zweijähriger Militärdienst bei der Nationalen Volksarmee der DDR.

1957
Studium der Philosophie an der Humboldt-Universität zu Berlin.
Mitglied der SED.

1960
Exmatrikulation aus politischen Gründen.
Freier Schriftsteller in Ost-Berlin, Autor von Drehbüchern für die DEFA und das Fernsehen der DDR sowie von Kurzgeschichten und Texten für das Kabarett „Die Distel".

1961
Eheschließung mit Erika (Rieke) Hüttig.
Geburt des Sohnes Nikolaus.

1964
Geburt des Sohnes Leonard.

1969
„Jakob der Lügner". Roman. Berlin/DDR, Weimar (Aufbau). Darmstadt, Neuwied (Luchterhand) 1970. Neuausgaben: Rostock (Hinstorff) 1976. Frankfurt/M. (Suhrkamp) 1976.

1970
„Meine Stunde Null". Filmdrehbuch. Regie: Joachim Hasler. DEFA.

1971
Heinrich-Mann-Preis der Akademie der Künste der DDR für „Jakob der Lügner" und Charles-Veillon-Preis (Schweiz).

1973
„Irreführung der Behörden". Roman. Rostock (Hinstorff). Frankfurt/M. (Suhrkamp).
Wahl in den Vorstand des Schriftstellerverbands der DDR.

1974
„Jakob der Lügner". Filmdrehbuch. Regie: Frank Beyer. DEFA/DDR-Fernsehen.
Literaturpreis der Freien Hansestadt Bremen.

1975
Nationalpreis der DDR.

1976
„Der Boxer". Roman. Rostock (Hinstorff). Frankfurt/M. (Suhrkamp).
Protest gegen die Ausbürgerung von Wolf Biermann. In der Folge Ausschluß aus der SED.

1977
„Das Versteck". Filmdrehbuch. Regie: Frank Beyer. DEFA.
Oscar-Nominierung für den Film „Jakob der Lügner".
Austritt aus dem Schriftstellerverband.
Visum der DDR-Behörden zum Auslandsaufenthalt, zunächst für zwei, ab 1979 für zehn Jahre.
Ehescheidung.

1978
„Schlaflose Tage". Roman. Frankfurt/M. (Suhrkamp).
„Writer-in-Residence" am Oberlin-College in Ohio/USA.
Gastdozentur an der Universität Essen.
Danach Wohnsitz West-Berlin.

1978/79
„David“. Film. Mitarbeit am Drehbuch von Peter Lilienthal. Regie: Peter Lilienthal. BRD.

1979/80
„Der Boxer“. Fernsehfilm. Regie: Karl Fruchtmann. ZDF.

1980
„Nach der ersten Zukunft“. Erzählungen. Frankfurt/M. (Suhrkamp).

1981
Gastprofessur an der Universität Augsburg.

1982
„Aller Welt Freund“. Roman. Frankfurt/M. (Suhrkamp).
„Schlaflose Tage“. Fernsehfilm. Regie: Diethard Klaute. ARD

1982/83
Stadtschreiber von Bergen-Enkheim.

1983
„Rede und Gegenrede“. Hörspiel. Regie: Friedhelm Ortmann. WDR.
Mitglied der Akademie für Sprache und Dichtung, Darmstadt.

1986
„Bronsteins Kinder“. Roman. Frankfurt/M. (Suhrkamp).
„Liebling Kreuzberg“. Drehbücher zur Fernsehserie. Regie: Hans Schirk. ARD.
Eheschließung mit Christine Harsch-Niemeyer.

1987
Adolf-Grimme-Preis in Gold für „Liebling Kreuzberg“.
Gastprofessur an der University of Texas in Austin/USA.

1988 „Liebling Kreuzberg“. Drehbücher zur Fernsehserie. Regie: Werner Masten. ARD.
„Der Passagier – Welcome to Germany“. Mitarbeit am Drehbuch von Thomas Brasch. Regie: Thomas Brasch. BRD.
Deutscher Fernsehpreis „Telestar“.

1989
Gastdozentur für Poetik an der Johann Wolfgang Goethe-Universität in Frankfurt am Main.

1990
„Warnung vor dem Schriftsteller. Drei Vorlesungen in Frankfurt". Frankfurt/M. (Suhrkamp).
„Liebling Kreuzberg". Drehbücher zur Fernsehserie. Regie: Werner Masten. ARD.
„Neuner". Filmdrehbuch. Regie: Werner Masten. BRD.
„Bronsteins Kinder". Film. Mitarbeit am Drehbuch von Jerzy Kawalerowicz. Regie: Jerzy Kawalerowicz.
Hans-Fallada-Preis.
Mitglied der Akademie der Künste, Berlin.
Geburt des Sohnes Jonathan.

1992
„Amanda herzlos". Roman. Frankfurt/M. (Suhrkamp).
„Die beliebteste Familiengeschichte und andere Erzählungen". Frankfurt/M., Leipzig (Insel).
Verdienstkreuz I. Klasse der Bundesrepublik Deutschland.

1994
„Wir sind auch nur ein Volk". Drehbücher zur Fernsehserie. Regie: Werner Masten. ARD.

1995
„Wenn alle Deutschen schlafen". Drehbuch zum Fernsehfilm nach der Erzählung „Die Mauer".
Regie: Frank Beyer. ZDF.

1996
„Ende des Größenwahns". Aufsätze, Vorträge. Frankfurt/M. (Suhrkamp).
„Liebling Kreuzberg". Drehbücher zur Fernsehserie. Regie: Werner Masten. ARD.

1997
Jurek Becker stirbt am 14. März in Sieseby/Schleswig-Hostein.

Eine Publikation der Abteilung Literatur und Stiftung Archiv der Akademie der Künste

Konzeption und Recherche
Karin Kiwus

Redaktion
Karin Kiwus und Barbara Voigt

Archivarische Betreuung
Martina Hanf und Petra Uhlmann

Sekretariat
Kerstin Gnielka

Dokumente zu Leben und Werk – falls nicht anders angegeben – aus dem Jurek-Becker-Archiv der Stiftung Archiv der Akademie der Künste.

Die Akademie der Künste dankt Frau Christine Becker für die großzügige Überlassung weiterer Materialien sowie der Rechte zum Abdruck unveröffentlichter Texte von Jurek Becker.

Die Akademie der Künste dankt für die freundliche Genehmigung zum Abdruck von:
Jurek Becker „Die unsichtbare Stadt"
Jurek Becker „Lebenslänglich Manfred Krug"
aus: „Ende des Größenwahns". Aufsätze, Vorträge.
© Suhrkamp Verlag, Frankfurt/M. 1996

Gestaltung
Christian Ahlers

Herstellung
MEDIALIS Berlin

Fotonachweis:

Jurek Becker: S. 48, 49, 50
DEFA-Kroiss: S. 56, 57, 60, 61, 64, 70
Claudia Guderian: S. 154
Ulrich Hermann: S. 183
Jüdisches Museum Frankfurt am Main: S. 11, 12, 13, 14, 15
Herlinde Koelbl: S. 231
Renate von Mangoldt: S. 185
Digne Meller Marcowicz: S. 132
stern/Meffert: S. 41, 42
Maria Moese: S. 188
Isolde Ohlbaum: S. 148
Peter Peitsch: S. 212 und Titelfoto
Pressebilderdienst Kindermann: S. 201, 203, 208
Lothar Reher: S. 46
Schindlerfoto: S. 176, 180
Susanne Schleyer: S. 223, 226
Monika Zucht/DER SPIEGEL: S. 189

Die Akademie hat sich bemüht, sämtliche Rechteinhaber der Fotos ausfindig zu machen. Sollten darüber hinaus Ansprüche bestehen, bitten wir um freundliche Nachricht.

1. Auflage 2002

Titelfoto: Peter Peitsch, Jurek Becker 1983
Frontispiz: Postkarte von Jurek Becker an Joachim Sartorius. (Im Besitz des Empfängers.)

ISBN 3-88331-064-6